Tània Balló

As *sinsombrero*
sem elas a história não está completa

TRADUÇÃO
Andréa Cesco
Fabiano Seixas Fernandes
Fedra Rodríguez

7

Prólogo

11

Introdução

29

Capítulo 1
Margarita Manso
(1908-1960)

47

Capítulo 2
Marga Gil Roësset
(1908-1932)

65

Capítulo 3
Concha Méndez
(1898-1986)

87

Capítulo 4
Maruja Mallo
(1902-1995)

111

Capítulo 5
Ángeles Santos
(1911-2013)

121

Capítulo 6
María Zambrano
(1904-1991)

157

Capítulo 7
María Teresa León
(1903-1988)

183

Capítulo 8
Rosa Chacel
(1898-1994)

201

Capítulo 9
Ernestina de Champourcín
(1905-1999)

223

Capítulo 10
Josefina de la Torre
(1907-2002)

237

Epílogo

245

Agradecimentos

247

Referências

NOTA DA EDIÇÃO BRASILEIRA

Este livro é fruto de uma pesquisa intensiva feita para o projeto documental *Las sinsombrero*, de 2015, dirigido por Tània Balló, Serrana Torres e Manuel Jiménez Núñez, e que ganhou um tratamento posterior para dar origem à obra que temos aqui. As fontes sobre as quais Balló se debruçou são de naturezas diversas: livros, programas televisivos, cartas, registros sonoros, entrevistas etc. Considerando-se essa miríade documental — e a variedade de arquivos, digitais e físicos, consultados —, o esforço da autora e seus editores em creditarem todas as fontes em sua diversidade de informações é reconhecível e valorável. Não obstante, algumas em pequeno número acabaram por não constarem das notas do original. A presente edição buscou completar cada uma dessas lacunas e, em alguns casos, acabou esbarrando em dificuldades. A obra não perde consistência, já que muitas das fontes estão sugeridas no corpo do texto, mas achamos apropriado deixar os leitores cientes.

Prólogo

Um jovem professor de literatura, que também é pesquisador e escritor, Jairo García Jaramillo, incluiu faz algum tempo em suas aulas uma série de exercícios que exemplificam o que ele chama de "a teoria dos pontos cegos na história".

Jairo propõe aos seus estudantes do terceiro ano do ensino secundário (que, no Brasil, equivaleria, em termos de faixa etária, ao nono ano do ensino fundamental) que escrevam uma redação. Os temas podem ser variados, mas sempre têm um eixo comum, a história literária. Depois que seus aplicados alunos e alunas terminam a tarefa, o jovem professor, executando uma coreografia contemplativa bem ensaiada, caminha entre as carteiras metálicas, com certo ar de mistério; "Marcos..." — e o aluno entrega a tarefa —, "Xavier..." — o professor agradece —, seus passos prosseguem entre uma turma expectante e silenciosa... Ele passa em frente a Maria, Açucena e Glória, mas não há gesto, nem olhar... não há movimento impertinente, simplesmente ignorância calculada. Surpresas, as alunas se entreolham, sorriem, porque, apesar de ser "feio", confiam no professor. "José Antônio..." — deste é o próprio professor quem recolhe a redação de cima da carteira. Mas não pede nem a Carmen, nem a Cristina, nem a Ana que lhe entreguem as tarefas... Ao final, o professor pergunta: "Bom, foram todos, correto?". A turma se enche de um riso nervoso, de certa incredulidade. As alunas, todas elas maravilhosamente jovens, não se atrevem a repreender o professor, são respeitosas, embora algo dentro de si as contradiga — seus olhares entrecruzados denotam isso. O professor insiste: "O que foi? Por acaso faltou alguém?". De repente, uma voz diminuta, mas com essa força de quem sabe que algo não está direito, enuncia: "Faltam as mulheres", não *as meninas*, nem *nós*, nem *Ana*, nem *Cristina*, nem *Carmen*, nem *Glória*, nem *Açucena*, nem *Maria*... mas *as* MULHERES. "E quem são vocês, mulheres?", arremata o professor, em nova provocação...

E, com a satisfação de um trabalho bem feito, sentencia: "Assim se constrói a história, companheiros".

Quando me propuseram que eu escrevesse este livro, eu tinha claro que sua estrutura, semelhante à utilizada no documentário *Las sinsombrero* [*As sem chapéu*] — que eu produzi e dirigi juntamente com Serrana Torres e Manuel Jiménez Núñez, e que foi ao ar pela TVE 2 em outubro de 2015 —, me facilitaria o desenvolvimento de cada uma das histórias. Mas quando eu me sentei em frente à tela do computador pela primeira vez, com a intenção de iniciar este novo desafio, me dei conta de que era uma forma completamente diferente de encarar as vidas de cada uma das protagonistas desta história. Assim, eu tive que começar tudo de novo. Me convenci de que era necessário recuperar outra vez a curiosidade e a determinação que, já faz agora sete anos, me conduziram a mergulhar na vida dessas mulheres, depois que o escritor e roteirista Jorge Carrasco me apresentou pela primeira vez a ideia e decidiu lutar para que fosse possível. Mas agora eu teria que me ater a esses detalhes aos quais a pressa, a multiplicidade de tarefas e o desconhecimento tinham feito que eu desse atenção mais superficial. Imprimi uma vez mais os nomes delas, um por um, e preguei na parede, assim como os tinha em meu escritório durante os meses de produção do projeto transmidiático no qual *Las sinsombrero* se converteu (documentário para TV, documentário para internet, campanha nas redes sociais, projeto educativo, entre outros). Eu os li, repeti, memorizei. Não porque não me lembrasse deles, mas porque queria sentir a sua força. Comprei ou me emprestaram os livros indispensáveis sobre a época, e os que tinham sido escritos por elas ou sobre elas. Entrei em desespero quando não localizei novas edições de suas obras, razão pela qual encontrar uma edição antiga se convertia de repente em um golpe de sorte, e me emocionei quando uma amiga me presenteou com um desses livros impossíveis. Procurei de novo os familiares delas, alguns já convertidos em meus amigos. Vasculhei de novo os arquivos, revivendo a generosidade e a competência dos que trabalham ali. Então, quando ainda me faltava muita coisa, eu comecei a escrever. Eu procurei incansavelmente pela minha voz. Eu não fazia a menor ideia de como a alcançaria, e por isso comecei a escrever sem pensar, deixando-me levar pelo que cada uma delas me fazia sentir. Isso certamente deu a cada um dos capítulos alguma coisa distinta, um olhar diferente, assim como, no cinema, se coloca a câmera em diferentes posições. E assim eu pude contar as histórias delas. O que, no fundo, não é outra coisa senão aquilo que eu pude aprender sobre elas. Minha experiência, meu relato.

Introdução —
As *sinsombrero*

> Um dia ocorreu a Federico, a Dalí, a Margarita Manso, que era estudanta [sic] de Belas Artes, e a mim tirarmos os chapéus, porque dizíamos "parece que estamos congestionando as ideias", e, atravessando a praça da Porta do Sol, nos apedrejaram, chamando-nos de tudo (...) ahhh, nos chamaram de maricas por não usarmos chapéu. É compreensível que Madri tenha visto isso como um ato rebelde e, por outro lado, narcisista (...). Eu me lembro de que saía da minha casa com meu casaco de pele de lontra, e as pessoas iam até a sacada para ver se era verdade que eu estava usando casaco de lontra sem chapéu...
>
> **Maruja Mallo**

Marcas de uma geração —
Quem são as *sinsombrero*?

Todos conhecemos a Geração de 27. Este grupo cultural tão popular dá nome a um dos mais sensacionais conjuntos de artistas da história cultural espanhola, mas também identifica o devir de algumas décadas-chave da Espanha (1920-1950).

Durante os quarenta anos de ditadura (1939-1976) que se seguiram à Guerra Civil Espanhola (1936-1939), grande parte dos ilustres nomes daqueles jovens intelectuais e artistas que protagonizaram esse *boom* de liberdade e criatividade, que culminou com a proclamação da Segunda República (1931-1939), foi silenciada.

Anos depois, com a recuperação da democracia, alguns dos sobreviventes daquela época foram regressando aos poucos à Espanha. Sua produção artística no exílio — que, durante os últimos anos antes de sua volta, tinha começado a circular entre as esferas intelectuais mais progressistas — permitiu que fossem reivindicados por uma geração nascida em plena ditadura, que estava ávida por descobrir referências ideológicas e criativas de um passado que desconhecia.

Foi assim que, com seu retorno, perante o novo paradigma político, social e cultural, se abriu a possibilidade de transformar enfim o imaginário coletivo e iconográfico sobre a vitória, e eles, que tinham lutado contra os fascistas e tinham sido condenados por isso, podiam agora retornar como as figuras heroicas que eram.

Mas a história dessa Espanha da Transição, disposta a voltar a começar, foi escrita somente no masculino.

No impulso de se recuperar uma cronologia literária, artística e social, naquele período fragmentada e condicionada por um pacto tácito de silêncio, não foram levadas em conta as figuras femininas que também viveram durante anos no obscurantismo do exílio e, por conseguinte, foram igualmente protagonistas daquele passado que estava sendo reivindicado.

Elas também voltaram para casa, mas parece que a História não estava esperando por elas.

A sua ausência em inúmeras antologias, estudos, biografias e memórias posteriores sobre o Grupo de 27 (também conhecido como *Geração de 27* ou *Da amizade*) fez com que enfrentassem uma batalha da qual é muito difícil sair vitorioso: contra o esquecimento.

Com o passar dos anos, apesar de os textos e as pesquisas trazerem à luz a necessária recuperação das figuras dessas mulheres como membros de pleno direito de uma geração tão magnífica, esses ainda não são muito numerosos, se forem considerados imprescindíveis para se elaborar, agora sim, uma justa releitura da história cultural espanhola. Sem elas, a história não está completa.

María Teresa León, Maruja Mallo, Concha Méndez, Josefina de la Torre, Margarita Manso, Ernestina de Champourcín, María Zambrano, Rosa Chacel, Ángeles Santos e Marga Gil Roësset são os nomes de algumas dessas figuras imprescindíveis. Não são todas elas, mas é um bom começo.

A descrição dos espaços comuns — não só dos físicos, mas também dos vitais e emocionais — pelos quais perambularam, construindo um futuro coletivo, é fundamental para se entender e descobrir a importância, o talento, a luta e os sonhos daquela que é a melhor geração feminina da história artístico-cultural da Espanha, as *sinsombrero*.

As artistas pertencentes à Geração de 27, assim como seus integrantes masculinos, nasceram entre 1898 e 1914, e tomaram Madri como centro nevrálgico, onde a grande maioria residiu, estudou e desenvolveu sua personalidade artística. Durante os últimos anos da década de 1920, começaram a mostrar publicamente sua obra, principalmente naqueles lugares e espaços que acabariam se tornando os cenários comuns de uma nova ordem cultural: a *Revista de Occidente*, *La Gaceta Literaria*, a Residência de Estudantes ou o Liceu Clube Feminino, entre outros. Abertos a novos conceitos de modernidade e às correntes vanguardistas provenientes principalmente da Europa, especialmente o surrealismo, mas também ávidos por recuperar a tradição popular espanhola e sensíveis a uma realidade social com a qual se sentiam comprometidos, esses artistas foram capazes de transformar o panorama cultural e artístico da Espanha em processo de mudança.

E finalmente juntos, homens e mulheres enfrentaram um destino que destroçou suas vidas e carreiras de forma abrupta e demolidora, relegando-os, em sua grande maioria, a um exílio do qual alguns não regressariam.

Para elaborar uma interpretação correta de uma obra, é interessante conhecer o contexto que a produziu. Esse "fora de cena" — expressão à qual recorremos no cinema para explicar aquilo que se passa às margens da cena filmada, mas que influi na ação gravada — nos ajuda a entender o que o autor/artista deseja nos transmitir. Em especial, os contextos históricos. O leitor ou o espectador de hoje tende a interpretar o que vê a partir de seu momento presente, razão pela qual muitas vezes não somos capazes de perceber o que está "fora de cena", entendido como aqueles acontecimentos sociais e pessoais que afetam a esfera emocional e racional do autor e, consequentemente, seu processo criativo.

No caso de nossas protagonistas, é importante traçar as circunstâncias históricas com que elas tiveram que lidar, especialmente devido à sua condição de mulheres. Porque essa condição afetou, e muito, a construção de sua *autoria*, e, consequentemente, sua obra se converteu no reflexo mais fiel de sua luta pessoal por serem reconhecidas como sujeitos históricos.

O "EU existo" de uma nova mulher

A perda das últimas colônias (Cuba, Filipinas e Porto Rico) na conhecida Guerra Hispano-Americana de 1898 mergulhou a Espanha em uma profunda crise nacional. Como afirmava Raymond Carr em *España 1808-1839*, de 1966 (tradução espanhola de 1970),

> a destruição pública da imagem da Espanha como grande potência converteu a derrota em um desastre moral. A derrota acabou com a confiança já minada pela depressão econômica e pela confusão política, e foi atribuída ao sistema político que tinha presidido o desastre.[1]

Para além do plano político e econômico, com mudanças que propiciariam a abertura à europeização, e com ela à modernidade, foi no campo intelectual que a derrota se fez sentir. A conhecida Geração de 98, integrada por figuras como Unamuno, Machado, Baroja ou Valle-Inclán, entre outros, afundou-se no que foi chamado de "o problema espanhol".

Ao debate sobre uma nova Espanha, somou-se "o problema feminino", especialmente a partir do fim da Primeira Guerra Mundial (1914-1918). Tal como nos conta Nuria Capdevila-Argüelles em *Autoras inciertas* (2008), o ideal de mulher se fundia com a nova pátria. Dessa forma, sobre o doce anjo do lar recaía a responsabilidade de gerar e proteger uma nova geração de espanhóis que deveriam devolver à Espanha sua identidade. Essa corrente antifeminista e antiemancipadora recorreria à retórica do essencialismo biológico, que se caracterizava por sentenciar cientificamente a desigualdade entre os sexos, acentuando a debilidade do gênero feminino e assinalando sua nulidade intelectual. A mulher ficava assim reclusa em seu espaço privado, com o único objetivo vital de ser esposa e mãe: "O peso do essencialismo biológico na produção textual espanhola do primeiro terço do século XX até a Guerra Civil é, de fato, maior que a legitimação patriarcal feita pelo discurso religioso".[2] Conforme

....
1. CARR, Raymond. *España 1808-1839*. Barcelona: Editorial Ariel, 1970. [Horas de España]. p. 373.
2. CAPDEVILA-ARGÜELLES, Nuria. *Autoras inciertas: voces olvidadas de nuestro feminismo*. Madri: Horas y Horas, 2008.

sustenta Capdevila-Argüelles, foram muitos os ilustres intelectuais de então que dedicaram reflexões ao "problema feminino", entre eles Marañón, Ortega y Gasset e Ramón y Cajal, sendo este último seguramente o mais misógino de todos. Assim, por exemplo, afirmava:

> Preferirá o sábio a *mulher artista* ou *literata profissional?* Salvo honrosas exceções, tais fêmeas constituem uma perturbação ou uma constante ocasião de desgosto para o cultuador da ciência. Desanima reconhecer que, quando goza de talento e cultura viris, a mulher costuma perder o encanto da modéstia, adquire ares de preceptor, e vive em perpétua exibição de primores e habilidades. A mulher sempre é um pouco teatral, está sempre encenando. E logo assume gostos tão senhoriais e complicados!...[3]

A aparência da nova mulher na Europa vai de mãos dadas a duas realidades históricas que têm lugar durante a segunda metade do século XIX: por um lado, a paulatina credibilidade dos primeiros movimentos feministas procedentes da Inglaterra e dos Estados Unidos, e, por outro, a Revolução Industrial, que incorporou a mulher ao mundo do trabalho. É durante essa época que aparecem as primeiras ondas de movimentos feministas. Mas não será até o início da Primeira Guerra Mundial — quando a mulher, vendo os homens marcharem no *front*, se verá forçada a assumir o lugar deles na fábrica e nos postos de trabalho — que a consciência emancipadora terá maior relevância, contagiando as camadas sociais mais baixas. Em 1918, ao final da guerra, essa mulher, convertida já em um ser autônomo, toma consciência de sua capacidade intelectual e de seu potencial para a independência e decide não retornar a um papel de submissão. E é aí que se consolida a nova mulher moderna, que alcançará sua plenitude na década de 1920, diante da estupefação de uma sociedade patriarcal e misógina. O escritor valenciano Federico García Sanchiz, em um artigo publicado nesse período na revista *La Esfera*, intitulado "La Venus actual", assinala:

---

3. Citado por CAPDEVILLA-ARGÜELLES. *Autoras inciertas: voces olvidadas de nuestro feminismo.*

Passaram-se os anos, eclodiu, desenrolou-se e resolveu-se a guerra; a moral foi nutrida, algumas invenções que trazem novidades para o futuro foram aperfeiçoadas; em suma: mudou o ambiente do mundo, e uma de suas consequências foi a criação de outro modelo feminino. Depois das madames e das imperatrizes, das ninfas, das musas das ilustrações a cores, vieram os perfis enigmáticos, as vampiras, a musa fatal, a chique, as bruxinhas frívolas, e agora chegam umas mulheres feias e adoráveis, sãs, sem cinto, e que se esqueceram do uso do espartilho, risonhas com seus lábios idosos, atrevidas, fortes, que parecem heroicas junto ao homem, com seus trajes acinturados e suas pulseiras.[4]

Mas os governos das potências europeias — debilitadas depois de uma guerra sangrenta que deixou mais de oito milhões de mortos (a maioria pertencentes à população ativa masculina) e uma geopolítica alterada, com grandes perdas hegemônicas, que desenhou um novo mapa mundial — não viram com bons olhos esse novo status feminino e suas consequências imediatas: a aparição dos movimentos feministas e sufragistas, a nova independência econômica das mulheres — que permitia a elas participar da vida pública — e seu novo acesso à educação. Diante de uma Europa devastada, para o poder tradicional era fundamental canalizar uma nova ordem social e devolver a autoridade ao homem, que voltava da guerra espiritualmente desfeito e devia recuperar o controle.

Mas não havia como voltar atrás. A nova mulher emergia como um novo ser, cosmopolita, independente e criativa, ao mesmo tempo que irrompia na esfera pública.

Na Espanha, essa mulher também atinge sua plenitude por volta da mesma época, e se consolida com a proclamação da Segunda República, em 1931. Shirley Mangini, em *Las modernas de Madrid: las grandes intelectuales españolas de la vanguardia* (2001), define da seguinte maneira: "Uma mulher não era moderna somente por sua formação cultural, sua vocação profissional e sua consciência política liberal (e às vezes feminista), mas também porque aplaudia os avanços tecnológicos e refletia a modernidade em seu aspecto físico e seu modo de se vestir".[5]

....
4. SANCHIZ, Federico García. La Venus actual. *La Esfera*, Madri, 14 fev. 1920.
5. MANGINI, Shirley. *Las modernas de Madrid: las grandes intelectuales españolas de la vanguardia*. Barcelona: Ediciones Península, 2001. p. 75.

Mas, certamente, uma das questões mais importantes na reafirmação dessa consciência vanguardista, que tanto caracterizou as *sinsombrero*, foi a ocupação do espaço público por parte dessa nova mulher.

No caso dos homens pertencentes à Geração de 27, esse espaço se apresentava como um cenário onde representar sua ruptura com o passado, ruptura esta que era um elemento caracterizador dos ideais vanguardistas imperantes na consciência do grupo. Por sua vez, para as mulheres, o público emerge como uma esfera a ser conquistada como elemento vital. Pela primeira vez, as mulheres se sentem sujeitos próprios e, pela primeira vez, se apresentam diante de uma sociedade que, apesar de as rejeitar, se vê obrigada a admirá-las. Nas palavras da ensaísta Begoña Barrera López, em seu artigo intitulado "Personificación e iconografía de la mujer moderna" (2014), referindo-se às protagonistas dos princípios do século XX na Espanha:

> As artistas espanholas desses anos personificaram e refletiram em suas obras a estética, os hábitos, as conquistas e as aspirações de independência e emancipação que animavam o espírito das novas mulheres. Com elas, foram rompidas as antigas barreiras de gênero que não permitiam que a mulher passasse de objeto a sujeito do olhar.[6]

As obras das artistas espanholas do grupo de 27 são um exemplo claro desse espírito de ruptura e de modernidade que identificava a nova mulher. Imbuídas desse espírito, essas criadoras ofereciam pela primeira vez uma iconografia coletiva do feminino. Neste panorama, as figuras femininas emergem como personagens pictóricos ou literários fortes, emancipados, que lutam contra seu destino. Como exemplo disso, temos a pintura *A tertúlia* (1929), da artista Ángeles Santos, na qual está representado um grupo de mulheres jovens com um *look* claramente moderno e em postura de contemplação e êxtase intelectual, uma delas fumando; ou as figuras literárias de Rosa Chacel, tanto em sua obra *Estación. Ida y vuelta* (1930) como em *Teresa* (1940), esta última publicada já no exílio. Nestas obras, Rosa Chacel dá a suas protagonistas uma personalidade forte e independente. São figuras, todas elas, que

....
6. LÓPEZ, Begoña Barrera. Personificación e iconografía de la mujer moderna. *Trocadero*, Cádiz, n. 26, p. 221-240, 2014. p. 221.

transmitem um constante movimento na velocidade de um tempo que se apresentava como irrefreável. Mais do que ninguém, elas souberam vincular sua experiência vital ao artefato criativo, e com isso testemunhar e perpetuar seu ser vanguardista. A poeta Ernestina de Champourcín, uma das mais modernas do grupo, será quem irá expor de forma mais clara essa inquietude, em uma carta de 1928 à sua amiga e escritora Carmen Conde: "Por que simplesmente não podemos ser nós mesmas? Não ter nome, nem terra, não ser de nada nem de ninguém, sermos nós, como brancos são os poemas ou azuis os lírios".[7]

Apesar desse ímpeto, a participação delas na vida cultural e intelectual, como já mencionamos, não foi fácil. A mente encarquilhada de uma sociedade patriarcal, que ao mesmo tempo desejava e temia a modernidade, era seu principal inimigo. Certamente por isso, a colaboração entre as mulheres de diferentes gerações que conviveram durante as décadas de 1920 e 1930 foi muito próxima, apesar de não coincidir em muitos aspectos. As artistas do grupo foram precedidas pela Geração de 14. Mulheres como Clara Campoamor, Victoria Kent, María de la O Lejárraga e Carmen de Burgos foram as primeiras a protagonizar o novo papel de mulher moderna, incorporando-se ao mundo do trabalho e ao mundo político. Mas não será até a aparição das mulheres de 27 que esse protagonismo feminino incidirá também no mundo artístico.

Graças a essa relação entre gerações, foram construídos aqueles espaços compartilhados onde elas puderam consolidar sua presença nos meios culturais e intelectuais, e lutar juntas pelo seu direito de serem cidadãs de primeira.

Não eram só eles que tomavam café — O Liceu Clube Feminino

> Frequentavam o Liceu muitas senhoras casadas, em sua maioria mulheres de homens importantes (...). Eu dizia que eram *as maridas de seus maridos*, porque, como eles eram homens cultos, elas vinham à tertúlia contar o que tinham ouvido em casa. Eu era a mais jovem,

....
7. CHAMPOURCÍN, Ernestina de; CONDE, Carmen. *Epistolario (1927-1995)*. Ed.: Rosa Fernández Urtasun. Madri: Castalia, 2007. p. 152.

e a única que escrevia. Entre as conferências que organizamos, convidamos uma vez Benavente, que se negou a vir, inaugurando como desculpa uma frase célebre da fala cotidiana: "Como querem que eu vá fazer uma conferência para tolas e loucas?". Ele não podia entender que nós, mulheres, nos interessávamos pela cultura. [Concha Méndez].[8]

Havia um lugar em Madri, por aqueles anos, onde as mulheres também se reuniam, compartilhavam ideias e se associavam para levar a termo projetos que permitiam a elas compartilharem suas inquietudes culturais e intelectuais, ao mesmo tempo que debatiam e trabalhavam a favor de uma melhora de seus direitos como cidadãs. Esse lugar era o *Liceu Clube Feminino*, seguramente o espaço mais importante compartilhado por nossas protagonistas. Segundo Amparo Hurtado Albir, ele foi "a primeira associação feminista do país",[9] inaugurado em 1926; houve outras associações com o mesmo nome em Paris, Londres e Nova Iorque.

Sua primeira presidenta, e uma de suas fundadoras, foi a pedagoga e também diretora da Residência para Senhoritas, a eminente María de Maeztu. Em entrevista concedida ao jornal *El Heraldo de Madrid*, por ocasião da criação do Liceu, Maeztu expunha suas motivações e objetivos:

> Apesar de, com este clube, tratarmos naturalmente de nos proporcionar um lugar cômodo e agradável, onde possamos nos entreter por alguns momentos, pretendemos fazer algo mais do que um centro de recreação. A intenção é facilitar para as mulheres espanholas, reclusas até agora em suas casas, o mútuo reconhecimento e a ajuda mútua. Queremos suscitar um movimento de fraternidade feminina; que as mulheres colaborem e se auxiliem. Por exemplo, dar assistência às jovens que, em qualquer campo de atividade, estejam batalhando para abrir caminho, e que lutem contra os obstáculos que sempre fazem tropeçar quando se começa a trabalhar... Também desejamos intervir ativamente — com índole

....
8. ALTOLAGUIRRE, Paloma Ulacia. *Concha Méndez. Memorias habladas, memorias armadas*. Madri: Mondadori, 1990. p. 49.
9. ALBIR, Amparo Hurtado. El Lyceum Club Femenino, Madrid (1926-1939). *Boletín de la Institución Libre de Enseñanza*, Madri, n. 36, p. 23-40, dez. 1999. p. 28.

pacífica e alheia a "tendência política ou religiosa" — nos problemas culturais e sociais de nosso país.¹⁰

O Liceu Clube Feminino foi fruto da necessidade incipiente das mulheres de se proclamarem, como já mencionamos, sujeitos independentes, como consequência do surgimento da nova "mulher moderna" na vida pública. Como diria um dos defensores do clube, José María Salaverría, marido da tesoureira e sócia-fundadora Amalia Galárraga, citado por Shirley Mangini: "Um dos fenômenos modernos que mais contribuiu para alterar a fisionomia da sociedade civilizada é a mulher circulante e atuante".¹¹

Sob essa premissa, as sócias do Liceu se empenhavam em criar um espaço de encontro feminino à altura de seus similares estadunidenses e europeus, em especial o Liceu Clube londrino, tal como menciona Carmen Baroja y Nessi em *Recuerdos de una mujer de la Generación del 98*:

> Naquele tempo vínhamos nos reunindo entre um grupo de algumas mulheres com a ideia, para nós já muito antiga, de formar um clube para senhoras. Essa ideia parecia um tanto exótica em Madri, e a maioria das mulheres que a tinham a adquiriram por terem estado em Londres, onde eram muito abundantes.¹²

Depois das primeiras reuniões fundacionais, realizadas no salão de atos da Residência para Senhoritas, na rua Miguel Ángel, número 8, em Madri, o Liceu Clube muda para a Casa das Sete Chaminés, na rua Infanta, número 31.

Inicialmente, foram criadas seis divisões, cada uma delas dedicada a um tema de interesse e presidida por uma das sócias: "Social", "Musical", "Artes Plásticas e Industriais", presididas por Carmen Baroja; "Literatura", "Ciências" e "Internacional", e uma sétima divisão especial, criada posteriormente, chamada

....
10. In: SÁNCHEZ-OCAÑA, V. El primer club de mujeres en España. *El Heraldo de Madrid*, Madri, p. 1, 5 nov. 1926.
11. MANGINI, Shirley. El Lyceum Club de Madrid: un refugio feminista en una capital hostil. *Asparkía. Investigación feminista*, Castellón, n. 17, p. 125-140, 2006. p. 129. [SALAVERRÍA, José María. El primer club femenino. *ABC*, Madri, 12 nov. 1926].
12. NESSI, Carmen Baroja y. *Recuerdos de una mujer de la Generación del 98*. Barcelona: Tusquets Editores, 1998. p. 89.

"Hispano-americana". Cada uma delas operava de forma independente, promovendo cursos de curta duração, exposições, debates, recitais ou concertos, conforme a temática de cada uma.

Em sua ata fundacional, foram registradas cento e quinze sócias que, com suas mensalidades e o dinheiro arrecadado com festas e leilões, mantinham a economia do clube. É importante destacar que, devido à situação legal precária da mulher naqueles anos — que, juntamente com os menores de idade e os portadores de necessidades especiais, não tinham direito a ter uma economia própria, quer dizer, não podiam depositar por elas mesmas o dinheiro que ganhavam, tampouco alugar uma moradia ou negociar qualquer tipo de contrato —, as sócias do Liceu Clube tiveram que enfrentar muitos problemas para poder chegar a constituir legalmente a associação.

Sua junta diretora compunha uma amostra das mulheres mais influentes e liberais do panorama sociocultural da época. Figuras como Isabel Oyarzábal, Zenobia Camprubí, María de la O Lejárraga (autora das obras firmadas por seu marido, Gregorio Martínez Sierra) e Carmen Baroja, entre outras, formavam a junta diretora do clube. Entre suas sócias estavam Concha Méndez e Ernestina de Champourcín. Mais tarde, ingressaria no clube Rosa Chacel, apesar de, como veremos, não ter sido particularmente ativa, como foram suas amigas.

O primeiro ato público do Liceu, realizado poucas semanas depois de sua abertura, foi a inauguração da exposição da obra de María y Elena Sorolla, filhas do pintor Joaquín Sorolla. A mostra teve uma boa recepção por parte da crítica e da imprensa do momento. Com isso, as mulheres do clube feminino revelavam um de seus objetivos: propiciar um espaço, o primeiro da Espanha, destinado a ser um âmbito de "sociabilização" de todas aquelas mulheres que possuíam ou aspiravam ao desenvolvimento de algum talento artístico e intelectual.

Mas a aparição do Liceu Clube Feminino foi polêmica. A iniciativa se deparou em seguida com a feroz crítica dos setores mais conservadores e recalcitrantes, que viam o Liceu como um lugar do diabo. Suas sócias foram chamadas de criminosas, "liceumaníacas", ateias, excêntricas e desequilibradas, entre outros elogios. O ataque foi tão furioso que Teresa de Escoriaza, colunista do jornal *La Libertad* e opositora ao Liceu, o qual considerava um "projeto feminil com aparências de feminista", se viu na obrigação moral de se retificar, semanas mais tarde, através do artigo "Ante un ataque", no qual, perplexa, denuncia as constantes calúnias que se perpetravam a partir dos meios eclesiásticos contra as mulheres do Liceu, "suas irmãs": "Hoje tomo a pena para protestar, cheia de indignação, contra a perseguição que vem sendo feita a esta instituição, e contra os insultos repugnantes, grosseiros e baixos dirigidos a seus membros".[13] Os insultos chegaram num tal ponto que finalmente a junta do Liceu Clube Feminino levou o caso aos tribunais, confiando sua defesa a Victoria Kent e Matilde Huici, segundo conta a historiadora Antonina Rodrigo em *María Lejárraga: una mujer en la sombra* (1992).[14]

Apesar dos ataques, as sócias do Liceu Clube Feminino resistiram.

A divisão "Social" discutia questões relevantes sobre os direitos da mulher, que assentariam as bases dos debates posteriores sobre o voto feminino. Em 1927, depois de realizar vários trabalhos de estudo a partir dos códigos civil e penal então vigentes, e juntamente com advogadas exercendo a profissão, o Liceu enviou ao governo reivindicações que as sócias consideravam "o mínimo dos direitos humanos".

Durante os primeiros anos, o clube feminino acolheu uma grande quantidade de atos, de índoles diversas, que reuniram intelectuais, eminentes cientistas homens e mulheres, escritoras e escritores, artistas nacionais e internacionais, como Rafael Alberti, que oferece ali, em novembro de 1929, a controversa conferência "Palomita y galápago (¡No más artríticos!)", na qual, vestido de palhaço, apresentou uma performance no mais puro estilo dadaísta. Permaneceram sentadas no ato somente algumas sócias, entre elas Concha Méndez e Ernestina de Champourcín.

Em pouco tempo, o clube se converteria em uma das plataformas culturais mais importantes e ativas de Madri. Em 1929, já contava com aproximadamente 500 sócias. Por tudo isso, a organização se constituiu definitivamente como espaço de preparação política e intelectual das mulheres de classe média e alta da capital. Uma prova disso é que, quando se proclamou a Segunda República, em 1931, várias de suas sócias mais ilustres

....
13. ESCORIAZA, Teresa de. Ante un ataque. *La Libertad*, Madri, p. 1, 26 ago. 1927..
14. RODRIGO, Antonina. *María Lejárraga: una mujer en la sombra*. Barcelona: Círculo de Lectores, 1992.

passaram a ocupar cargos de responsabilidade no governo: Victoria Kent, Isabel Oyarzábal, María de Maeztu e María de la O Lejárraga.

O Liceu Clube foi fundamental para o crescimento pessoal, social e intelectual das mulheres e de seu tempo. Ele congregou duas gerações de mulheres que, apesar de não compartilharem algumas premissas, especialmente as de caráter ideológico, souberam criar um espaço de convivência, onde se faziam valer e lutavam coletivamente para fazer com que sua voz fosse escutada. Há um detalhe muito curioso, se observamos as fotos dos atos que tiveram lugar no Liceu: vemos elegantes mulheres posando em salões decorados com muito bom gosto. Entre elas, as mais jovens não usam chapéu.

Infelizmente, em 1939, o Liceu Clube foi fechado fulminantemente. Suas instalações foram ocupadas pela Falange, para que a Divisão Feminina fosse convertida no Clube Medina. Um final trágico para uma das associações mais exemplares e revolucionárias da história sociocultural espanhola. Tamanho foi o afinco para apagar seu trabalho e sua memória que a maior parte da documentação do centro acabou sendo destruída, e foi somente graças aos escritos e à documentação que algumas de suas sócias guardaram que pudemos conhecer algum detalhe de sua existência e de seu funcionamento.

Entretanto, hoje, na fachada do edifício que foi sua sede principal, a Casa das Sete Chaminés, não existe nenhuma placa que recorde sua existência.

As aventuras de umas *sinsombreristas*

Na Espanha do fim de século, usar chapéu era um hábito tanto dos homens como das mulheres das classes mais abastadas, um sinal de hierarquia social. Era impensável que cidadãos bem-nascidos aparecessem em público com a cabeça descoberta. À diferença das mulheres, os homens podiam se permitir essa "nudez da alma" nos espaços fechados. Em 1901, o dramaturgo Joaquín Dicenta publicou um artigo no *El Liberal* intitulado "Sombrerías", no qual pede às mulheres que não vão ao teatro usando chapéu:

> Obrigado, muito obrigado pelo auxílio que irão me prestar nesta campanha contra as instituições chapelescas, que roubam nossa paciência e nossa visão em todos os teatros da Espanha (...); é

necessário suprimir esse acessório; é necessário derrubar essas montanhas de veludo, flores, plumas e sedas com que as senhoras cortam a frente e os olhos ansiosos por verem a movimentação em cena dos personagens.[15]

A petição de Dicenta demonstra o extenso e arraigado costume de que as mulheres não deveriam, em circunstância alguma, tirar o chapéu. Também aí é mencionada uma leitora anônima, pertencente à alta sociedade, que responde à sua petição:

Somos muitas as mulheres que iríamos com prazer sem chapéu ao teatro. Para isso, são necessárias duas coisas, ou melhor, três: que trinta ou quarenta mulheres, dentre as que impomos a moda, estivéssemos de acordo em implantar esta; que os empresários pusessem decorosa e gratuitamente à nossa disposição um guarda-chapéus; e que nos seja oferecida uma ocasião hábil para inaugurar a campanha.

Disso se depreende que o chapéu, apesar de ser um acessório de indubitável necessidade ditada pelo decoro, não deixava de ser inconveniente, e que, mesmo naqueles anos, tinha suas detratoras.

Ainda que esteja clara a origem do movimento *sinsombrerista* na Espanha, que se inicia oficialmente a partir da década de 1930, acreditamos que a anedota de Maruja Mallo anteriormente mencionada, na qual, junto a Lorca, Dalí e Margarita Manso, tiram os chapéus no meio da Porta do Sol, foi o primeiro ato público dessa tendência. É difícil saber o alcance dessa travessura e sua consciência fundacional. A data da performance pode ser estimada entre 1923 e 1925, pois foi nesse tempo que a pintora galega, Salvador Dalí e Margarita Manso eram estudantes na Escola de Belas Artes de San Fernando e, junto a Federico García Lorca, estabeleceram um forte laço de amizade. Nesses anos, não existia o vocábulo *sinsombrerista*, a julgar pela imprensa da época, mas existia a consciência de que a transgressão no vestuário — como demonstra a moda *a lo garçon* ["rapazinho"] que imperava — era uma forma visual de mostrar em sociedade a confrontação com o estabelecido e o rechaço aos costumes impostos.

....
15. DICENTA, Joaquín. Sombrerías. *El Liberal*, Madri, 12 nov. 1901.

Certamente, os quatro jovens amigos, que protagonizaram, segundo contou Maruja Mallo, outras ações transformistas, tiveram o impulso de tirar os chapéus e perambular pela não menos representativa Porta do Sol como um ato provocador perante uma sociedade castradora. Mas tenho sérias dúvidas de que estavam conscientes de sua perpetração no tempo.

A aparição "oficial" do movimento *sinsombrerista* na Espanha foi capitaneada pelo não menos polêmico Ramón Gómez de la Serna. Ele mesmo, em um artigo publicado em *El Sol* em agosto de 1930, intitulado "En, por, sin, sobre el *sinsombrerismo*", expõe as bases ideológicas do movimento:

> O fenômeno do *sinsombrerismo* é mais amplo e mais significativo do que parece. É o final de uma época, como foi o deixar de lado as perucas. Quer dizer agilidade em compreender e em se decidir, afinidade com os horizontes que se mostram, ânsia por novas leis e novas permissões, entrada na nova cinemática da vida, não deixar nunca a cabeça pendurada no cabide, não apagar as luzes da aceitação, ir com rumo valente pelos caminhos da vida, desmascarar-se, ser um pouco surrealista.[16]

Será a partir de então que a moda de não usar chapéu irá generalizar-se, especialmente entre os homens mais jovens que se identificavam com os novos ares de modernidade e ruptura. Novamente, Gómez de la Serna, de forma extraordinária, nos narra em "Aventuras de un sinsombrerista" todas as vicissitudes sofridas ao longo de sua campanha contra o chapéu, e descreve a euforia dos jovens perante seus discursos públicos *sinsombreriles*, nos quais eles proclamavam:

> Não faremos a revolução sem compromisso. (...) Não estamos de passagem como os homens de chapéu. (...) Ao nos apresentarmos sem chapéu na rua, esperamos um espetáculo mais divertido, necessitamos que na vida ocorram aquelas coisas que só acontecem nos livros ou nos filmes. (...) Tiramos o chapéu para sermos espectadores da nova vida.[17]

---
16. SERNA, Ramón Gómez de la. En, por, sin, sobre el *sinsombrerismo*. *El Sol*, Madri, 24 ago. 1930.

17. SERNA, Ramón Gómez de la. Aventuras de un sinsombrerista. *Revista de Occidente*, Madri, mar. 1932.

A reação dos setores mais tradicionalistas perante o movimento foi feroz. São inumeráveis os artigos publicados em defesa do *sombrerismo*. Nesses escritos, firmados por intelectuais e jornalistas de renome, busca-se desacreditar a nova tendência com alegações de ordem higiênica. Por exemplo, Federico García Sanchiz argumenta o seguinte:

> Que diabos, não há de ser nem cômodo nem higiênico que os senhores saiam por aí exibindo uma calvície reluzente sobre a qual a ação dos raios solares estampa uns selos vermelhos, que lhe dá a aparência de envelope de valores declarados! E, se não é cômodo nem higiênico para os senhores, para os demais não é nada agradável.[18]

Também aludem à proteção à indústria do chapéu, que, devido a essa corrente, sofreu uma profunda crise, a qual fez com que seus responsáveis publicassem um anúncio pago nos meios de comunicação e pedissem o apoio dos intelectuais:

> Há uns três anos, devido a certas campanhas, vem crescendo o costume de as pessoas saírem à rua sem nada na cabeça. (...) As contadas fábricas que ainda permanecem, perante a incerteza de uma nova queda industrial, não abrem suas oficinas, pois não têm pedidos. Essa situação ocasionou a demissão de milhares de trabalhadores que tínhamos ali o pão garantido, em troca, claro, de nosso trabalho. (...) Na Espanha, existem aproximadamente duzentas mil famílias que vivem da indústria do chapéu, que a passos gigantescos vão sumindo na miséria.

No ano de 1934, a prática do *sinsombrerismo* gerou uma batalha que ultrapassou a questão ideológica, convertendo-se em uma questão socioeconômica.

Com o início da Guerra Civil, a utilização do chapéu por ambos os sexos tornou-se uma questão secundária. Mas, com o triunfo dos nacionalistas e a imposição da ditadura franquista, o ato de não usar chapéu começou a ser relacionado com um posicionamento político de esquerda. Uma publicidade da época afirmava "os vermelhos não usam chapéu" como fórmula para

....
18. SANCHIZ, Federico García. Coluna em *El Heraldo de Madrid*, 22 mai. 1933.

recuperar uma prática de submissão. Assim asseverava Felipe Sassone em *La Vanguardia Española*, em 10 de abril de 1944:

> A moda masculina do *sinsombrerismo* já é bem velha entre nós (...), e coincidiu com a aparição do surrealismo, do dadaísmo e de outros ismos da cabeça de professores de estética e de certos poetas ultramodernistas, e também com a ideia republicana de que nunca volte a nos acontecer, pois foi lá nos primórdios ou prelúdios da inefável Segunda República, quando uns homens que não se atreviam a botar um gorro frígio saíam descobertos por essas ruas de Deus, que chegaram a se tornar por alguns anos ruas do demônio.[19]

Está claro que o ato de não usar chapéu era, para uns, um gesto de profunda transgressão e, para outros, atrevimento de jovens bem-nascidos. Em 1934, Emilio Carrere publica uma coluna em *La Libertad* que nos põe na pista da relação entre o *sinsombrerismo* e a nova mulher:

> O *sinsombrerismo* não se embasa na estética nem na higiene. O *sinsombrerismo* é uma consequência da moda feminina, de constante oscilação. (...) Um narcisismo feminino que contagiou os rapazes. Indubitavelmente, ao não usar chapéu, o cabelo se ondula graciosamente, e neste intento de confusão — o que Marañón chamaria de *intersexualismo* —, isso, ao que parece, é muito atraente.[20]

Sobre a ideia do travestismo, devemos recordar que Maruja Mallo declara que, naquela primeira performance, quando tiraram o chapéu, foram insultados, sendo chamados de "maricas" e "narcisistas", o que corresponde à imagem andrógina que o novo estilo *a lo garçon* sugeria. Uma vez mais, de acordo com o machismo imperante, a mulher era a culpada por tudo.

O *sinsombrerismo* é, acima de tudo, assumido pela mulher moderna, aquela que, nos anos 1920, se sente enfim liberada, independente, e pela primeira vez um sujeito próprio. Uma mulher que estudava ou trabalhava e que, impulsionada pelos movimentos feministas, assim como pelos filmes — os padrões hollywoodianos

....
19. SASSONE, Felipe. Coluna em *La Vanguardia Española*, Barcelona, 10 abr. 1944.
20. CARRERE, Emilio. Con el sombrero en la mano. *La Libertad*, Madri, 3 fev. 1934.

causam uma profunda impressão na psique feminina da época —, sente a necessidade vital de romper com um destino que a condena ao papel de anjo do lar.

Certamente, não foi uma maioria avassaladora que decidiu andar sem chapéu; a julgar pelas imagens que nos chegaram, supus uma prática que foi se expandindo ao longo da década de 1930, e especialmente no começo da Guerra Civil. O arquivo da Universidade Complutense de Madri, onde se encontram os formulários de matrícula dos estudantes da Faculdade de Filosofia e Letras da Universidade Central de Madri, nos proporciona um dado significativo. Se nos detivermos nos retratos das mulheres inscritas entre 1928 e 1931, a maioria delas não usa chapéu.

1

Margarita Manso

(1908-1960)

> Eu, Lorca e Margarita andávamos sempre
> juntos naquele tempo.
>
> **Maruja Mallo**

Margarita Manso foi uma figura extraordinária. Sua existência é tão inquietante que, desde que eu tomei conhecimento dela, faz mais ou menos seis anos, eu a sonho, penso, imagino. Essa mulher a quem Federico García Lorca dedica o poema "Muerto de amor", incluído no *Romancero gitano*, foi, durante várias décadas, apenas isso, um nome sem rosto inscrito sob o título de um dos melhores versos do grande poeta.

Foi o historiador e escritor Ian Gibson quem me falou dela pela primeira vez, em um restaurante na praça de Oriente, em Madri. Me contou que foi Salvador Dalí quem revelou a ele, durante uma entrevista, a história que precedia a enigmática dedicatória de Lorca. Ali sentados, em uma mesinha redonda, Gibson me revelou os poucos dados que tinha a respeito dela. Eu me lembro perfeitamente dessa conversa. Foi a primeira vez que tive a certeza de como a memória podia ser injusta e cruel. O que um Dalí já idoso contou a um hispanista irlandês foi publicado, em forma de reportagem, num domingo de janeiro de 1986 no *El País*. Pela primeira vez, intuíam-se algumas características dessa jovem de quem ninguém sabia nada:

> Acontece que Lorca, freneticamente apaixonado por Dalí, queria ter relações íntimas com ele ("quis me dar o rabo duas vezes"), mas o pintor, apesar de seu desejo de fazer a vontade do amigo e de seu esforço em fazê-lo, era incapaz de satisfazê-lo (…). Lorca, na segunda vez, sacrificou em seu lugar uma jovem não nomeada, a primeira

com quem teria relações sexuais. Ela frequentava o grupo que se revezava entre a Residência de Estudantes e a Real Academia de Belas Artes de San Fernando, e era supostamente livre de repressões sexuais. Além disso, oferecia a Federico a vantagem de ter seios bem pequenos... A jovem sem peitos foi sumamente ao sacrifício, que teve lugar diante do próprio Dali. "Federico estava excitado ao saber que eu olhava para ele", comenta o pintor (...). "Transferiu sua paixão à jovem". Consumado o ato, o poeta, ao invés de tratar a moça com desprezo — reação que era esperada por Salvador Dalí —, comportou-se com primoroso tato. Tomando as suas mãos e olhando para ela, recita dois versos de seu poema "Thamar y Amnón": e nas pontas de teus dedos, /rumor de rosa encerrada.[1]

Depois de cruzar as datas e lugares dos três protagonistas, seria possível afirmar que, se esse ato de fato ocorreu, muito provavelmente foi em 1925. Dito isso, em minha opinião, o sexo compartilhado entre a musa e o poeta, sob o olhar atento do pintor, se reduz a um simples jogo erótico aceito entre os três amigos, em uma época que foi muito mais transgressora do que hoje em dia podemos imaginar. Mas, apesar disso, e depois de anos investigando sobre a vida dessa mulher, ainda não consigo deixar de me perguntar: quem de fato foi Margarita?

Margarita Manso nasceu em Valladolid em 15 de novembro de 1908, no seio de uma família de classe média. Foi a segunda filha do casamento entre Luis Manso López, gerente de escritório da oficina de fundição Gabilondo, e Carmen Robledo Daguerre, uma mulher de origem basco-francesa.

Em 1912, Luis Manso morre de forma repentina aos trinta e um anos de idade. Margarita tem, à época, quatro anos, e suas irmãzinhas, Carmen e María Luisa, cinco e dois. Prontamente, a família da mãe incentiva a recém-viúva a se casar novamente. Mas, como recorda sua neta Margarita Conde Manso, Carmen era uma mulher muito autônoma, e de caráter fortemente empreendedor, e por isso recusa qualquer proposta de casamento. O que se passou durante os quatro ou cinco anos seguintes com a família Manso-Robledo é um mistério. Por outro lado, existe a lenda familiar de que Carmen decide deixar suas três filhas aos cuidados de sua mãe e ir para Paris, onde ingressa como trabalhadora nos ateliês de

....
1. GIBSON, Ian. Con Dalí y Lorca en Figueres. *El País*, Madri, 26 jan. 1986.

Coco Chanel (casualmente, ela tinha aberto em 1915 uma loja em Biarritz, lugar de onde vinha sua família). Não posso corroborar o dado, mas é certo que Carmen foi uma das modistas que, anos depois, introduziu a moda parisiense na capital espanhola. Existem dados do censo dos arquivos municipais de Madri que nos dizem que, desde 1910, vivem na mesma casa os pais e vários irmãos de Carmen, a partir do que não é difícil pensar que a família Manso-Robledo se mudara para Madri para viver com seus parentes.

Seja como for, a verdade é que a família completa, quer dizer, a mãe e as três filhas, constam do censo de Madri a partir de 1917. Segundo o registro do censo do distrito Buenavista, bairro Conde de Aranda, Carmen Robledo aluga um andar de baixo na rua Columela, 17. A peça tem um aluguel de mil duzentos e cinquenta pesetas por mês, e oito cômodos, dos quais três estão destinados ao ateliê de alta costura da mãe.

Esse dado é certificado pela data do histórico escolar de Carmen Manso Robledo, a mais velha das três filhas; este documento nos diz que ela ingressou no instituto Cardenal Cisneros em 1918, terminando seus estudos com notas altíssimas em 1924. Não existe histórico escolar do Ensino Médio de Margarita ou de María Luisa, e, portanto, certamente não fizeram o curso.

Carmen educa suas três filhas buscando sua independência e autonomia. Em meados da década de 1920, a marca Carmen Robledo Alta Costura já tinha se tornado uma das mais importantes e influentes da capital. Margarita, que possui uma beleza exótica já desde a adolescência, é a melhor manequim das criações de sua mãe, inspiradas na moda *a lo garçon*. "Tinha uma boca grande, espetacular, e com essa coisa de ser artista, sabia se vestir de maneira original e descarada", recorda o escritor José María Alfaro.[2]

No outono de 1923, aos quinze anos, Margarita ingressa na *Real Academia de Bellas Artes de San Fernando*. Ali, estuda durante três anos letivos (entre 1923 e 1926) com Ana María Gómez Mallo, mais tarde conhecida como Maruja Mallo, e com Salvador Dalí, de quem se torna muito amiga, apesar de os futuros pintores se encontrarem mais adiantados no curso do que Margarita. Em uma entrevista que, lá pelo início dos anos 1980, Mallo concede a Paloma Ulacia, neta de Concha Méndez, a artista nos conta:

---

2. Citado por GIBSON, Ian. *Dalí joven, Dalí genial*. Madri: Editorial Aguilar, 2013. p. 104.

Quando Dalí e eu éramos adolescentes, o hobby dele era fazer escândalo, chamar atenção, como se Dalí tivesse nascido antes do surrealismo... no pátio, durante o intervalo [na Real Academia], o hobby dele era correr de mãos dadas comigo e com Margarita Manso a toda velocidade até cairmos no chão. Então, ele nos levantava e dizia a Margarita Manso: "Você é a Rainha de Sabá", e a mim dizia que era uma mistura de marisco e anjo, era o prazer dele.

Através de Dalí e de Mallo, Margarita conhece Federico García Lorca, de quem se torna amiga íntima e por quem vem a sentir absoluto fascínio.

Em San Fernando, Margarita passará os melhores anos, já que entra em contato com as figuras mais relevantes do universo artístico de Madri. Ela é divertida, moderna, bela e enigmática: "Era encantadora, era adorável, você a via e tinha vontade de violá-la, quando éramos jovens (...). Todos tínhamos nossos sonhos eróticos com ela", recordaria novamente José María Alfaro.

Assim como seus companheiros de geração, Margarita quer viajar pela Europa. Como muito bem recorda Concha Méndez em *Memorias habladas, memorias armadas*: "Todos nós queríamos sair da Espanha. Madri estava ficando muito pequena".

Margarita protagoniza junto a seu grupo de amigos diversas "travessuras" durante os anos estudantis, que mostram seu frescor e seus desejos de transgressão. Somente duas chegaram a nós, mas certamente houve muitas mais. Uma delas já foi mencionada, trata-se de passear sem chapéu pela Porta do Sol. Esse episódio também é lembrado pelo dramaturgo Santiago Ontañón:

> Um dia, Maruja Mallo saiu da Escola de Belas Artes de San Fernando acompanhada por Federico García Lorca, Dalí e Margarita Manso, e, como estavam sem chapéu, ao chegar à Porta do Sol, um grupo de pessoas começou a atirar pedras neles, pois andar sem chapéu era uma provocação.[3]

Após esse ato, segue-se outro que tem como cenário o monastério de Santo Domingo de Silos, em Burgos. Segundo as recordações de Mallo, num domingo, ela, Manso, Lorca e

---

3. ONTAÑÓN, Santiago; MOREIRO, José María. *Unos pocos amigos verdaderos*. Madri: Fundación Banco Exterior, 1988. p. 188.

Alberti foram para lá em excursão e se aproximaram do convento com a intenção de entrar na igreja. Mas os monges se opuseram terminantemente à entrada das duas mulheres. Diante da proibição, as jovens decidiram se disfarçar com roupas masculinas para se fazerem passar por homens, com o auxílio das jaquetas de seus companheiros, que transformaram em calças improvisadas, e ocultando os cabelos debaixo de um gorro. Furtivamente, conseguiram entrar no templo: "Devia ser a primeira vez que pessoas travestidas ao revés entravam em Santo Domingo de Silos", recordaria a pintora em uma entrevista televisiva. Tenho de informar que não consta do livro de visitas de Silos a presença de Federico por aquelas datas; está ali o nome de Rafael Alberti, que, junto à sua assinatura, deixou escrito um poema em 24 de agosto de 1925, pelo que é provável que Maruja tenha inventado ou alterado essa lembrança.

Em 1927, Margarita completa seus estudos, com os quais adquiriu uma boa técnica, mas sem talento manifesto para o terreno artístico. Seguramente, abandonou a Academia de San Fernando de mãos dadas com aquele que seria seu grande amor, o pintor Alfonso Ponce de León, também estudante da Escola de Belas Artes. Segundo seus históricos escolares, encontrados no Arquivo Geral da Universidade Complutense, ambos terminam no mesmo ano. Maruja Mallo e Salvador Dalí tinham abandonado seus estudos na academia um ano antes. Dalí, que viaja pela primeira vez a Paris em 1926, escreve de Versailles um cartão postal a Margarita que não chega a enviar, com o desenho de um cadáver apodrecendo, no qual se lê: "Oi, tudo bem? Versailles".

Aqueles que conheceram Maruja Mallo nos últimos anos de sua vida, como Ian Gibson ou Juan Manuel Bonet, coincidem em explicar que a pintora falava com frequência de Margarita, e que se perguntava o que teria sido feito dela, porque "tinha virado fumaça". A inquietação da pintora só é compreensível se sua amizade com Manso se estendeu para além da academia. Sabemos, por exemplo, que em junho de 1928 Maruja sofre um acidente de carro, acompanhada de Carmen Manso, irmã de Margarita, e Eugenio Rosell, primo de Marga Gil Roësset.

Ainda assim, Alfonso Ponce de León, naquela época noivo de Margarita, se torna um dos expoentes máximos do realismo mágico espanhol. Entre 1930 e 1936, expõe em várias galerias, coincidindo com Maruja Mallo, já que ambos formavam parte do grupo conhecido como *Os artistas ibéricos*. Tudo isso nos leva a pensar que Margarita e Maruja continuaram sendo amigas.

Quanto a Lorca e Dalí, graças à correspondência preservada entre os dois, sabemos que ficou entre eles uma certa recordação de Margarita. O pintor catalão, durante o verão de 1926, escreve de Cadaqués a seu amigo e, ao final da carta, afirma: "Também não entendia Margarita. Era idiota? Louca?",[4] segundo consta do livro *Querido Salvador, Querido Lorquito. Epistolario 1925-1936*, compilado por Víctor Fernández em 2013. Talvez se possa interpretar que esse comentário faz referência à relação sexual que a jovem teve com o poeta de Granada. Infelizmente, não temos a carta que Federico tinha enviado antes a Dalí, onde certamente expunha o desconcerto que lhe causava a atitude da jovem, e que deu azo à pergunta do pintor. Existe um poema de Lorca, publicado na capa da revista *Verso y Prosa* em abril de 1927, que muito provavelmente foi inspirado novamente naquele encontro com Margarita. Chama-se "Remansos". Nele, Lorca se pergunta enigmaticamente:

> Margarita, quem sou eu? (...)
> Me vi em teus olhos
> pensando em tua alma,
> Adelfa branca.
> Me vi em teus olhos
> pensando em tua boca,
> Adelfa vermelha.
> Me vi em teus olhos
> mas estavas cega,
> Adelfa negra.[5]

O poema vai acompanhado na publicação por um desenho a pluma de Dalí, intitulado "La playa", onde as cabeças do pintor e do poeta se fundem. Não podemos deixar de nos deter na "casualidade" do título do poema, "Remansos", com o sobrenome de Margarita... Manso. Devemos levar em conta que Lorca gostava muito de jogos de palavras.

....
4. DALÍ, Salvador; LORCA, Federico García. *Querido Salvador, Querido Lorquito. Epistolario 1925-1936*. Ed.: Víctor Fernández. Barcelona: Elba, 2013. p. 99.
5. LORCA, Federico García. Remansos. *Verso y Prosa — Boletín de la joven literatura*, Murcia, n. 4, abr. 1927.

Em janeiro de 1927, Margarita escreve de Madri um cartão postal a Federico, que se encontra em Granada: "Como vai, amigo Federiquito? Me alegra muito saber que você ainda existe, sempre me lembro muitíssimo de você. Você vem? Te mando uma infinidade de lembranças. Sua amiga Margarita. Minhas grandes lembranças a seu irmão".

Posteriormente, em maio do mesmo ano, Dalí escreve ao poeta de Granada e torna a mencionar Margarita: "Lembranças a Margarita, já deve estar uma moça feita e tudo".[6] No ano seguinte, por ocasião da publicação de *Romancero gitano*, Dalí envia uma carta a Lorca, na qual inclui duras críticas à sua obra e expõe que o poema de que mais gostou foi sem dúvida "Thamar y Amnón", com seus "pedaços de incesto", em particular o verso "rumor de rosa encerrada", aludindo, novamente, à experiência com Margarita.

Santiago Ontañón também recorda o seguinte em suas memórias:

> Não conheci nenhuma namorada de Federico, embora tivesse muitas amigas (…). Admirava e falava com muito carinho de Margarita Manso, mulher muito bonita e muito como as de hoje, o que naquela época a tornava extremamente interessante. Lembro que um dia estávamos conversando entusiasmados sobre ela, falávamos em ir espiá-la em sua casa na rua Lagasca, esquina com Columela. As sacadas da casa de sua mãe, cujo sobrenome era Robledo e era uma modista muito conhecida, tinham um pouco mais de um metro de altura. Era cedo e Federico teve a ideia de irmos jantar a turma toda — Aladrén, ele e eu —, mas não tínhamos, todos nós juntos, dinheiro suficiente, e não era possível.[7]

Não obstante, a partir de 1927, Margarita se entrega por inteiro a seu noivado com Ponce de León. Não sabemos muito bem se ela, Federico e Dalí voltaram a se encontrar; provavelmente sim, já que Margarita e Alfonso participavam ativamente da vida artística e intelectual de Madri. Além disso, em 1932, Ponce de León é amigo e colabora como cenógrafo e figurinista no La Barraca, a companhia de teatro universitário de Lorca.

....
6. DALÍ; LORCA. *Querido Salvador, Querido Lorquito*, p. 99.
7. ONTAÑÓN; MOREIRO. *Unos pocos amigos verdaderos*, p. 114.

Nas fotos dessa época que nos chegaram, Margarita e Alfonso aparecem como um casal jovem, moderno, bonito, elegante e transgressor. Eles foram durante seis anos o assunto predileto do setor mais conservador de Madri, já que foram morar juntos, percorreram a Europa juntos e apareceram em público em eventos da alta sociedade sem estarem casados, algo impensável naquele tempo. Uma prova disso é a foto que ilustra uma notícia publicada em 12 de dezembro de 1929 no *Heraldo de Madrid*, anunciando a inauguração da exposição de "Los independientes" nos salões do jornal; nessa foto, vê-se Margarita na primeira fila, acompanhada de Ponce de León.

Em 1930, o casal viajou a Paris, onde conheceu Pablo Picasso. Ao que parece, eles permaneceram vários meses na Cidade Luz e ali estabeleceram contato com a chamada Escola de Paris, integrada pelos pintores Francisco Bores, Manuel Ángeles Ortiz e Hernando Viñes. Essa mudança para a França permitiu a Alfonso desfrutar de certo reconhecimento no panorama artístico internacional, enquanto Margarita saboreava as delícias da vida social e artística parisiense.

Em 1933, Alfonso se filia à Falange Espanhola Tradicionalista, partido recém-formado. Desencantado com o governo da Segunda República, ele adere aos valores fascistas, e suas amizades se reduzem a pessoas de ideologia afim: José Manuel Aizpurúa, Francisco Maura (casado com María Luisa, a mais nova das irmãs Manso), José Antonio Primo de Rivera, Dionisio Ridruejo, Edgar Neville, Emilio Aladrén e José María Alfaro, entre outros. Ridruejo recorda em *Casi unas memorias*: "Víamos Ponce não só no café ao meio-dia, mas também, de vez em quando, em nossas perambulações noturnas. Às vezes vinha acompanhado da mulher, que era atraente e misteriosa".[8] Claramente, junto a Alfonso, Margarita perde a forte presença social que tinha anos atrás. Pelas palavras de Ridruejo, entende-se que seu porte era reservado, ainda que mantivesse sua beleza transbordante e desafiadora.

Durante os anos seguintes, cresce o vínculo de Ponce de León com a Falange Espanhola. Ele se torna cada vez mais contrário aos princípios republicanos; assim, também é autor de vários cartazes do partido e criador do logotipo do SEU (Sindicato Espanhol Universitário), que reivindicava a ideologia falangista

....
8. RIDRUEJO, Dionisio. *Casi unas memorias*. Madri: Planeta, 1976. p. 37.

no âmbito estudantil. O SEU teve violentos enfrentamentos com a FUE (Federação Universitária Escolar), sindicato universitário correspondente à esquerda republicana e do qual María Zambrano seria um dos membros mais atuantes.

Apesar da filiação fascista de Ponce, não parece que Margarita o tenha seguido por esse caminho ideológico. Segundo os familiares dela, naquele tempo Margarita simpatizava mais com o comunismo, apesar de nunca ter chegado a se filiar. De tradição familiar de esquerda, tanto pelo lado paterno (Manso López) como materno (Robledo Daguerre), Margarita não chegou a se pronunciar publicamente sobre sua ideologia política — ao contrário de sua irmã Carmen, defensora aberta do governo republicano. Carmina, como era conhecida em família, era casada com o advogado Carlos Castillo García-Negrete, homem fortemente vinculado ao governo da República. Seja como for, durante aqueles anos, ainda que as tendências ideológicas fossem motivo de discussões acaloradas, convivia-se com certa cordialidade. No seio de uma mesma família, poderiam coexistir ideologias díspares, sem que isso fosse necessariamente algum problema. Uma prova disso são as fotografias familiares datadas do verão de 1935, nas quais as três irmãs Manso Robledo, juntamente a seus maridos, Carlos, Alfonso e Francisco, posam de forma despreocupada e divertida durante as férias em Mallorca, lugar onde residiam María Luisa e Francisco Maura.

Em dezembro de 1933, Margarita Manso e Alfonso Ponce de León finalmente se casam na paróquia de Santa Bárbara de Madri, pressionados pela mãe de Alfonso, Guadalupe Cebello, que nunca conseguiu aceitar a relação dos dois.

Não temos muitas informações sobre o que acontece nos anos seguintes. Sabemos que Ponce de León seguiu fazendo exposições e que, em 1935, juntamente com Samuel Ros, funda o cineclube do SEU. Sabemos também que participa como ator de um curta-metragem de Edgar Neville (*Do, Re, Mi, Fa, Sol o La vida privada de un tenor*) e dirige um documentário, *Niños*, atualmente desaparecido. Segundo Gustavo Maura, filho de María Luisa e de Francisco Maura, Alfonso aguça cada vez mais seu caráter provocador contra o partido republicano. É difícil saber o que Margarita pensava dessa atitude, mas o que é sim plausível é que essa filiação quase obsessiva de Alfonso afaste

Margarita dos âmbitos de esquerda dos quais havia participado consideravelmente nos anos anteriores.

Pouco tempo depois, em julho de 1936, Alfonso pinta uma de suas melhores obras, *El accidente* (atualmente exposta no Museo Nacional Reina Sofía), onde retrata a si mesmo como vítima de um acidente de trânsito que o deixa gravemente ferido em uma vala. Segundo Francisco Umbral, trata-se de um

> autorretrato póstumo, no sentido de que pinta a si mesmo como morreria pouco depois: com um telefone de pedra à mão, com um visível olhar de morto no olho, com um punhado de cardos na outra mão, com metade do corpo — vestido de azul — iluminado pelo farol quebrado do carro que acaba de atropelá-lo e com um rosto sepulcral maquiado pela luz que vem de outro lado, e que acresce magia ao realismo da cena. A mão esquerda do morto está rodeada por cardos, precursores da vegetação verde e noturna que já entra pelo motor do carro, o urbanismo da cena, com a presença espessa e verde da noite.[9]

Quando os militares se insurgem em 18 de julho, tudo acaba. O assassinato do tenente da Guarda de Assalto, José Castillo — primo de Carlos, que por sua vez é cunhado de Margarita — pelas mãos de um grupo de falangistas, e o sequestro e assassinato do deputado direitista José Calvo Sotelo põem em cena o início da guerra, e, pouco a pouco, o governo legítimo começa a perder o controle da ordem pública, asfixiado pela ofensiva das tropas nacionais. Em poucas semanas, Madri se converte em uma confusão. Margarita e Alfonso, não obstante, permanecem na capital, mas se mudam da rua Ferraz, 10, seu domicílio conjugal, situado muito próximo do *front*, para a casa da mãe dela, na rua Collón, 2, já que consideram que o bairro é mais seguro, especialmente para Alfonso, que sente estar na mira dos comitês da polícia política secreta dos milicianos republicanos. Apesar do aparente perigo, e segundo nos conta Dionisio Ridruejo, Alfonso continuou adotando uma atitude provocadora: "Talvez tenha ido ao encontro da morte. Quando as coisas estavam bem avançadas, costumava ficar perto de sua

....
9. UMBRAL, Francisco. Ponce de León. *El Cultural*, Madri, 10 jul. 2003.

casa assoviando o hino falangista, e seguramente o assoviava enquanto o conduziam ao paredão".[10]

Um mês depois do início da Guerra Civil, Federico García Lorca é brutalmente assassinado por falangistas em Granada. Margarita fica muito impressionada com a morte do amigo, a quem sabemos que tinha em grande estima. Seguramente, Federico encenava na memória dela aqueles anos de paixão e juventude, seus sonhos de uma vida sem preconceitos. Agora, Madri, essa cidade vivida e sentida, amanhecia cada vez mais cinzenta e perigosa. Margarita sofre e está inquieta, sabe que correm perigo.

Em 20 de dezembro de 1936, enquanto Alfonso e ela caminhavam pela calçada da Castellana, repararam que uns carros tinham parado na frente de sua casa, e que deles saíram uns homens que entravam pelo portão. O casal prefere esperar sentado em um banco próximo, mas, quando os indivíduos saem do prédio, é delatado pela porteira, e Alfonso é preso imediatamente.

Durante os dias seguintes, Margarita vaga por Madri, de delegacia em delegacia, em busca do marido. Pede ajuda a Carmen, sua irmã, que naquele tempo residia em Barcelona, e a seu cunhado, Carlos Castillo, para que intercedam e o libertem. Mas não chegam a tempo. Ponce de León é julgado e executado poucos dias depois de sua detenção na delegacia de Fomento, que, um detalhe macabro, estava situada no Círculo de Belas Artes, onde poucos meses antes o pintor tinha exposto uma obra sua. Seu corpo foi abandonado em uma vala em Vicálvaro e descoberto no dia 29, nove dias depois de sua prisão. Ao assassinato de Alfonso foi acrescido o de seu pai e de dois de seus irmãos, todos filiados à Falange. Poucos anos depois, sua mãe morrerá de tristeza.

Margarita Manso Robledo tem então vinte e oito anos. Destroçada e sofrendo uma crise nervosa, viaja a Barcelona junto com a mãe e a irmã Carmen, que, em 30 de novembro do mesmo ano, dará à luz o filho Carlos, na maternidade da cidade. Assim se lembra Carmen Manso Robledo em seus diários inéditos: "Pela tarde, à hora da visita, foram conhecer o bebê minha mãe, Margarita e minha avó... Também foram Carlos, meu tio Domingo e um camarada do quartel de Carlos". O pouco que sabemos de Margarita ao longo desses meses, sabemos graças aos diários de sua irmã, escritos durante os anos de conflito. "São onze e meia

....
10. RIDRUEJO. *Casi unas memorias*, p. 37.

da manhã. Carlos vai a Madri, minha irmã Margarita também. Irão regressar? Fico sem voz e só consigo dizer: Voltem, voltem logo! 27 de dezembro de 1936". Não sabemos o que Margarita fez em Madri, nem aonde foi, mas Carmen volta a falar dela em 5 de janeiro de 1937: "Recebemos um cartão de minha irmã dizendo que [Carlos Castillo e ela] saem de Madri dia 2 ou 3. Será que chegam hoje?". Mas, no dia 6, Carmen escreve:

> Hoje me entregaram em mãos, por ordem de Lozano, o inspetor da Receita, uma carta de Carlos do dia 2. Como me alegram as coisas que disse! Também eu não escrevi, pensando que ele viria. Terei que esperar com a intranquilidade de tudo o que está acontecendo em Madri, onde esses canalhas iniciaram novamente outra ofensiva séria, e com a ameaça dessa guerra, suja e cruel, que os nazistas desejam.

Carlos e Margarita atrasaram sua saída de Madri em uns dois dias: "Às oito e meia da tarde, Carlos chega com Margarita, em 11 de janeiro de 1937". Pelo que pode ser concluído através das anotações de sua irmã, Margarita vai e vem entre Madri e Barcelona durante alguns meses, e seu estado preocupa muito a família:

> Mamãe me faz muita falta, mas não me atrevo a insistir que fique conosco... porque, se pensou em ir embora, foi por Margarita — ainda que ela não acredite nisso —, e agora que Margarita está desalentada, parece que não deseja ir a Buenos Aires, pensa em nós. Só em nós, e já que lá tem trabalho e salário, não quer ser vulgar conosco [12 de janeiro de 1937].

Finalmente, em 25 de janeiro de 1937, Carmen, seu filho, sua mãe e Margarita viajam a Valência, para se reunir com Carlos, transferido para lá para assumir o cargo de diretor do Banco Central do governo republicano. Pouco depois, Carmen registra em seu diário que Margarita não aguentou mais e foi para Barcelona, para embarcar com destino a Marselha. "Volto a falar com Carlos por telefone, ele vem amanhã, depois que Margarita tenha embarcado, 12 de fevereiro de 1937". A última anotação de Carmen sobre sua irmã data de 21 de fevereiro do mesmo ano, e diz: "Hoje recebemos carta de Margarita de Marselha, nos diz que irá a Paris".

Entretanto, pelas informações de que dispomos, Margarita nunca viajará a Paris, mas, de Marselha, irá para a Itália, mais especificamente ao Balneário de Salsomaggiore, em Parma, onde se encontra com María Luisa, sua irmã mais nova, juntamente com seu marido e seus filhos, Carlos e Marta. As termas de Salsomaggiore foram habilitadas pelo governo fascista de Mussolini para dar refúgio a falangistas espanhóis durante a Guerra Civil. Há fotografias que comprovam que Margarita esteve ali de abril a outubro de 1937. Não deixa de ser estranho que Carmina não mencione essa viagem de Margarita à Itália. Mas é ainda mais estranho que, segundo seu sobrinho, Gustavo Maura, quando seu pai, Francisco Maura, vai buscar Margarita na entrada de Ventimiglia (fronteira histórica entre a França e a Itália), ela trouxesse consigo dois passaportes, um nacional e outro republicano, moedas de ouro costuradas, substituindo os botões, e propaganda comunista escondida no abrigo. Para quem era essa propaganda? Foi Carlos Castillo quem deu a ela antes de embarcar para Barcelona? E com que objetivo? Se isso é verdade, por que Margarita, nas surpreendentes fotografias tiradas durante sua estadia nas termas de Tabiano (a quatro quilômetros de Salsomaggiore) se junta a um grande grupo de companheiros, incluindo sua irmã María Luisa, exibindo orgulhosa uma insígnia falangista e a boina negra característica? Nunca saberemos exatamente o que se passou e que decisões foram tomadas por Margarita durante esses meses de conflito. Sua irmã Carmen, na última nota de seu diário, escrita durante o exílio no México em 1939, afirma:

> Se mamãe e minha irmã pudessem estar aqui!... Queria que estivéssemos como dentro de um punho, todos bem apertadinhos. Como sofri, e ainda sofro! Queria, meu filho, me abrir um pouco, mas você não deve saber de tudo. Há coisas que uma pessoa nunca deveria saber nem de si mesma... acontecem e são esquecidas, ainda que isso dê trabalho.

Margarita Manso Robledo retorna à Espanha por Guipúzcoa, levando consigo um salvo-conduto nacional datado de outubro e dezembro de 1937. Muito provavelmente, durante esses meses em San Sebastián, ela participou da elaboração da revista falangista *Vértice*, que naquele ano tinha iniciado sua publicação na cidade.

Durante os primeiros meses de 1938, se refugia em Burgos, onde é introduzida ao círculo do poeta Dionisio Ridruejo, conhecido como o Grupo de Burgos, com quem colabora desenhando cartazes e cenários para seu grupo de teatro Companhia Nacional. Ali se reencontra com antigos amigos de antes da guerra, como Emilio Aladrén e sua irmã, María Teresa, ou Gonzalo Torrente Ballester, que presenteará Margarita com um exemplar de seu primeiro romance, *El viaje del joven Tobías*, com uma dedicatória apaixonada: "A Margarita Ponce, a quem de modo algum posso dizer o que me acontece, porque levantaria uma tormenta de ciúmes. Com amizade apaixonada, Gonzalo Torrente Ballester (estou velho, Margarita). Burgos, 1º de setembro de 1938, III A.T Avante, Espanha!".[11] Ao que parece, Margarita continuava despertando paixões entre seus companheiros masculinos. Não sabemos o que se passou realmente entre Torrente Ballester e Margarita, mas, poucos meses antes de chegar a Burgos, ela conhecerá aquele que, três anos mais tarde, se tornará seu segundo marido, Enrique Conde Gargollo, doutor em endocrinologia e nutrição, discípulo de Marañón e que, naqueles dias, colaborava com a imprensa e a propaganda falangistas; anos mais tarde, editará as *Obras completas* de Primo de Rivera. Segundo Margarita Conde Manso [filha de Margarita], sua avó Carmen Robledo encorajou a filha a se casar, já que sofria com sua solidão em um ambiente tão hostil.

Margarita retorna a Madri ao final de 1938 e se instala na rua Antonio Maura, 6. Nesse mesmo ano, se apresenta como testemunha no julgamento pela detenção e morte de Alfonso Ponce de León. Devemos mencionar um detalhe curioso: em 1939, a família Ponce de León publica no *ABC* uma nota em memória de seus falecidos, vítimas da guerra; a nota não menciona Margarita como viúva de Alfonso. Finalmente, em 1940, Margarita se casa com Enrique. Sua irmã mais nova, María Luisa, havia morrido em 1938, de febre, em sua residência em Palma de Mallorca, e sua mãe se exila junto com Carmen no México, de modo que Margarita se deixa levar pelos acontecimentos. Submerge, desse modo, na cinzenta Espanha do franquismo. Seu marido, um homem do regime, convence-a a se submeter a um duro tratamento hormonal

....
11. Esta dedicatória foi reproduzida por cortesia do colecionador Ariel Domenech, do estúdio bibliográfico Príncipe & Vidaud, graças a quem tivemos conhecimento dela.

para poder engravidar. Em quatro anos, nasceram seus três filhos, Enrique, Luis e Margarita.

Nada mais restou daquela mulher moderna, protagonista dos sonhos eróticos de uma geração, que alentou com sua transgressão o *sinsombrerismo*, que inspirou um dos melhores poemas do poeta universal, da mulher de olhos penetrantes e olhar profundo.

Seus filhos conservaram a imagem de uma mulher triste: "Me lembro de ver minha mãe chorar muitas vezes"; também de uma mulher doente: foi diagnosticada com câncer de mama, que acabou com metástase nos ossos. Ninguém nunca tinha lhes contado o passado de sua mãe, nem de sua amizade com Lorca, Dalí e Maruja Mallo. Sua filha, Margarita, se lembra que, quando era pequena, encontrou uma foto na qual sua mãe, jovem e bela, posava com um homem de físico retangular e pose elegante, Ponce de León. A foto estava escondida no fundo de uma caixa. Ela, curiosa, a abria com frequência, mas um dia foi surpreendida pela avó; esta, fechando subitamente a caixa, disse à menina que não deveria fazer perguntas. Na vez seguinte, Margarita abriu o recipiente e a foto estava recortada; o homem jovem e belo havia desaparecido. Os filhos conservam poucas lembranças de sua mãe, mas há uma de que jamais se esquecem: de noite, em meio ao calor da intimidade no quarto das crianças, sua mãe recitava para eles poemas de um tal Federico...

Margarita Manso Robledo morreu em 1960, aos cinquenta e um anos de idade. Protagonizou um tempo de sonho que acreditava eterno, mas acabou subsistindo em uma vida que não pertencia a ela.

2

Marga
Gil Roësset

(1908-1932)

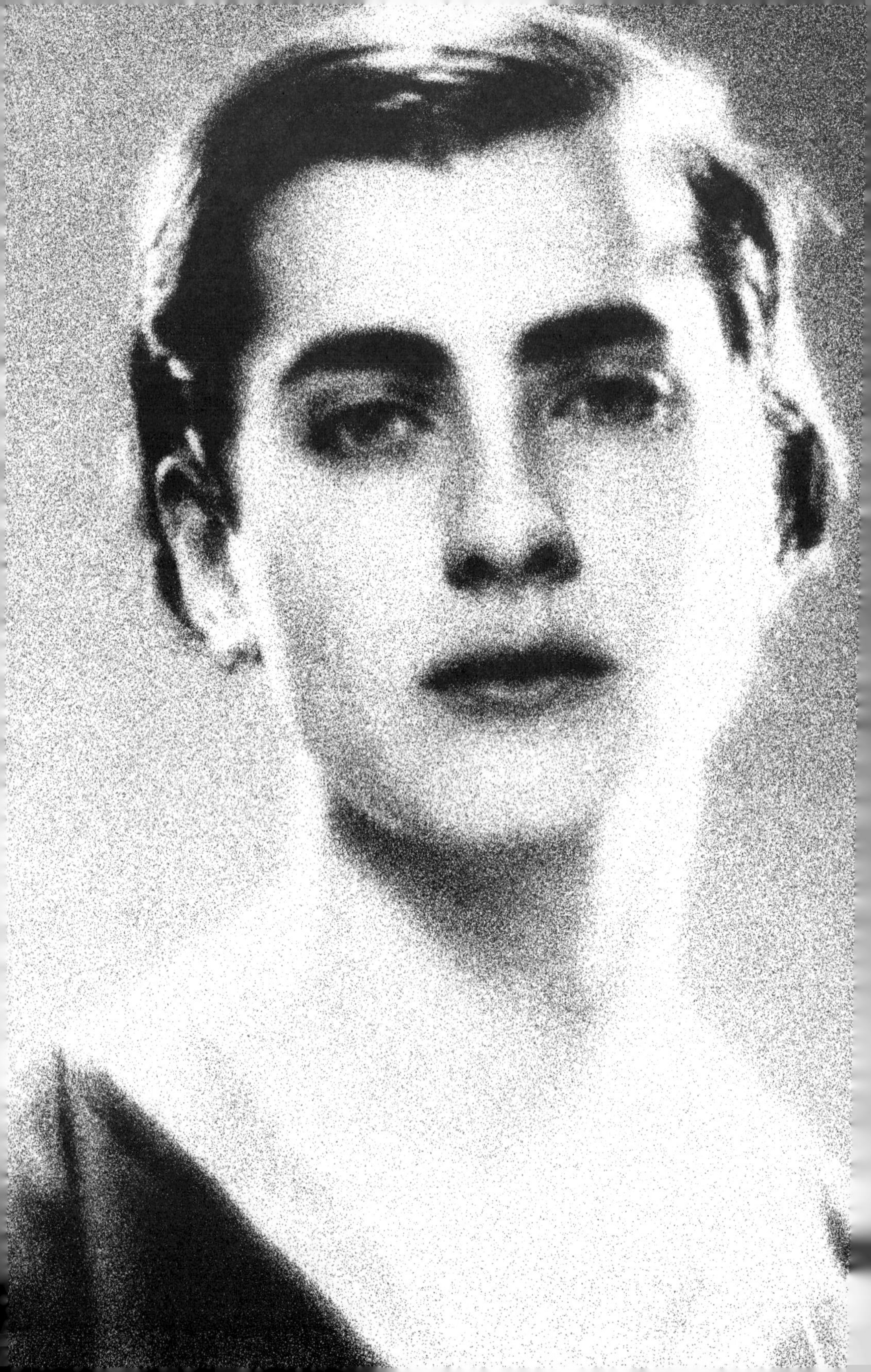

> Mesmo em dias normais era fácil encontrar Marga
> Roësset, a escultora morta tragicamente, burilando seu
> busto de Zenobia.
>
> **Ernestina de Champourcín**,
> *La ardilla y la rosa: Juan Ramón en mi memoria*

Descobrir Marga Gil Roësset é um desses momentos inesquecíveis na mente inquieta de alguém que tenta construir um relato que, *a priori*, se apresenta como demasiadamente ausente. De repente, sem saber muito bem por meio de quais estranhas combinações algorítmicas do Google, deparei-me com o nome de Marga; seu retrato atravessa a tela. Um olhar que nos traspassa, fixo, direto. Uma mulher, jovem, sempre jovem. Por quê? Você indaga e lê: "É difícil saber por que alguém morre antes do tempo", comenta a historiadora Nuria Capdevila-Argüelles. Você continua a olhar para o retrato, outros aparecem. Mas sempre esse olhar, que interpela, que prende. Sua história foi contada alguns anos atrás em um jornal. Dizem que se matou, por amor a um daqueles homens ilustres que nunca foram esquecidos. Jovem, sempre jovem, porque não teve tempo de envelhecer. Mas Marga não é só isso, não se resume ao seu trágico fim. Suas obras vão surgindo, pouco a pouco. Formidáveis, perfeitas, assombrosas. Ela desenha figuras agônicas e esculpe em madeira, barro e granito. Materiais duros para alguém tão jovem, sensível e frágil. "Sentada, tinha uma atitude de energia, braços musculosos, morenos, sempre feridos por seu duro ofício", conforme a lembrança de Juan Ramón Jiménez em seu livro *Españoles de tres mundos*. Não existem muitas artistas desse período dedicadas a essas artes. Sua história assume cada vez mais relevância. Talvez possamos contá-la. Ela também foi uma *sinsombrero*. Mas morreu muito jovem, com apenas vinte e quatro anos. Como a relacionamos? Como a integramos a essa elite?

Quando você decide trabalhar com uma figura de quem se sabe pouco ou nada, por um lado você fica desesperada, mas, por outro, a empreitada de buscar fontes e recorrer a elas se mostra uma tarefa fácil. Para construir a história de Marga Gil Roësset, deveríamos buscar vozes que tivessem escrito e indagado sobre ela. Sabíamos que não tínhamos registros fílmicos nem sonoros e, em princípio, contávamos com muito poucas imagens de arquivo. Como construir sua história partindo da vitalidade — premissa imperativa deste projeto? A morte dela era tão distante que nos preocupava que sua memória fosse fantasmal, construída a partir de lembranças transgeracionais que perdiam sua veracidade ao se adaptarem à boa-fé daqueles que honravam sua memória.

A internet novamente se mostrou nossa aliada. Confirmamos nossos dados e aparece um nome: Marga Clark. Por aquelas coincidências da vida, alguém da equipe a conhece. É poeta, artista e fotógrafa. Ela escreveu sobre sua tia em seu livro *Amarga luz*. Bom, já tínhamos algo. De início, você teme. Nunca se sabe como os familiares vão reagir a uma proposta como a nossa. O medo às vezes faz você protelar a decisão de entrar em contato, como se você quisesse manter um pouco mais a privacidade da história que conta e a ilusão de seu relato. Você tem receio de que eles digam não, que você não pode contar a vida dela, que essa vida não te pertence.

Finalmente, você liga. Como se fosse um vendedor, repete várias vezes o que vai dizer, o tom, as palavras. Segurança, respeito e paixão. Você acha então que conhece a história de Marga. A resposta não podia ter sido mais entusiasmada. Marga Clark prontamente nos recebe em sua casa de Barcelona, e nos fala de sua tia e de sua família. Das anedotas construídas a partir do que seu pai, Julián, irmão mais novo de Marga, e sua tia Consuelo tinham lhe contado, e daquilo que ela mesma tinha podido averiguar.

Marga Gil Roësset nasce em Madri em 1908, no seio de uma família da alta burguesia. Seu pai, Julián Gil Clemente, era um general de engenharia, várias vezes premiado por suas façanhas bélicas e por suas empresas de navios. Sua mãe, Margot Roësset Mosquera, de origem franco-galega, era uma mulher singular, de grande beleza, elegante, culta, sensível e talvez um tanto excêntrica. Amava acima de tudo a beleza, e este detalhe, que inicialmente pode parecer um tanto elitista e nada além disso, pareceu em Margot uma obsessão que seguramente afetou sua concepção do mundo e suas relações sociais. Marga Clark nos contou uma anedota que ela mesma disse que não pôde verificar, mas que exemplificava muito bem o caráter de sua avó. Um dia, Julián Gil convidou um casal para jantar em sua casa; era um importante cliente de sua empresa, a quem ele teria que impressionar. Margot preparou o jantar com atenção e delicadeza, como boa anfitriã. Quando o casal chegou, de repente Margot se sentiu indisposta, até o ponto em que teve que se retirar para seus aposentos. A razão desse mal-estar imprevisto não era outra senão a suposta feiura da convidada, à qual Margot não pôde suportar.

Marga Clark nos mostra fotos do ambiente familiar. Retratos curiosos em branco e preto, onde vemos uma Marga ainda menina de belos olhos grandes, vestida, assim como sua irmã, Consuelo, de uma forma moderna e original, com trajes desenhados por sua mãe. Percebe-se um ambiente familiar onde reina o amor, a disciplina e a criatividade. Marga nos confirma isso. Os quatro filhos — Consuelo, Pedro (que morreu prematuramente), Marga e Julián — foram educados dentro de uma estrita moral religiosa, mas nem por isso castradora do ponto de vista artístico e intelectual. A mãe, especialmente no caso das filhas, preocupa-se em lhes dar uma educação requintada da qual ela mesma é artífice. Consuelo e Marga, desde bem pequenas, tocavam piano, falavam quatro idiomas, viajavam pela Europa visitando museus e passavam muitas horas lendo. Aprenderam as técnicas do desenho no estúdio do pintor José María López Mezquita.

Outro dado importante, segundo a explicação da sobrinha, é que Marga nasceu doente, e os médicos atestavam poucas chances de sobrevivência. Sua mãe, decidida a não perder o bebê, amamentou-a durante um ano, praticamente sem tirá-la do colo, conseguindo que a pequena se salvasse. Seguramente por isso, Marga e sua mãe sempre foram muito unidas, o que mais tarde deu azo a um controle estrito e quase obsessivo de Margot sobre a filha.

Durante nosso encontro com Marga Clark, foi inevitável falar do suicídio de sua tia. Percebemos que o tema é tabu na família. O motivo dessa decisão torna a natureza íntima do ato em algo público: Juan Ramón Jiménez.

Marga nos conta do diário. Sabíamos de sua existência por seu livro, mas não estávamos certos de que fosse real. Mas é sim real. Marga Gil Roësset o escreveu um mês antes de morrer e o entregou a Juan Ramón Jiménez horas antes de tirar a própria vida. Um diário?

Enfim, ali estava a sua "voz". Podemos vê-lo? Podemos filmá-lo? É difícil — não é uma tarefa fácil. A morte já manchou o suficiente a memória de Marga; além do mais, esse diário pertence aos herdeiros de Juan Ramón, e, embora alguns fragmentos tenham sido publicados, tanto no romance de Marga Clark quanto na reportagem do *ABC*, filmar o original, o que nos interessava, não é possível. Uma pena. Não tem problema. De todo modo, é um desafio contar a história de Marga sem nos centrarmos em seu trágico fim. De algum modo, assumimos essa premissa e a abraçamos.

Marga Clark marca um encontro de novo em sua casa de Madri; ali tem mais coisas sobre sua tia, e além disso pode nos mostrar uma escultura. Aceita com prazer ser entrevistada para o documentário. Nos indica que devemos falar com Nuria Capdevila-Argüelles, que trabalha na Universidade de Exeter e é a biógrafa de Marga. Ela é quem mais sabe sobre as mulheres da família Roësset. Em 2013, escreveu o livro *Artistas y precursoras. Un siglo de autoras Roësset*,[1] onde se pergunta sobre a obra dessa estirpe de mulheres artistas: as pintoras María Roësset Mosquera (Maro), tia de Marga (1904-1976), e Marisa Roësset Velasco, sua prima (1904-1975), Consuelo Gil Roësset (1905-1995) e a própria Marga. Ali sim, finalmente, explica-se sua dimensão como mulher e propõe-se um estudo sobre sua obra. Sua história vai ampliando-se pouco a pouco.

A educação exclusiva e constante que recebem as duas meninas por parte de sua mãe logo rende frutos. Em 1920, aos doze anos, Marga ilustra *El niño de oro*, conto infantil escrito por sua irmã Consuelo, de quinze anos. Nele já são perceptíveis as distintas tendências vitais das duas artistas precoces. Enquanto Consuelo conta uma história de matizes costumbristas e moralizantes, ainda que com certa reflexão social sobre a importância da aceitação e da coletividade, o que não deixa de surpreender em uma menina, Marga ilustra a fábula com figuras lânguidas, sombrias, agonizantes, com expressões tensas, mas também fantasmagóricas. Imagens que evocam um mundo esotérico, com matizes orientalistas; é um traço quase impecável, mas ao mesmo tempo descuidado; os rostos das figuras são capazes de transmitir emoções e estados de espírito apenas com os olhos e com a insinuação de seus traços. Os protagonistas do livro, o Príncipe de Ouro e a Princesa de Ouro, têm certo aspecto vampiresco, apesar de serem

....
1. CAPDEVILA-ARGÜELLES, Nuria. *Artistas y precursoras. Un siglo de autoras Roësset*. Madri: Horas y Horas, 2013.

os personagens que irradiam mais luz e bondade. O detalhamento dos desenhos surpreende; as roupas lembram os trajes tradicionais holandeses, já que a Holanda foi o país onde o conto foi inspirado.

Enquanto Consuelo escreve um conto para crianças, Marga desenha para um leitor idealizado, que não entende de idade, mas de emoções. O conjunto de sua obra é um convite a um mundo interior único, um aposento próprio que Gil Roësset tem como único refúgio onde se sentir livre. Uma realidade fantástica à qual a jovem autora recorrerá como fonte de inspiração. Porque Marga Gil Roësset não toma como modelo o mundo real em seu entorno, mas o mundo que seus sonhos mais pessoais protagonizam. Eles não se apresentam como desejos de futuro, mas como ideais de uma vida que é inalcançável.

Anos mais tarde, em uma entrevista realizada por Rosa Arciniega para a revista *Crónica*, por ocasião da Exposição Nacional de Belas Artes de 1930, Marga pronunciará umas palavras que são, sem qualquer dúvida, a declaração de suas intenções: "Desejo sempre trabalhar em minhas esculturas de dentro para fora. Quer dizer, trato de esculpir antes as ideias que as pessoas".[2] Isso é exatamente o que transmite a obra de Marga Gil Roësset, a construção de um ideal, a materialização de um mundo frágil, visto através dos olhos de uma menina que se vê criança e se sente adulta.

A propósito de *El niño de oro*, Zenobia Camprubí conta, em um texto dedicado a Marga que integra a edição do diário da jovem escultora, como foi o primeiro "encontro" entre o casal Jiménez-Camprubí e as irmãs Gil Roësset:

> Era uma noite fria de inverno quando o Guadarrama coberto de neve soprou um vento gelado e penetrante que fazia voarem os chapéus e os casacos nas esquinas, e penetrava até a medula. Nós tínhamos acabado de chegar de um conserto, e o porteiro nos deu um pacote quando abríamos a porta do elevador. Estava endereçado a mim, e, enquanto Ramón Jiménez fechava a porta do apartamento, eu o abri e encontrei um livro. Na primeira página, em letra legível, mas infantil, havia uma dedicatória de duas linhas: "A você, que não nos conhece, mas que já é nossa amiga, Consuelo e Marga".[3]

....
2. ARCINIEGA, Rosa. Entrevista a Marga Gil Roësset. *Crónica*, Madri, Ano II, n. 35, p. 14, 13 jul. 1930.
3. CAMPRUBÍ, Zenobia. Marga. In: JIMÉNEZ, Juan Ramón (ed.). *Marga*. Sevilha: Fundación José Manuel Lara, 2015. p. 91.

A dedicatória que as irmãs escrevem no livro que dão de presente a Zenobia dá a entender que, para as duas meninas, ela era uma referência, um ídolo. A razão de sua admiração não era outra senão as traduções de Rabindranath Tagore que o casal tinha feito e que as meninas tinham lido. Mais uma vez, fica claro o alto nível cultural e livresco das duas irmãs, que, já naquele tempo, 1921, eram conhecidas em Madri por seu talento extraordinário, tal como indica a resenha que o jornal *La Correspondencia de España* fez do conto, em janeiro daquele ano: "Um livro admirável por seu luxo exterior e por seu conteúdo; é justo proclamar as admiráveis aptidões que, em suas respectivas áreas, Consuelo e Marga demonstraram, irmãs de sangue e irmãs na arte".[4]

Em 1923, Consuelo e Marga publicam em Paris sua segunda obra, *Rose des Bois*, escrita em francês e editada pela prestigiosa Livraria Plon. A obra rapidamente se torna objeto de culto, por sua originalidade e por sua produção extraordinária e luxuosa. O jornal *Le Figaro* expressa-se da seguinte maneira em sua resenha do conto, publicada em seu suplemento literário em dezembro de 1923:

> Duas meninas, duas irmãs de precocidade rara, espanholas de origem, mas francesas por adoção, uniram seus talentos juvenis para a realização deste livro luxuoso. *Rose des Bois* é um conto maravilhoso que se passa na Índia, com riquezas fabulosas, tradições milenares e lendas milagrosas. É a história de uma bela princesa perseguida por um usurpador, que quer o trono de seu pai, e pela má vontade de espíritos malignos. Para fugir deles, se transforma em uma rosa e exala sua alma gentil como uma fragrante rosa. Ao final, o feitiço se rompe, a virtude e o amor triunfam e o usurpador é castigado. Rose des Bois se casa com o soldado rude a quem tinha prometido fidelidade. Esta bela história é contada com uma simplicidade encantadora e com uma felicidade de expressão que surpreende em uma menina de dezesseis anos. O que mais surpreende é que a ilustradora desta maravilhosa história tem somente treze anos, mas os maravilhosos quadros que plasmou neste livro luxuoso são de uma composição e de uma riqueza imaginativa que poderiam ser atribuídos a um desenhista conhecedor de todos os recursos e segredos de sua arte. Tudo isso, texto e ilustrações, forma um

....
4. Assinado por F. A. N. Los libros nuevos — El niño de oro. *La Correspondencia de España*, Madri, p. 1, 24 jan. 1921.

conjunto precioso que não pode deixar de chamar a atenção dos estudiosos e pessoas de bom gosto.[5]

A partir da publicação de *Rose des Bois*, as duas irmãs deixam de colaborar artisticamente. Consuelo ingressa aos dezesseis anos na Faculdade de Filosofia e Letras da Universidade Central de Madri e começa a se integrar em outros meios sociais, correspondentes à sua idade.

Marga, ainda uma menina, segue com seu mundo imaginativo e criativo, desta vez voltando seu talento para a escultura. Aos quinze anos, ela esculpe com uma técnica espantosa. Sua mãe, sempre atenta a tudo aquilo que a filha produz, decide mostrar sua obra ao amigo Victorio Macho, importante escultor espanhol, que se recusa a tomá-la como aprendiz, uma vez que considera que o gênio de Marga não deve ser domado.[6]

Nos anos seguintes, Marga segue criando. Sua irmã Consuelo se casa em 1926 com o compositor Jesús Franco e se dedica a escrever contos infantis, uma atividade pela qual será amplamente reconhecida posteriormente. Marga fica sozinha na casa familiar.

Na Exposição Nacional de Belas Artes de 1930, celebrada anualmente em Madri, Marga, que já tem vinte e dois anos, expõe suas obras pela primeira vez. Nós mergulhamos no maravilhoso mundo das hemerotecas digitais, certamente extraordinárias a da Biblioteca Nacional e a do jornal *ABC*, com o objetivo de buscar informações e imagens dessa exposição. Tudo aquilo que possa ser traduzido em imagem fílmica nos interessa, e a imprensa da época sempre foi um bom instrumento do qual se pode fazer excelente proveito, se escolhermos com cuidado.

De fato, nas hemerotecas que consultamos, encontramos notícias e referências sobre o importante concurso. A imprensa da época, entre muitos outros artistas, como Maruja Mallo, Lola de Vega ou Ángeles Santos, destaca Marga Gil Roësset, que expõe o conjunto de esculturas *Adão e Eva*. A crítica especializada fica atônita diante da obra. Um exemplo disso é o jornalista, crítico de arte e escritor José Francés, que, capturado pela técnica e solenidade da obra da jovem escultora, publica na revista *La Esfera* uma longa reportagem sobre

....
5. LE FIGARO (Supplément Littéraire du Dimanche), Paris, p. 3, 15 dez. 1923.
6. CLARK, Marga. Mi tía Marga: reivindicación de una memoria. In: JIMÉNEZ, Juan Ramón (ed.). *Marga*. Sevilha: Fundación José Manuel Lara, 2015. p. 18.

ela. No texto, o jornalista recupera a história das duas irmãs e de suas maravilhosas fábulas criativas, de sua infância, de seu talento, de seu gênio precoce:

> Onde essa menina terá aprendido seu ofício duro e delicado? De onde vem esse afã insaciável de verdade humana, de pobre e dolorosa verdade humana, que surge das formas modeladas por essa mão quase adolescente e já certeira, como a de um escultor moderno?

E sentencia ao final:

> O conto de fadas já terminou. A história da vida começa. E essa mulher pequenina, grave, silenciosa e atenta aos rumores infinitos e aos ritmos múltiplos segue seu caminho, em cuja meta, não muito distante, ao que nos parece, já estão crescendo os louros para ela.[7]

A reportagem é acompanhada por três fotografias. Duas delas reproduzem duas esculturas, *A menina que sorri* e *Torso de homem* — que mais tarde seriam destruídas pela própria Marga —, e a terceira é uma foto da artista diante do grupo de esculturas em processo, com o olhar absorto nas mãos trabalhando o barro. Esta é a única foto conhecida da artista em seu ateliê, esse espaço na parte mais externa de Madri, onde Marga se refugiava da pressão familiar e seguramente o único lugar onde podia ser ela mesma.

Existe outra reportagem sobre Marga à qual já tínhamos feito referência antes. Se trata da breve entrevista, realizada pela escritora de origem peruana Rosa de Arciniega, para *Crónica*. Nela, um dos poucos documentos no qual podemos "escutar" a voz de Marga, a jovem escultora parece deixar de lado sua timidez e fala sem reservas sobre sua obra e sua visão da vida. Diante da pergunta de Arciniega sobre a razão do grupo de esculturas *Adão e Eva*, Marga responde:

> Adão e Eva, pais do gênero humano. Velhos como o mundo. Ele, atlético, forte como que para gerar todos os homens. Ela, frágil, apoiada no peito robusto do homem, mas com os seios fartos para amamentar toda a Humanidade. Em seus rostos, reflito a dor; dor pelo paraíso perdido, dor por se sentirem sós no meio do planeta,

....
7. FRANCÉS, José. Vida artística: Marga Gil Roësset. *La Esfera*, Madri, p. 22-23, 17 ago. 1929.

dor por todas as dores que seus filhos terão de carregar ao longo dos séculos. Não sei se consegui transmitir essa ideia.

Ao final da entrevista, Marga fala do amor, um sentimento que, naquele tempo, ainda ignora ou não lhe parece relevante:

> Não creio no amor simultâneo entre dois corações. Vou explicar isso, que à primeira vista pode parecer a você como um paradoxo. Eu, por exemplo, posso me apaixonar por um homem simplesmente porque gosto dele, mas me parece difícil que ele se apaixone por mim ao mesmo tempo, completando dessa forma o amor. Me parece que sempre há um sacrifício nisso. O que geralmente ocorre é que um se apaixona pelo outro, e, à base de constância e trato, chegam a criar uma paixão simultânea. Como não espero achar isso, também não espero me casar.[8]

Essa negação do casamento em seu conceito tradicional era bastante comum entre as modernas daquela época. Eram tempos de mudança, e as jovens sentiam que enfim podiam ser donas de suas vidas. Esse novo estado da mulher faz com que se coloquem novas formas de relação entre os sexos. Ernestina de Champourcín, por exemplo, escreve o seguinte a Carmen Conde em 1928, por motivo da notícia das iminentes bodas de sua amiga: "Me incomoda, e muito, que você tenha um noivo. Você é muito você mesma para se casar como todas, para virar uma senhora burguesa, excelente mãe de família. Não faça isso, não... (...). Odeio o casamento, de verdade!".[9]

Ainda que soubéssemos que o encontro de Marga com Juan Ramón Jiménez estava próximo, nosso objetivo de não falar disso no documentário nos impunha que continuássemos pesquisando sobre a sua produção criativa, sobre a sua *autoria*, como aponta Nuria Capdevila-Argüelles, e sobre a "patologização" de sua pessoa por parte da crítica. O fato de a artista utilizar o granito como material para esculpir cria um furor entre os críticos da época. Esse material duro e difícil de trabalhar requer técnica espantosa e talento. As figuras e os grupos de escultura de Marga apresentam uma grande tensão: são rudes, fortes e multirraciais. Como bem nos diz a escultora, todas

....
8. ARCINIEGA. Entrevista a Marga Gil Roësset, p. 14.
9. CHAMPOURCÍN, Ernestina; CONDE, Carmen. *Epistolario (1927-1995)*. Ed.: Rosa Fernández Urtasun. Madri: Castalia, 2007. p. 165.

elas transmitem uma ideia, uma visão muito particular do mundo e das emoções.

Uma vez que chegamos a este ponto, creio que é bom determinarmos a figura de Marga como autora. Seguramente, sua condição de autodidata, sua timidez e o asfixiante controle familiar distanciaram-na de vivências coletivas. Sabemos que foi amiga de Ernestina de Champourcín, mas Ernestina não se refere a Marga com frequência para além das palavras que transcrevemos no início do capítulo. Apesar da ausência de referências de suas companheiras de geração durante sua vida, Marga se distingue entre as artistas de seu tempo. Como já dissemos, sua produção notável e seu talento a convertem em uma das autoras mais interessantes do panorama artístico espanhol. Em um momento no qual os movimentos de vanguarda imperavam, Marga, sem possuir diretamente uma influência clara, integra em sua produção um dos elementos mais importantes da vanguarda, o mundo das ideias, dos sonhos como temática artística.

Creio que já traçamos o perfil da personagem. Não há muito material gráfico, mas, com as entrevistas realizadas com Nuria Capdevila e Marga Clark, já podemos nos sentar em uma sala de montagem.

Mas existe algo que nos perturba. Em uma conversa com Nuria, ela me disse que é difícil entender o mundo de um artista sem conhecer o desenrolar de sua vida, que é impossível separar a existência vital da criação. De novo, o "fora de cena" impera. A verdade é que ela tem razão: como explicar Marga, como ressuscitar sua memória (artística e vital) sem entender quais foram as chaves de sua existência. Mas continuamos sem sua "voz", e sem ela tudo não passará de conjecturas. Sua última etapa, com a aparição do casal Jiménez-Camprubí em sua vida, supõe uma revolução. Mas isso já foi contado. Como falar dela sem falar dele?

E, de repente, o diário íntimo de Marga, esse manuscrito silenciado, vem à luz em sua totalidade. Enfim se torna público, enfim podemos lê-lo. Tudo muda de rumo. Conversamos com Carmen Hernández-Pinzón, herdeira de Juan Ramón Jiménez e, por conseguinte, proprietária do diário. Perguntamos a ela se podemos agora utilizar páginas do diário original para o documentário, e ela não se opõe. O que até aquele momento era inexplorável se apresenta diante de nós como um complemento, embora seguindo a máxima que adotamos para falar de nossas protagonistas — não entramos em detalhes, não desejamos remexer sua vida em uma postura *voyeur*, e sim apresentá-las como sujeitos históricos e artísticos. Só estamos interessados naquilo que é imposto para uma contextualização necessária da personagem. Está claro que a morte de Marga dá à personagem uma outra dimensão, não tanto pelas circunstâncias nas quais ocorreu, mas porque, pelo que sabemos até o momento, é como se esse final trágico fosse o único possível para uma pessoa tão extrema como parece que ela foi, em quem a agonia está sempre presente. Marga é uma figura romântica, que vive as emoções de maneira intensa. Seguramente, o mundo real não lhe garantia suficiente intensidade para que se sentisse viva; seguramente, essa existência burguesa e um tanto opressiva da qual ela se queixa em seu diário não permitia que ela descobrisse novas sensações nas quais se inspirar. Por isso, constrói, como nos lembra Nuria, "um ideal de vida artística", buscando em seu imaginário — elaborado a partir de leituras e viagens antigas — a razão de sua criatividade.

E de repente aparece esse sentimento único, que faz com que tudo valha a pena.

O que Marga nos conta nesse diário e o que Juan Ramón e Zenobia nos dizem dela?

A edição do diário nos permite reler alguns escritos que Zenobia deixou preparados para que formassem parte de um projeto editorial sobre a figura de Marga, que tinha pensado em realizar com seu marido:

> Marga, quero contar a sua história, porque cedo ou tarde será contada por aqueles que não conheceram você ou não a compreenderam. Quero contar as coisas como foram, sem tirar nem pôr o mais mínimo detalhe à verdade, para que os que leiam as mentiras possam se referir a mim e separar o falso do verdadeiro, para que você possa ser apresentada como é: apaixonada e sã, insegura e heroica.[10]

Parece que o início de tudo foi um jantar ao qual compareceram Consuelo Gil Roësset e Zenobia Camprubí, por volta de 1931. Nas palavras de Zenobia:

> (...) quando, no outro extremo da polida mesa de mogno, vi um par de olhos fascinantes, profundos, que fitavam os meus com quieta mansidão... Ao final, não pude suportar mais e, dirigindo-me à anfitriã, perguntei, baixinho, quem era a bela jovem... "Ela está

....
10. CAMPRUBÍ. Marga, p. 91.

morrendo de vontade de conhecer você, não a desaponte...". Fiz um gesto à bela jovem para que chegasse mais perto... A jovem me estendeu a mão... "Conheço você faz tempo" — e, ruborizando violentamente —, "você se lembra de quando, anos atrás, Marga e eu deixamos em sua casa um livro nosso? Demoramos muito tempo para nos atrevermos a chegar perto da porta, e nunca teríamos tido a coragem de entregá-lo pessoalmente. Por isso, fomos correndo...". Lembrei do episódio completo, e passamos o resto da tarde compensando o tempo perdido.[11]

Pouco tempo depois, Zenobia e Marga se conhecem, e Zenobia repara em seu aspecto varonil, forte e descuidado, em suas mãos curtidas pelo trabalho com materiais duros. Sua timidez e sua aparente fragilidade não convencem Zenobia, e custa-lhe reconhecer naquele pequeno ser desvalido a alma que, anos atrás, tinha ilustrado com a força de uma maturidade transbordante o pequeno conto que tinham lhe presenteado. Ainda assim, Camprubí convida Marga ao teatro. Ali, no camarote do casal, Marga conhece Juan Ramón Jiménez. Assim se lembra o poeta: "Eu tinha imaginado que Marga fosse loira, como Consuelo, sua irmã mais velha, e pensei tê-la visto na penumbra carmesim de um palco, em uma manhã de concerto".[12] A partir desse encontro, o casal e a jovem artista iniciam uma relação próxima. Os escritos de Zenobia deixam claro que Marga estava submetida à pressão de sua mãe, que exercia controle sobre a obra da filha e que, aos olhos do casal, constrangia o talento da artista. Pouco depois, Marga propõe a eles esculpir um busto de Zenobia e outro do poeta, ao que o casal não se opõe, certamente vendo nisso a possibilidade de afastar Marga de sua família durante um tempo. Ela vai todos os dias à casa do casal para esculpir. Naquele tempo, Zenobia estava de cama, devido a uma recaída em sua doença. Ali, Marga se sente confortável, livre. Sonha em viajar a Paris para estudar escultura, e isso lhe recomenda Juan Ramón, mas ela está ciente de que seus pais não iriam permitir.

Marga continua trabalhando na casa do poeta, absorta em sua obra. Leva para o casal presentes, rosas, livros, doces... está agradecida. Passa muitas horas a sós com Juan Ramón. E, sem que pudesse evitar,

....
11. CAMPRUBÍ. Marga, p. 92.
12. JIMÉNEZ, Juan Ramón. *Españoles de tres mundos (1914-1940)*. Madri: Visor, 2009. p. 281.

apaixona-se. Apaixona-se profundamente. Torna-se obcecada. Suas palavras, poucos anos antes, assumem um valor profético: "Não creio no amor simultâneo entre dois corações". Juan Ramón, ao que parece, recusa a jovem. Pelo visto, era comum que jovens aspirantes a artistas se rendessem aos encantos do poeta, segundo as lembranças de outra de suas discípulas, Ernestina de Champourcín:

> A relação de Juan Ramón com todas essas jovens era talvez algo especial, e sem dúvida muito diferente do que as pessoas imaginavam. Não há dúvida de que se sentia atraído por mulheres que tinham alguma vocação artística. E também não há dúvida de que esse interesse dele, tão natural, calava fundo, muito fundo, naquelas que o tinham suscitado. Zenobia era o centro vital da existência de Juan Ramón; ela recebia com generosidade as demonstrações de afeto feitas a seu marido, e não era estranho ouvir a voz dela anunciando com doçura: "Juan, tua menina está te chamando", e a menina podia ser uma ou outra das que vinham até ele para um conselho ou um pequeno desabafo sentimental.[13]

Ao mesmo tempo, os pais de Marga a impedem de viajar a Paris sozinha, dando-lhe, como única opção, ir acompanhada da mãe. Marga se sufoca; ela, que finalmente crê encontrar motivação neste mundo real, sente que o mundo a encarcera, trai. Diante do abismo, toma uma decisão.

"Tudo o que é belo... porque você sabe olhar para ele... entra em você, agradecido... e... faz de você mais belo... ainda!". Assim começa o diário de Marga, decidida naquele tempo a por um fim à própria vida. Continuará esculpindo o busto de Zenobia, sem dúvida sua melhor obra. Ao mesmo tempo que escreve sobre seu mal de amor e sobre sua incapacidade em encontrar uma vida que lhe pertença. Semanas depois, termina: "Antes, amiga, eu buscava/ no fulgurante ocaso o grão dos infinitos suficientes./ Te estendeste, por vontade própria, sob a terra, entre o ocaso e eu, sangrenta como um louco pôr do sol retardado na negra noite./ Agora, és um ocaso fixo, uma chama perene, um infinito suficiente" [*Fechas de mi voz*, 4 de agosto de 1932].

....
13. CHAMPOURCÍN, Ernestina de. *La ardilla y la rosa: Juan Ramón en mi memoria.* Moguer: Fundación Juan Ramón Jiménez, 1997. p. 40.

Na manhã seguinte, Marga visita Juan Ramón, deixa com ele alguns papéis e pede que não os abra até que se passem uns dias: o diário. Segundo as lembranças do poeta, ela trazia um volume no casaco.

Marga se despede com lágrimas. Se afasta. Vai a seu ateliê e destrói a marteladas várias de suas obras: *Adão e Eva*, *A menina que ri*, *Torso de homem*, entre outras. Mas não toca no busto de Zenobia. Deixa três cartas. Aos seus pais: "Perdoem-me, eu suplico... Mamãe, não se desespere pensando... na pena eterna... faço isso porque penso que nunca poderei ser feliz...". À sua irmã Consuelo: "*Consuelín*, me matei porque não podia ser feliz... e não queria não sê-lo... é um egoísmo enorme... talvez...". E, finalmente, à sua amiga Zenobia: "Você me perdoará... Me apaixonei por Juan Ramón! E ainda que querer... e se apaixonar sejam algo que acontece porque sim, sem que a gente tenha culpa... perdão, *Azulita*... por aquilo que eu teria feito se ele quisesse".

Toma um táxi, se dirige a uma casinha de um tio no município de Las Rozas. E ali tira sua vida. Tinha vinte e quatro anos. Anos mais tarde, Juan Ramón escreveria sobre a lembrança daquela manhã em um texto cheio de dor: "Tínhamos chegado em Las Rozas às nove e meia, depois de procurar por ela em vão em Madri. Estava na mesa de operações de uma clínica de urgência. Um tiro na cabeça, com a beleza não destroçada, descomposta...".[14]

Nunca saberemos ao certo a razão pela qual Marga tirou a própria vida. Isso também faz parte desse quarto próprio onde estão resguardadas as mais íntimas intenções. Morre a mulher, a filha, a amiga, a irmã e a artista. Na última página de seu diário, escreveu: "Eu assim na vida... estou... tão imensamente longe de você... ai!... embora eu esteja perto... Mas na morte nada mais me separa de você... somente a morte... somente a morte, sozinha... e... já é... vida quanto mais próxima... morte... como te quero!".

Durante anos, na sala da minha casa, havia pendurada uma reprodução da obra do pré-rafaelita John Everett Millais, *A morte de Ofélia*. Eu lembro que ela me fascinava quando pequena; do olhar baixo de uma menina, a figura lânguida do cadáver de Ofélia me sugeria um mundo que me perturbava. A história e a figura de Marga Gil Roësset sempre me fizeram recordar esse quadro. Deve ser por isso

....
14. JIMÉNEZ, Juan Ramón. Marga (Gil Roësset). In: JIMÉNEZ, Juan Ramón (ed.). *Marga*. Sevilha: Fundación José Manuel Lara, 2015. p. 82.

que o último plano do capítulo de Marga no documentário é uma fotografia dela evocando sua própria morte, em uma representação teatral caseira, muito parecida com a representação agônica e latente que Millais nos faz da personagem shakespeariana.

3

Concha Méndez

(1898-1986)

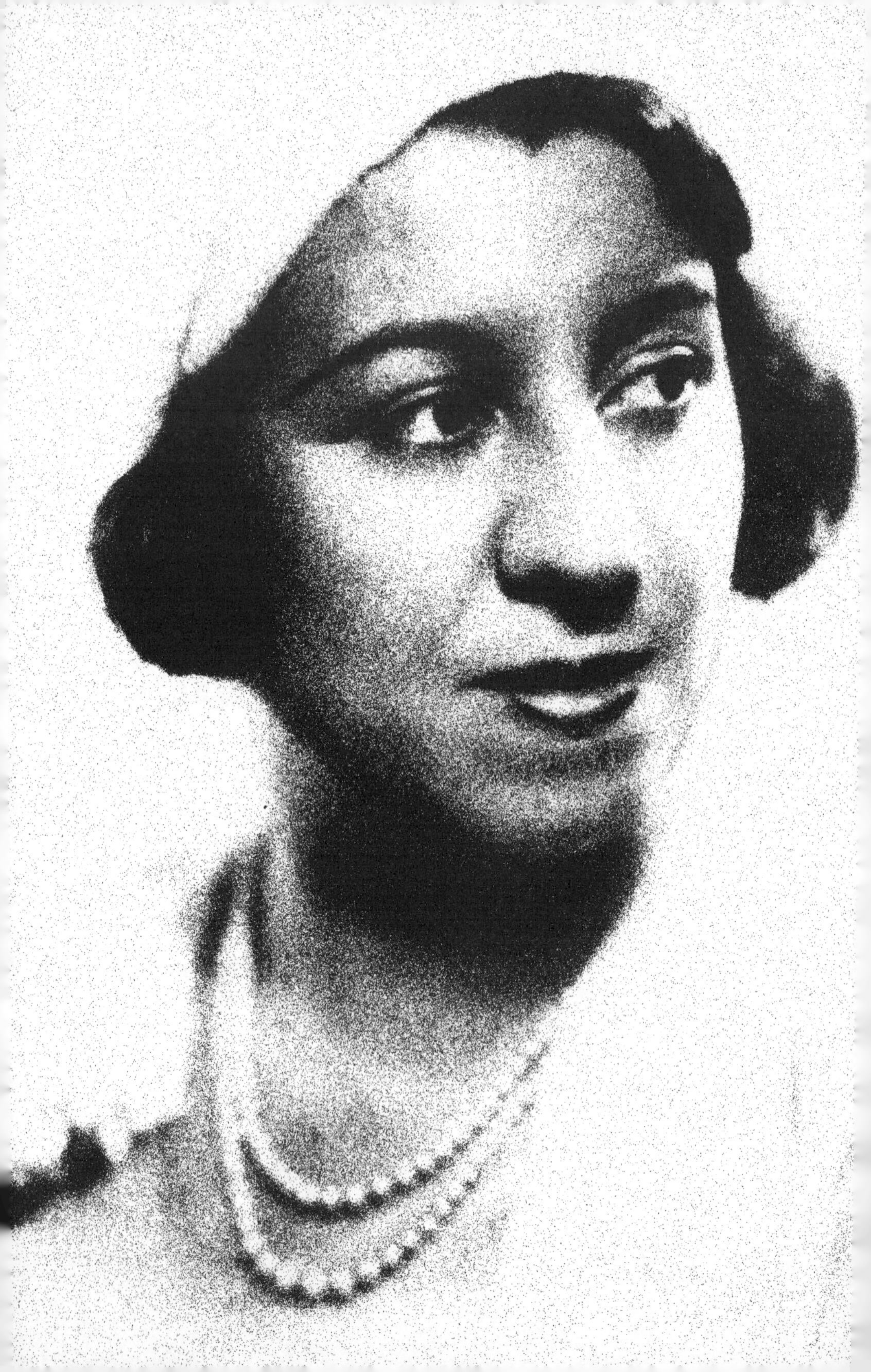

> Concha Méndez era um nome dos que preenchem o momento que se está vivendo, dos que são conhecidos antes de os termos visto.
>
> **María Zambrano**

Concha Méndez Cuesta foi uma menina um pouco atarracada, sem demasiada beleza, mas com um quê especial em seu olhar e em sua atitude de vida que fazia com que as pessoas quisessem ser suas amigas. Desde sempre, Concha sentiu que era a ovelha negra da família. Mas, sinceramente, creio que se importava muito pouco com isso, porque seu caráter rebelde permitiu que ela fosse dona de si mesma durante toda a vida.

> (...) Minha mãe me dizia, quando eu era pequena: "Você é o tipo de pessoa que fica vendo a grama crescer". Olha só, ver a grama crescer. Outras vezes, me dizia: "Você às vezes tem oito anos, às vezes tem oitenta". Minha mãe era a primeira pessoa a se desconcertar comigo.[1]

Ela foi uma figura excepcional, que viveu em um tempo que sem dúvida ajudou a transformar. Campeã de natação, poeta, roteirista, dramaturga, editora, impressora, vendedora de livros e um sem-número de outras coisas; todas conformam o que é e foi Concha Méndez Cuesta.

Existem algumas gravações feitas em 1981, e que se encontram depositadas na fonoteca do México, nas quais uma Concha já octogenária fala, durante quase dezessete horas, de suas memórias. É um arquivo fabuloso, publicado parcialmente no livro *Concha*

....
1. Do arquivo sonoro da família (Fonoteca Nacional do México).

Méndez: memorias habladas, memorias armadas, de sua neta Paloma Ulacia Altolaguirre.[2] O título desta obra sempre me pareceu extraordinariamente sugestivo, em especial quando podemos escutar o material original e nos darmos conta de como é pertinente.

A gravação sonora foi realizada pela própria neta, que faz perguntas à avó buscando concatenar de alguma maneira a cronologia dos fatos vividos. A relação que se estabelece entre a avó e a neta me emociona — se parece muito com minha relação com a minha avó. Ela gosta muito de falar, e basta que lhe deem um *leitmotiv* para que se guie por si mesma por um sem-número de recordações distantes, que, por sua idade, são aquelas das quais se recorda com mais nitidez (dizem que quanto mais velha uma pessoa, mais facilmente se recorda das memórias distantes e se esquece das mais próximas).

Paloma, consciente do trabalho de transcrição e argumentação que terá de fazer depois, busca guiar sua avó em suas recordações. Mas não consegue. Porque Concha é muito Concha, e tem muita clareza de que essa é a sua vida, e vai contá-la como quer. Há um momento nas gravações que encena perfeitamente a "luta" entre a neta e a avó, e que me parece comovente. Paloma tenta fazer sua avó falar de Luis Buñuel, com quem teve um noivado que durou sete anos. Mas a poeta octogenária não está para isso:

Paloma: Porque quando você foi a Las Hurdes, ainda não tinha conhecido Buñuel, não é?
Concha: Sim, já o conhecia.
Paloma: Então vocês se falaram em Las Hurdes.
Concha: Sim, claro, mas você não me meta Buñuel no meio porque não tenho vontade de falar disso. Então, do que eu não quiser falar... você fique caladinha. Pra que que eu vou ficar falando e me lembrando dele de repente, se já terminei com ele, se minha vida com ele já terminou. Ele foi a Las Hurdes fazer um filme, o que eu tenho a ver com isso? Pra quê que eu tenho que incluir ele em tudo o que eu disser? Para nada.

Sou totalmente solidária ao desespero de Paloma, pois o mesmo acontece entre minha avó e eu. Suponho que há um momento em que a neta convence a avó da dificuldade de seguir um fio argumentativo

....
2. ALTOLAGUIRRE, Paloma Ulacia. *Concha Méndez: memorias habladas, memorias armadas*. Madri: Mondadori, 1990. p. 26.

em sua história, que vai e vem o tempo todo. É capaz de iniciar uma frase em 1917 e terminá-la em 1936. Por isso, imagino que convence a avó a escrever o que vai dizer. De fato, durante um bom tempo, escutamos Concha lendo. Desta vez, o discurso é muito mais ordenado e compreensível, mas perde essa essência inigualável, essa vitalidade que faz de Concha Méndez e, consequentemente, de seu registro sonoro algo único. Paloma deve ter se dado conta disso, e por isso voltou a deixar sua avó se expressar livremente.

Escutar essas memórias me serviu para entender a época em que viveram as *sinsombrero*, o que as unia, seus sonhos, sua luta; mas, acima de tudo, me fez descobrir Concha Méndez, essa mulher singular e essa artista importante, e a injustiça de seu esquecimento.

Concha Méndez Cuesta foi a mais velha de nada menos que onze irmãos. Nasce em Madri em julho de 1898. Este não foi um ano qualquer: foi o ano da perda das colônias espanholas (Cuba, Porto Rico e as Filipinas), que desencadeou na Espanha o conhecido "Desastre de 98", do qual surgiu a Geração de 98 (Unamuno, Machado, Valle-Inclán, Baroja, entre outros). Mas também foi o ano em que nasceram figuras como Bertolt Brecht, Vicente Aleixandre, Dámaso Alonso e Federico García Lorca. É importante assinalar a coincidência das datas de nascimento de Concha e dos três poetas espanhóis mencionados, especialmente àqueles que buscam alguma desculpa para não incluir nem ela nem qualquer outra de suas companheiras de geração e de nascimento, como Rosa Chacel, nesse complexo entremeado que é o Grupo de 27. Este também foi o ano em que passaram desta para melhor Sissi (Isabel da Baviera) e Lewis Carroll. Assim, Concha não nasceu em um ano qualquer, como sempre dizia, mas em 1898.

Pertencia a uma família de posses: "Minha mãe era da aristocracia espanhola, descendente de galegos e castelhanos. O pai dela, diretor da Casa da Moeda (…). Quando (a avó) enviuvou, a família se encontrava arruinada. Numa dessas casas que meu pai rebocava, conheceu a minha mãe, se interessou por ela e se casaram…", explica em suas memórias.[3] Durante o inverno, viviam em Madri, mas com a chegada do verão se mudavam à exclusiva cidade de San Sebastián, que por aquele fim de século era lugar de veraneio da monarquia e das grandes fortunas espanholas, onde passavam longas temporadas.

Em San Sebastián, a jovem sentia muito tédio, ainda que não faltassem ocasiões para diversão, algo habitual para meninas

....
3. ALTOLAGUIRRE. *Concha Méndez: memorias habladas, memorias armadas*, p. 26.

finas e elegantes, um papel que, já desde pequena, era para ela tremendamente incômodo: "Eu era uma menina inconformada com meu meio ambiente".

Concha gostava de ficar olhando o mar sentada na calçada da Praia da Concha (uma curiosa relação onomástica), e sonhar em atravessar o oceano e viajar para descobrir novas paragens.

> Me lembro de que um dia veio um amigo do meu pai fazer uma visita, então meu pai nos apresentou esse amigo. Então ele disse aos meus irmãos, que eram bem pequenos: "O que você quer ser quando crescer?", e eles respondiam não sei o quê, e eu me adiantei, porque não tinha me perguntado nada, e disse: "Eu quero ser capitã de barco quando crescer". E ele disse: "As meninas não são nada". Tive ódio daquele homem horrível. Como assim as mulheres não são nada? Eu desde pequena queria ser algo, não é?[4]

Imagino que, na mente inquieta de Concha, todo esse desprezo ao gênero feminino lhe provocou uma incredulidade insuportável, que não fazia outra coisa senão aumentar a distância entre ela e o mundo burguês e castrador no qual, infelizmente, tinha de "sobreviver": "Eu, em minha verdade autêntica, era, uma noite, capitã de barco, outra noite, piloto de aviação".[5]

Durante suas estadas em San Sebastián, Concha conheceu um jovem Luis Buñuel. Ela teria por essa época uns dezoito anos, e ele, dezesseis (Luis tinha nascido em 1900): "Um verão em San Sebastián, conheci um jovem de Aragão que me apresentou, em um dos bailes, outro rapaz, que não era ninguém menos que Luis Buñuel, o diretor de cinema. Naquele tempo ele só se interessava por insetos. E atamos um namoro. Tínhamos a mesma idade; ficamos juntos por sete anos".[6]

Os poucos detalhes que temos dessa relação são os que Concha relata em suas memórias, porque Buñuel nunca mencionou nada a respeito de seu noivado com ela em nenhum de seus textos autobiográficos posteriores. Um deslize claramente intencional, que diz muito da personalidade do conhecidíssimo diretor de cinema, ainda mais quando se sabe que foram amigos durante anos.

....
4. ALTOLAGUIRRE. *Concha Méndez: memorias habladas, memorias armadas*, p. 26.
5. ALTOLAGUIRRE. *Concha Méndez: memorias habladas, memorias armadas*, p. 26.
6. ALTOLAGUIRRE. *Concha Méndez: memorias habladas, memorias armadas*, p. 39.

Segundo conta a poeta, Buñuel não queria que ela conhecesse todos os amigos dele, e por isso Concha sempre foi a namorada misteriosa do Luis:

> Ele levava uma vida dupla. Nunca nos reunimos com os rapazes da Residência de Estudantes. A vida dividida entre os amigos e a namorada era um costume da época; ele me falava deles, mas nunca os apresentou a mim... Me pergunto como podia conciliar os dois mundos; um mais frívolo, nossa vida em comum, e o outro artístico, no qual já despontavam traços surrealistas.[7]

Diferentemente de algumas de suas companheiras de geração, os pais de Concha não julgaram necessário que sua filha tivesse acesso à educação superior, nem que cuidasse de seu intelecto. O simples fato de ler um jornal ou livro era motivo para repreensões ou escândalo:

> Minhas primeiras leituras foram feitas com dezesseis anos. Vivíamos em um edifício de apartamentos que pertencia a meu pai. Ali, entre os inquilinos, havia um professor de literatura, com a mulher dele (...). Ele me emprestou obras de literatura russa: Tchekhov e Dostoiévski foram minhas primeiras leituras. Entre outras, me emprestou uma obra de Zorrilla, *El puñal del godo*. Estava guardada em minha casa quando um dia a empregada a descobriu e foi contar a meus pais que eu guardava um livro indecente, porque leu o *g* com som de *j*.[8]

Diante desse deserto motivacional e desse destino predestinado, Concha soube logo que deveria buscar por si mesma essa vida sonhada, à qual irremediavelmente só teria acesso se enfrentasse sua família:

> Um dia, assisti como ouvinte a um curso de literatura geográfica (...). Para ir à universidade, tive que fazer com que algumas amigas me acompanhassem; vinham até minha casa, eu saía com elas, elas depois me deixavam na universidade, e assim por diante. Claro, eu era maior de idade e não podia botar os pés nesse lugar, era uma coisa de louco, não é? Mas era assim. E, quando eu cheguei em

....
7. ALTOLAGUIRRE. *Concha Méndez: memorias habladas, memorias armadas*, p. 40.
8. ALTOLAGUIRRE. *Concha Méndez: memorias habladas, memorias armadas*, p. 40. [N. da T.]: A empregada lê a palavra *godo* (gentílico de um povo germânico) como *jodo* (1ª pessoa do presente do indicativo do verbo *joder*, "transar").

casa, por causa de algum irmão que tinha me visto, minha mãe ficou sabendo que eu estive na universidade. Ela estava falando ao telefone. Então me disse "venha aqui", me bateu com o telefone e me saiu um jorro de sangue; coloquei a mão e tinha a mão cheia de sangue, da pancada que ela me deu. Como se eu tivesse ido a sabe Deus que lugar. Era assim que eles agiam. Tiveram que me enfaixar a cabeça e tudo.[9]

Seguramente, foi sua relação com Buñuel que permitiu a Concha conhecer a existência de um certo status cultural. Ele, apesar de sua conhecida misoginia, comprovada por biógrafos e historiadores, devia compartilhar com a namorada seu próprio crescimento intelectual, do qual ela sem dúvida soube tirar proveito:

> Durante a nossa juventude, estava na moda ir dançar e tomar chá da tarde nos grandes hotéis: o Ritz e o Palace (...). Quatro vezes por semana, íamos dançar, e nos outros dias íamos ao cinema e ao Retiro. Naquele tempo eu não sabia que Buñuel tinha uma visão cinematográfica do mundo (talvez nem ele soubesse). Nossas preferências eram Chaplin e Buster Keaton (...). E eu, inconscientemente, seguramente ia tomando ciência da possibilidade de um outro mundo, que não era o da família.[10]

Em 1925, Luis Buñuel decide ir a Paris. Assim ele recorda em suas memórias:

> Fiquei sabendo que, sob a autoridade da Sociedade das Nações, seria fundado em Paris um órgão chamado *Société Internationale de Coopération Intellectuelle*. De antemão, sabia-se que Eugenio d'Ors seria nomeado representante da Espanha. Eu expressei ao diretor da Residência meu interesse em acompanhar Eugenio d'Ors, na qualidade de algo como seu secretário. Minha candidatura foi aceita.[11]

Concha viu nessa mudança a oportunidade perfeita para finalmente se casar com seu noivo, com quem já mantinha uma relação de sete anos. Os pais dela tinham aceitado a proposta de casamento

....
9. ALTOLAGUIRRE. *Concha Méndez: memorias habladas, memorias armadas*, p. 45.
10. ALTOLAGUIRRE. *Concha Méndez: memorias habladas, memorias armadas*, p. 39.
11. BUÑUEL, Luis. *Mi último suspiro*. Barcelona: Plaza & Janés, 1982. p. 79.

com certa frieza, razão pela qual o casal ia adiando a decisão. Parece que o plano era que, uma vez que Buñuel estivesse instalado em Paris, Concha fosse até lá. Mas isso não aconteceu. Luis encontrou na Cidade Luz a vida que sempre quis. Logo se esqueceu de sua noiva espanhola e, pouco depois de chegar à França, encontrou um novo amor, Jeanne Rucar, que acabaria sendo sua esposa por toda a vida:

> Quando ele foi embora, fui me despedir dele na escada de minha casa para lhe dizer adeus. Quando voltei à sala, encontrei a prima de minha mãe (...). "Se eu fosse ele — eu disse a ela —, faria como a fumaça, que vai e não volta". Quando penso nisso, me digo: "Mas Deus! Será que nesse momento eu estava pressentindo, e que eu no lugar dele teria feito a mesma coisa: ir embora para não voltar; voltar, mas não mais com relações?". Ele não voltou, e nem eu: não voltei, apesar de não ter ido.[12]

Diante do rompimento, ela decide sair do anonimato e recuperar o tempo perdido: "Agora vou fazer do meu jeito. Vou conhecer todos eles". Claro que com "todos eles" se refere a Lorca, Dalí, Alberti etc.

A primeira coisa que fez foi conhecer Federico García Lorca:

> Conheci Lorca da seguinte maneira: como eu ainda mantinha relações com a família de Buñuel, um dia sua mãe me ligou para dizer que ele estava doente em Paris; me ocorreu que, sob o pretexto de me informar acerca de sua saúde, eu poderia ligar para a Residência de Estudantes: queria conhecer García Lorca. Liguei e, para minha sorte, foi Federico quem atendeu o telefone, o que me permitiu conhecê-lo: "Oi", eu disse, "aqui quem fala é a noiva desconhecida de Buñuel". E como eu era a noiva conhecida por referência, ele se interessou; então, recebi-o uma tarde em minha casa. Para recebê-lo, vesti um roupão púrpura de corte oriental e me maquiei como nos filmes mudos. Ele chegou. Fomos ao escritório de meu pai (...). Tinha poltronas forradas de veludo azul e sacadas grandes que davam para a rua. Acendi a luzinha num dos ângulos da peça, que criava uma atmosfera em lusco-fusco. De púrpura, sofisticada, sobre a poltrona azul, contei-lhe as coisas que sabia sobre a Residência; tudo o que vivi sem viver durante anos (...). Aos poucos ele foi se

....
12. ALTOLAGUIRRE. *Concha Méndez: memorias habladas, memorias armadas*, p. 42.

deslumbrando, como se dissesse... "Que garota, que mulher mais peculiar é esta". Federico e eu nos tornamos amigos.[13]

Sem dúvida, Lorca teria que ficar perplexo diante da cena preparada por Concha. Ainda que leia essa citação muitas vezes, não consigo chegar a imaginar como deve ter sido pitoresco esse encontro.

Pouco depois, em um recital do poeta de Granada no Palácio de Cristal do Retiro, Concha conhece Maruja Mallo e Rafael Alberti, que naquela época formavam um casal. "Ali encontrei meu caminho. Naquela mesma noite, comecei a escrever", se recorda. Concha rapidamente se une ao "grupo" (Lorca, Dalí, Mallo, Alberti). Com Maruja, se dedica a passear pelos bairros baixos de Madri; vão às *verbenas* e aos salões e tertúlias, visitam museus e participam de conferências de todo o tipo. Conhecer Maruja foi como encontrar seu alter ego. Uma mulher como ela, que desfrutava da liberdade como um direito próprio sem sacrificar nada em troca, que enfrentava os estereótipos impostos sobre as mulheres bem-nascidas simplesmente atuando como queria. As duas formavam uma das duplas mais extravagantes de Madri — de um lado a deselegante Concha, e de outro a pitoresca Maruja. Como eu gostaria de tê-las acompanhado em suas escapadelas noturnas. A série *As verbenas* (1927), de Mallo, é o retrato mais fiel dessa vida intensa, e em constante movimento, das duas amigas.

Segundo conta a pintora, Concha brigava muito com os pais. Um dia, decidiu, contra as ordens da mãe, sair à rua sem chapéu: "Vão te jogar pedras na rua". "Vou mandar erigir um monumento com elas". É claro que a família não gostava nem um pouco de que Concha se amistasse com esse grupo de amigos tresloucados. Ainda assim, Madri tornava-se pequena para as aspirações da jovem. Sua ânsia de viajar crescia cada vez mais; era a única forma de fugir do controle de seus pais, das más línguas, dessa vida que ela sabia muito bem que não queria.

Concha posou para algumas pinturas de Maruja Mallo; é fácil reconhecê-la em *A ciclista* (1927) (infelizmente desaparecida) ou em *Mulher com cabra* (1929). Não deve ser por acaso que as duas obras tratem de temas esportivos. Esse culto ao exercício físico por parte de Concha vinha da família dela: "A maioria dos meus

....
13. ALTOLAGUIRRE. *Concha Méndez: memorias habladas, memorias armadas*, p. 46.

irmãos foram bons nadadores: Pedro foi representar a Espanha nas Olimpíadas de Paris; outra de minhas irmãs foi campeã nacional e recebeu uma taça de prata das mãos da rainha... Em um dos últimos verões que passei em San Sebastián, ganhei o concurso de natação das Vascongadas".[14] Concha se lançou ao mar e nadou, nadou até alcançar sua meta. Seguramente, a natação lhe proporcionava certa sensação de liberdade. Anos mais tarde, a pintora galega nos descreve essa paixão que sua amiga tinha pelo esporte: "Tinha uma agilidade corporal, embora estivesse um pouco gorda, mas pela destreza se via que era uma entusiasta de todos os esportes". Eu a imagino com sua touca de tecido e seu traje de banho da época, que marcava seu corpo de belas formas, a ponto de se lançar na água, pensando: "E se eu não parar, e se eu sigo e sigo até chegar à França?".

Naquele tempo, em 1926, Concha já tinha publicado seu primeiro livro de poesia, *Inquietudes*. Foi assessorada por seu amigo Rafael Alberti, que lhe ajudou a ordenar suas ideias e a adquirir o hábito do bom escritor, apesar de eu achar que Concha nunca o levou muito a sério. Consigo imaginar os dois sentados em um banco no Pinar de Chamartín, em uma manhã de sol, com o poeta andaluz tentando fazer com que sua jovem aprendiz tome nota de suas sábias palavras, enquanto Concha o escuta com atenção, e às vezes com desconcerto:

> O que eu escrevia eu levava para Alberti; nos sentávamos no parque de manhã, em um banco. Ele recitava coisas, e eu o que tinha escrito; claro que eram coisas que não sabiam nem por onde andavam, eram tão bobas que era até engraçado. Mas foi quando ele me disse que havia imagens, que havia metáforas, "Isto é uma imagem e isto é uma metáfora", e todas essas coisas. Eu não sabia exatamente onde estava a metáfora e onde estava a imagem... Eu creio que a poesia vem de si, o que nasce nasce, e pronto.[15]

Seja como for, Concha publicou seu primeiro livro de poesia com certo sucesso de crítica. Há um texto de Ernestina de Champourcín, escrito em 1929, no qual a poeta expressa melhor que ninguém as características dessa primeira obra da amiga, *Inquietudes*:

....
14. ALTOLAGUIRRE. *Concha Méndez: memorias habladas, memorias armadas*, p. 55-56.
15. Do arquivo sonoro da família (Fonoteca Nacional do México).

Concha Méndez Cuesta chega à literatura pela alegre vereda dos esportes. Seu livro de estreia, *Inquietudes*, é um milagre de intuição feminina. Sozinha, sem mais cultura que o escasso verniz tão deficiente e comum à mulher espanhola, ajudada somente pela firmeza de um impulso, consegue amiúde rimas frescas e pessoais. Seu verso é uma copla nascida no mar, que o mar torna brincalhona e elevada.[16]

Em 1927, Concha assina o roteiro de *Historias de un taxi*, filme dirigido por Carlos Emilio Nazarí. O cinema desperta nela, assim como na maior parte de sua geração, uma enorme expectativa. "Além de roteirista, quero ser diretora, cineasta. Digo 'quero ser' porque ainda não cheguei a dirigir nenhum filme; não por falta de desejo, nem de preparo, mas por falta de capital. Aqui, na Espanha, isso é um problema, ainda mais em se tratando de colocar dinheiro nas mãos de uma mulher".[17]

Essas declarações, feitas a um jornal em 1927, nos mostram uma Concha exultante, que, apenas um ano e meio depois de publicar sua primeira obra, já tinha escrito um roteiro, iniciado seu segundo livro de poesia — que irá publicar em 1928 sob o título *Surtidor* — e se encontra escrevendo uma peça de teatro.

Em muito pouco tempo, Concha Méndez já é uma figura conhecida nos meios artísticos e intelectuais de Madri. É amiga de Ernestina de Champourcín, Carmen Conde, Rosa Chacel, María Zambrano, Concha Albornoz, Josefina de la Torre e Ángeles Santos, e segue em contato com o grupo. Infelizmente, não existe nenhuma foto de todas elas juntas. Mas uma coisa é bem clara: se buscamos um ponto em comum entre todas estas mulheres, para além das características de suas obras, esse elemento aglutinador é sem dúvida alguma Concha Méndez.

Depois da viagem, Buñuel, pelo visto, tentou reconquistar Concha: "Veio me ver. Comecei lhe dizendo que estava gostando de outro", ela disse a Lorca em uma carta que escreveu a ele de San Sebastián. Concha estava apaixonada de novo, mas também não deu muito certo:

....
16. In: MÉNDEZ, Concha. *Poemas (1926-1986)*. Madri: Hiperión, 1995.
17. In: MACÍAS, Rafael Utrera. *Film Dalp Nazarí. Productoras Andaluzas*. Córdoba: Consejería de Cultura; Filmoteca de Andalucía, 2001. p. 80.

Alguns dias depois que você partiu de Madri, encontrei ali o carinho de que eu realmente necessitava. Mas a parte terrível é que, se Deus não tiver outro remédio, este amor será algo muito triste, devido às circunstâncias. Não vou dar mais detalhes por agora. Algum dia, quando você souber de tudo, verá como tenho razão. (Me parece que, faz um tempo, vivo em um sonho contínuo e trágico).[18]

Nem é preciso dizer, tanta falta de amor pode acontecer com qualquer um. Mas nossa Concha sempre foi uma mulher que tomou a felicidade como bandeira, de modo que, pouco depois de retornar a Madri, já em 1926, participa da fundação do Liceu Clube Feminino. Apesar de ela, assim como sua amiga Ernestina, também uma sócia-fundadora do Liceu, manterem ideias moderadamente feministas, esse fato não lhes impediu de participar muito ativamente de todos os atos do centro cultural. Concha disse: "Me ofereceram um cargo administrativo, que eu neguei, porque não podia ver aquele dinheiro na minha frente: sabia que eu o roubaria para sair da Espanha".[19]

O Liceu Clube dá azo para falarmos do "feminismo" de Concha e de algumas de suas companheiras de geração. Primeiro, devemos entender que a palavra *feminismo* não tinha a mesma conotação nos anos 1920 e 1930 que tem hoje. Naquela época, as mulheres lutavam para romper barreiras no âmbito privado às quais estavam submetidas, com o único objetivo de serem mães e esposas. Sem educação nem direitos civis, os doces "anjos do lar" não eram mais que objetos predestinados à procriação e ao cuidado dos filhos, nas mãos do patriarcado e da Igreja. Concha é um exemplo claro. Se não tivesse tido vontade de mudar o rumo de sua própria história, sem sombra de dúvida teria acabado bem-casada e cheia de filhos. Nada existiria da protagonista de nossa história. Ainda assim, a poeta tem uma percepção do feminismo que é muito característica das mulheres de sua geração. Ela mesma a explica em uma entrevista concedida em 1928 nos salões do Liceu:

> Minha opinião sobre o feminismo? Começo dizendo que não sei se sou feminista ou não. Toda ideia que tenha um sentido coletivo me causa repugnância moral. Eu sou: individualidade, personalidade. Agora, em questão de direitos, também peço a igualdade perante a

....
18. Carta de Concha Méndez, Arquivo Fundación Federico García Lorca.
19. ALTOLAGUIRRE. *Concha Méndez: memorias habladas, memorias armadas*, p. 50.

lei. Ou, o que dá no mesmo, passar da condição de coisa à de pessoa, que é o mínimo que se pode pedir nesta época.[20]

Mais claro que isso, impossível. É muito interessante, como já apontei antes, essa ideia de passar de coisa a pessoa, de objeto privado a público, de estar a ser. Concha não pede permissão, e não lhe interessam as lutas sociais de massa — simpatiza com elas, mas, assim como a maioria de suas companheiras, entende o feminismo como um direito próprio a respeito do qual não querem negociar. Se não o têm, tomam-no.

E foi isso que Concha Méndez fez. Pegou sua liberdade como uma mala e embarcou sozinha para conhecer outros lugares. A notícia de sua ida à Inglaterra, em 1929, surpreendeu seus amigos. Até Maruja estava perplexa com a decisão de sua amiga de sair sozinha pelo mundo; Alberti desaconselhou. O fato de uma mulher viajar sozinha no final dos anos 1920 era, mais que uma coisa rara, um escândalo. Fazia pouco tempo que Concha tinha obtido o título de professora de espanhol no Centro de Estudos Históricos, fato que tinha ocultado de sua família, de modo que, com esse "passaporte", um belo dia decidiu ir embora. Deixou uma carta para sua família, embarcou em um navio no porto de Bilbao e desembarcou, sozinha e sem dinheiro, no frio porto de Cardiff: "Quando cheguei no porto, o frio era tão insuportável que pedi que me levassem ao Panamá. Uma moeda determinou minha sorte, e decidi ficar na Inglaterra".[21]

Suponho que ela pensava ser "a rainha do mundo", apoiada na proa do barco, e de certa maneira era isso mesmo. Concha finalmente tinha se tornado dona de sua própria vida.

Seus pais, ao terem a notícia do atrevimento da filha, sentiram-se tão humilhados que, num ataque de fúria, rasgaram a navalhadas um retrato de Concha que Maruja Mallo tinha pintado. Ah, se soubessem o valor daquilo que tinham destruído devido à sua incompreensão...

Na Inglaterra, Concha trabalha como professora de espanhol, faz várias traduções e participa de alguns recitais poéticos a partir das obras de seus companheiros de geração. Mas a Inglaterra é refinada e obscura demais para ela. Assim, ao final de seis meses, decide

....
20. ITURRALDE, Gamito. Campeona de natación y poetisa. Concha Méndez, del Lyceum Club, 1928. In: VALENDER, James (ed.). *Una mujer moderna. Concha Méndez y su mundo (1898-1986)*. Madri: Publicaciones de la Residencia de Estudiantes, 2001.
21. ALTOLAGUIRRE. *Concha Méndez: memorias habladas, memorias armadas*, p. 62.

retornar à Espanha. "De novo, a vida burguesa. E outra vez a atração da América em minha mente".[22]

Mulher inquieta — e pensar que tudo isso acontecia nessa Madri louca, apaixonante e delirante... Mas tudo ficava pequeno para Concha. Tinha vivido durante muitos anos uma vida que sentia alheia, de modo que não tinha tempo a perder. E não perdeu. Em dezembro de 1929, pouco depois de chegar da Inglaterra e graças às economias juntadas dos trabalhos feitos ali, embarca de Barcelona em direção a Buenos Aires. "(...) E começou a nos preencher com sua presença espevitada, a nos obcecar com sua inquietude de amazona dos mares, caçadora de estrelas, colecionadora de faróis e semáforos (...) com um magnífico apetite de viver, de atuar, de ser feliz".[23] É assim que se recorda dela uma grande amiga sua, a escritora Consuelo Berges, nascida na Cantábria e radicada na Argentina naquela época. "Colecionadora de faróis e semáforos", que imagem mais bela para descrever essa mulher que se lançava ao mar em busca de novas cidades por descobrir.

Concha chegou a Buenos Aires na véspera do Natal, "a cidade em festa e alegria por todo o lado". Logo, devido ao fato de a poeta ter empreendido uma viagem tão longa sem dinheiro, pôs-se a colaborar com jornais importantes e revistas, em especial com o jornal *La Nación*. Pouco tempo depois, ofereceram-lhe um cargo semioficial na embaixada espanhola. Ali conheceu Consuelo Berges, que coordenava o escritório; as duas eram encarregadas de tramitar as bolsas para os estudantes que desejavam realizar estudos universitários em Madri.

Em 1930, a poeta publica em Buenos Aires aquele que será seu terceiro livro: *Canciones de mar y tierra*. Um de seus poemas, certamente dedicado a Maruja Mallo, descreve melhor que nada o estado de euforia no qual Concha se encontrava na Argentina.

Ao nascer de cada manhã,
ponho um coração novo
que entra por minha janela.
Um arcanjo o traz a mim,
encrustado em uma espada,
entre chuva de luzes

....
22. Do arquivo sonoro da família (Fonoteca Nacional do México).
23. BERGES, Consuelo. Prólogo. In: MÉNDEZ, Concha. *Canciones de mar y tierra*. Buenos Aires: Talleres Gráficos Argentinos, 1930.

e de rosas incendiadas,
e de peixes voadores
de pequenas cristas e asas.

Prendo em mim o coração
novo de cada manhã;
e ao arcanjo entrego o velho
em uma carta lacrada.

Canciones de mar y tierra é uma ode à amizade. O volume contém versos dedicados a Maruja Mallo, Rosa Chacel, Carmen Conde, Ángeles Santos, Rafael Alberti e María de Maeztu, entre outros. Suponho que, à distância, Concha sentia falta de Madri e de todos os amigos com quem compartilhou dias de diversão. Chamo isso de *o romantismo do viajante*; acontece com frequência quando estamos longe de casa e a saudade é uma fonte de inspiração. Quando estamos em viagem, escrevemos longos e-mails ou belos cartões postais, com uma linguagem que não é aquela com que nos expressamos diariamente.

Ao que parece, o volume de Concha foi todo um êxito, que fez com que a poeta descobrisse a força de sua palavra: "E entre tudo que eu gosto de pensar, penso que, através de minha obra, estarei em comunicação com pessoas que não conheço e com aquelas com quem sempre estarei unida por alguma emoção. Creio que, quando nos comunicamos desta maneira, não podemos morrer de todo".[24]

A partir desse momento, Concha recebeu calorosas homenagens em Buenos Aires e Montevidéu. Foram dois anos maravilhosos que lhe permitiram viver sua independência. No arquivo da Residência de Estudantes, há guardada uma carta que Concha escreveu em Buenos Aires ao livreiro Sánchez Cuesta, na qual deixa transparecer seu estado emocional:

Se estou contente em viver meu momento presente? Estou, sim, muito contente, porque ganho a vida e assim tenho minha independência, e porque, além disso, estou conseguindo realizar tudo a que me proponho. Quanto a minhas inquietações sobre o futuro, de fato eu as tenho às vezes. Ao pensar no amanhã ao qual você aludiu, abre-se diante de mim uma grande interrogação. Não sei o que irá acontecer nesse amanhã problemático; mas se ouço o

....
24. ALTOLAGUIRRE. *Concha Méndez: memorias habladas, memorias armadas*, p. 149.

que meu 'eu' me diz, creio que nesse futuro grandes coisas esperam por mim. Por enquanto, consigo o sustento com colaborações, colaboro com o jornal *La Nación* e com algumas revistas importantes que pagam bastante bem. Com isso me sustento nestas terras por mais alguns meses, enquanto termino e edito duas peças de teatro moderno, e logo mais viajo para os Estados Unidos. É a minha meta, creio que você já saiba...[25]

Em 1932, Concha retorna à Espanha já uma escritora bastante conhecida. Naquele tempo, a Segunda República já tinha sido proclamada, e o clima era de euforia. Enfim, Concha se encontra com a Madri com que tinha sonhado tanto. As políticas do novo governo outorgam à mulher o lugar que lhe correspondia por direito. Agora, nada mais era como antes, e Concha frequentava tertúlias (Pombo, La Granja) e as reuniões da *Revista de Occidente*. Sentia-se finalmente uma a mais entre eles, já não era essa jovem travessa e descarada, mas uma mulher do mundo, respeitada por todos. Publicou suas duas peças de teatro, escritas em Buenos Aires, *El personaje presentido* e *El ángel cartero*, que estreou no Liceu Clube, naquele tempo transformado em um dos centros culturais mais importantes da capital.

Pouco tempo depois, no café de La Granja, García Lorca apresenta Concha a um jovem poeta andaluz, Manuel Altolaguirre: "Foi um encontro casual, mas da maior importância para a minha vida". De fato, Concha e Manuel se apaixonaram. Sem dúvida, deve-se a essa nova fase na vida de Concha, a essa nova experiência do amor a profunda transformação em sua obra poética. Como observamos em *De vida a vida* (1932):

Que cacheado mar de ouro
teu cabelo entre minhas mãos!
Que luz de vida em minha vida
a luz de teus olhos claros!
Que carícias as tuas carícias!
E o silêncio desta noite,
que silêncio tão profundo!
Me parece que estou contigo
nas entranhas do mundo.

....
25. Carta de Concha Méndez (1930), Arquivo e biblioteca de León Sánchez Cuesta, Centro de Documentación de la Residencia de Estudiantes.

O casal decide fundar uma pequena tipografia, localizada em um cômodo do antigo hotel Aragón, no centro de Madri. Altolaguirre era conhecido por seu trabalho em uma pequena editora malaguenha chamada Sur, juntamente com o poeta Emilio Prados.

A primeira coisa editada pelo casal Méndez-Altolaguirre foi a revista poética *Héroe*, que publicaria grande parte da prosa escrita pelos grandes nomes da época. Juan Ramón Jiménez será um de seus fiadores. Anos mais tarde, já no exílio, o poeta publicará em seu livro *Españoles de tres mundos* diversas caricaturas literárias nas quais retrata as figuras mais representativas daqueles anos de júbilo na Espanha. Como não poderia deixar de ser, dedica uma delas a Concha, que define muito bem essa nova etapa de impressora da nossa irrefreável protagonista: "Seu macacão anil pode ser de tipógrafa, alistadora de navio, foguista de trem, clandestina num zepelim, tudo pela poesia dianteira que foge em cruz de horizontes diante das quatro máquinas...".[26]

Em 1933, Concha e Manuel se casam. Deve ter sido um casamento incrível, pelo que ela nos conta. Se bem que, conhecendo sua personalidade, não poderia ser de outra forma:

> Como era a época do surrealismo, propus a Manolo que nos vestíssemos de verde. Na época, era moda casar à tarde, e não com vestido de noiva, mas com um terninho com jaqueta. Iríamos nós dois de verde, e eu levaria na mão um ramo de salsinha. Nos casamos no dia 5 de junho de 1932, na igreja de Chamberí. Antes da celebração religiosa, oito testemunhas assinaram: Juan Ramón Jiménez, Jorge Guillén, Federico García Lorca, Vicente Aleixandre, José Moreno Villa, Luis Cernuda, Francisco Iglesias (herói da aviação espanhola) e o embaixador do Chile. Quando saímos da igreja, Juan Ramón Jiménez começou a jogar moedas aos meninos da rua; conforme ia jogando o dinheiro, dizia-lhes: "Repitam comigo! Viva a poesia! Viva a arte!". Foi um casamento incrível.[27]

Sabemos por outras fontes que compareceram ao casamento Ernestina de Champourcín e Josefina de la Torre.

....
26. JIMÉNEZ, Juan Ramón. *Españoles de tres mundos (1914-1940)*. Madri: Visor, 2009. p. 195.
27. ALTOLAGUIRRE. *Concha Méndez: memorias habladas, memorias armadas*, p. 89-90.

O casal continua com seu trabalho de impressores. Existe uma foto tirada no terraço do hotel Aragón na qual se vê Concha junto a Rosa Chacel, Concha Albornoz e o próprio Altolaguirre. Na foto, Concha veste esse macacão azul que Juan Ramón Jiménez descreveu tão bem, enquanto Manuel está muito bem vestido. É uma foto que nos deixa ver perfeitamente quem estava à frente da empresa e quem dos dois era o capitão. Imagino que, por esse tempo, Concha pensava muito naquele amigo insuportável de seu pai que, quando ela era criança, a alfinetou: "As meninas não são nada".

Em 1933, o casal tem seu primeiro filho. Infelizmente, faleceu ao nascer. Me atrevo a dizer que este foi o primeiro grande golpe na vida da alegre Concha. Desse acontecimento fatal, nasce, anos mais tarde, *Niños y sombras*, uma obra cheia de tristeza impregnada de uma certa solidão:

> Irias nascer, e somente eu
> ia contigo a te esperar.
> (A mãe sempre vai só,
> não importa quem a acompanhe;
> o mundo é como um deserto
> e o filho é nele um oásis).
> Caminhavas em meu ventre,
> meus olhos ficavam maiores;
> a terra com mar e céu
> era mais firme que antes.
> Irias nascer, o mundo
> se afiançava em meu sangue.

Pouco depois da morte do bebê, Manuel recebe uma bolsa em Londres para estudar tipografia, de modo que o casal decide ir morar na cidade inglesa. Novamente, o mar abre uma distância. Ali, Concha, que sofre de uma profunda depressão, recupera o sorriso. Já se tinham passado quase dez anos desde sua primeira viagem a Londres. Naquele tempo, a jovem tinha chegado à Inglaterra buscando seu desejo por uma vida nova; agora, seguramente, ainda que por razões distintas, a cidade de novo se apresenta como a única saída para uma situação que a sufoca.

O casal prossegue seu trabalho como impressores, editando a revista literária *1916*; ali também nasce sua filha Paloma. Em 1935, a família retorna para Madri. Durante sua ausência, Luis Cernuda vive na casa deles. O poeta se tornara amigo íntimo. Muitos anos depois, em 1963, no exílio, Luis virá a morrer na casa de Concha, na Cidade do México. Já em Madri e com a filha nos braços, Concha retoma sua atividade literária sem abandonar o trabalho de impressão. Recupera alguma vida social, mas logo se inicia a Guerra Civil.

E o fim de tudo começa, sem dar aviso, de repente. Concha é tomada por um medo terrível: "Me lembro de quando ouvíamos pelo rádio uma voz que constantemente dizia: 'Abaixo a inteligência e viva a morte'".[28]

Desde que conheço a vida dessas mulheres, muitas vezes paro para pensar no que para elas deve ter representado o início da Guerra Civil, essa guerra fratricida que partiu em duas uma Espanha que vivia em cordialidade. Esse grupo, esses amigos que sonharam que o mundo era deles, despertava com a mais terrível das notícias. Suas ideologias os separavam; essas discussões acaloradas, mas amigáveis, que compartilharam em tantas tardes de café tinham se transformado agora em palavras cheias de pólvora. Uma das primeiras vítimas desse horror foi Federico García Lorca, o poeta genial, o amigo de todos. Concha recorda em suas memórias a última notícia que teve dele antes de sua morte:

> Uma manhã, bem cedo, García Lorca veio à nossa casa; queria ficar a sós com Manolo e comigo; estava triste e pensativo, em comparação à sua personalidade de sempre, alegre, vindo à casa buscar gente. Estivemos juntos a manhã toda, e saiu dizendo, muito amável: "Adeus, adeus...!" (...). Nesse mesmo dia, à noite, fomos à embaixada do Chile; estávamos esperando que Federico chegasse quando Rafael Martínez Nadal, que era o melhor amigo dele, chegou para nos dizer que tinha acabado de deixá-lo no trem, rumo a Granada.[29]

Todos sabemos o significado dessa viagem sem retorno. E não posso deixar de pensar no que Concha sentiu ao saber do assassinato brutal de seu querido amigo.

Poucos meses depois, levada por um pressentimento, ela decide viajar para o exterior com sua filha. Dessa vez, a viagem

....
28. ALTOLAGUIRRE. *Concha Méndez: memorias habladas, memorias armadas*, p. 101.
29. ALTOLAGUIRRE. *Concha Méndez: memorias habladas, memorias armadas*, p. 99-100.

para a Inglaterra não será prazerosa, mas arrastada por uma estranha sensação de sobrevivência: "Depois, viajei a Oxford, onde recebi uma carta de Manolo que parecia ter sido escrita por um louco, por alguém que não estava bem da cabeça: 'O dia que você partiu de Valencia', ele escrevia, 'às três da manhã, caiu uma bomba na sacada de nosso quarto, destroçando a cama da nossa filha'".[30]

Durante meses, Concha e a filha vagaram pela Europa: Paris, Londres, Oxford e Bruxelas, enquanto Manuel estava na Espanha, no fronte de Madri.

Finalmente, com o objetivo de se juntar ao marido, decide regressar. Mas Concha já não pode voltar a Madri, e se instala em Barcelona. Dali, antes de acabar a guerra, iniciaria um desterro por terras latino-americanas. Cuba e México serão seus destinos.

Concha nunca mais voltará a viver na Espanha.

A família residiu quatro anos em Havana, de onde recebia as terríveis notícias que chegavam da Europa. Junto a eles, encontravam-se sua amiga María Zambrano e seu marido. Em Havana, o casal montou de novo sua gráfica, chamada La Verónica, que editou, entre outros trabalhos, grande parte da obra de seus amigos e amigas espanhóis.

Ao final de quatro anos, Concha, Manuel e Paloma se mudam para o México. Em 1944, Manuel deixa Concha por outra mulher. A poeta, que não conseguirá nesse momento encontrar motivos para continuar escrevendo, abandonará a literatura durante vinte anos.

A vida apagou o sorriso daquela jovem viajante, daquela mulher moderna, rebelde e sem medo. Sua filha Paloma me enviou um dia, não faz muito tempo, um escrito recordando sua mãe. Creio que não há forma melhor de terminar este capítulo do que com suas palavras:

> Há um assunto que considero digno de recordação quando se fala de minha mãe: é o importante trabalho que conduziu em Havana em favor dos demais republicanos espanhóis que passaram pela ilha. Na maior parte das vezes, os refugiados chegavam totalmente desamparados, fugindo de Franco e dos campos de concentração no sul da França. Eu lembro que minha mãe ia ao porto ver se podia ajudar alguém que estivesse necessitado: ela buscava roupas, sapatos e também organizava conferências como meio de juntar fundos. Dessa época, eu me lembro de María Zambrano. Nós a víamos muito. Na carta que ela escreveu à minha mãe por ocasião

....
30. ALTOLAGUIRRE. *Concha Méndez: memorias habladas, memorias armadas*, p. 103.

da morte de meu pai (a carta está datada de 7 de agosto de 1959), ela se pôs a lembrar o tempo em que tínhamos estado todos juntos em Havana. Ao final ela escreveu o seguinte: "Concha, você não sabe quantas vezes lembrei e contei uma coisa maravilhosa que você me disse na porta do La Verónica: se tratava de uns refugiados ainda mais pobres que nós, e queríamos ajudá-los de algum modo. (Você se lembra que, ao final de uma conferência, fiquei em pé e pedi dinheiro para eles?). E você me disse: "Maria, você sabe que eu não creio em Deus, não, eu não creio, mas como vamos deixá-lo sozinho? Temos que ajudá-lo, não creio que Deus exista, mas temos que ajudá-lo". Minha mãe ajudou muitíssima gente, apesar de estar tocando a gráfica ao mesmo tempo. Eu me lembro de minha mãe percorrendo as ruas de Havana, indo de casa em casa tentando vender os livros que saíam da gráfica. Enfim, a vida de meus pais naquele tempo foi tudo menos fácil.

Concha Méndez morreu em sua casa no México, em 1986, aos oitenta e oito anos de idade. Tornada uma vovozinha jovial, nos presenteou com suas memórias. E com elas descobrimos a campeã de natação, a roteirista, a dramaturga, a editora, a impressora, a vendedora de livros, a viajante, a sonhadora, a esposa, a mãe, a filha, a amiga — mas, acima de tudo, a mulher livre que foi e como essa liberdade forjou a artista, a poeta e a imprescindível Concha Méndez.

"Bom, já que se trata de recordações, vou voltar um pouquinho para contar algo que me aconteceu". "Não temos muito tempo, faltam três minutos". "Bom, então deixa pra lá".[31]

....
31. Do arquivo sonoro da família (Fonoteca Nacional do México).

4

Maruja Mallo

(1902-1995)

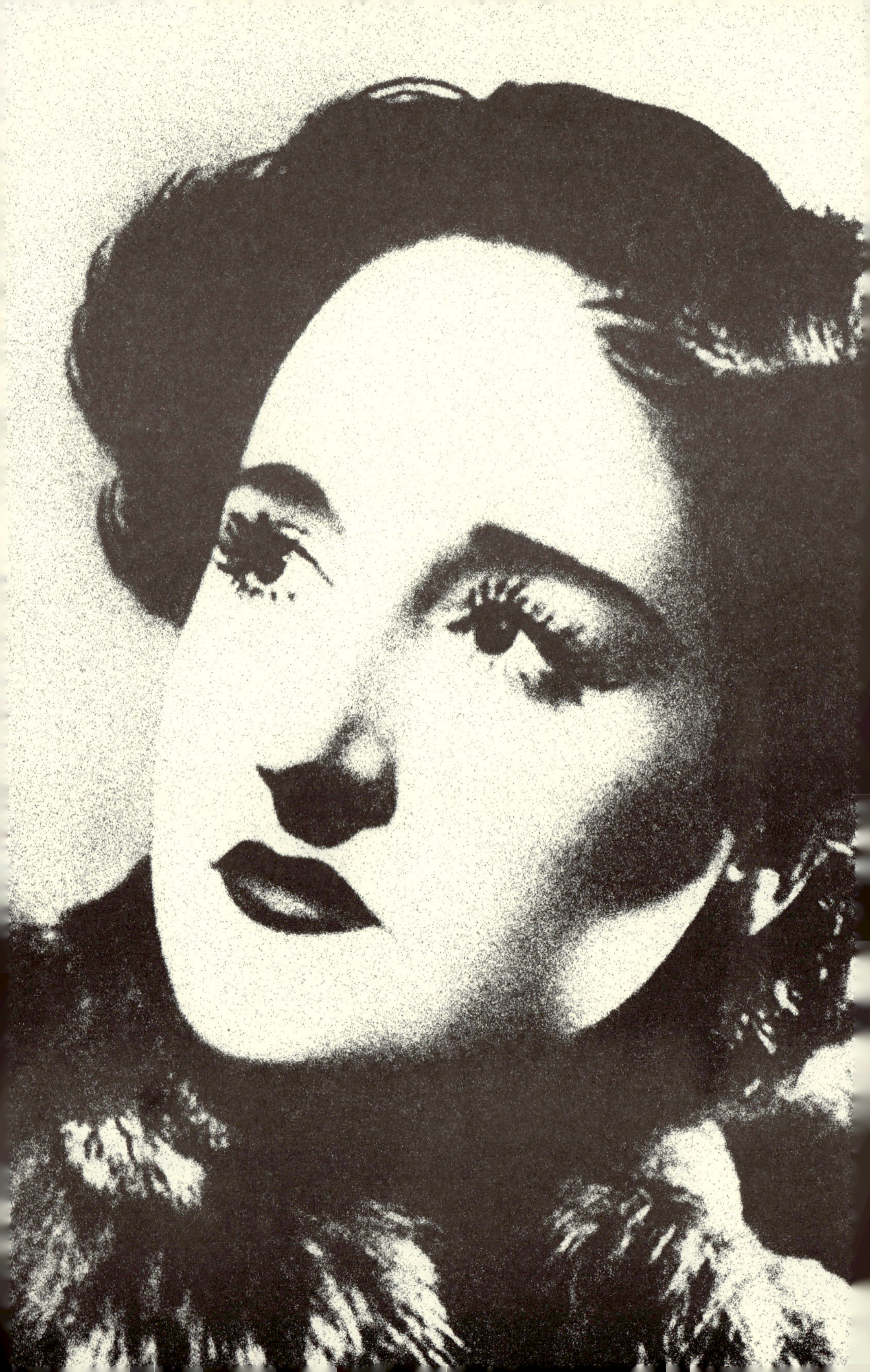

> Maruja me pintou num lindo quadro... Fazíamos as sessões de pintura na minha casa... minha mãe entrou no estúdio e, ao me ver naquela pose, exclamou: "Que horror! Você parece a Maja Desnuda de Goya". Maruja contou para todo mundo: "Tem que ver a sensibilidade da mãe de Concha! Ela disse que a minha pintura é parecida com a de Goya!".
>
> **Concha Méndez**,
> *Concha Méndez: memorias habladas, memorias armadas*

Maruja Mallo foi a primeira *sinsombrero* que cruzou meu caminho. A mulher mais original, moderna e transgressora da Espanha dos anos vinte e trinta. A artista vanguardista, a pintora de grandes telas cheias de cores, movimento e geometria. Ela, que tirou o chapéu, que quis ser pintor e não pintora; ela, que amou todos os homens, que quis amar e o fez sem preconceitos; ela, que quebrou todos os limites que *a priori* lhe impunham pelo absurdo fato de ser mulher, surgia agora como uma figura excêntrica diante do meu olhar atento. Quem se esconde atrás dessa mulher que vejo numa entrevista realizada há anos na Televisão Espanhola, quando as cores já permitiam ressaltar a força da sua maquiagem?

E então procurei por ela. As histórias de sua vida iam aparecendo de forma fragmentada em textos que a reivindicavam. A musa, a "amiga de Dalí, Lorca e Buñuel". Cheguei a ler até que era a "mascote deles".

Revisei as entrevistas que fizeram com ela lá pelos anos oitenta, quando a Espanha cumprimentava novamente seus cidadãos exilados. Nelas, Maruja fala do seu passado, mas sempre o vincula a seus amigos ilustres. Como se pensasse que, sem eles, ninguém lhe daria bola. Revisei as memórias e autobiografias dessas grandes figuras que a história nos apresentava como únicos protagonistas de uma época que, pouco a pouco, se perfilava incompleta. Mas pouco ou nada se contava sobre Maruja Mallo. Será possível que não a recordassem? De novo a ausência programada.

Felizmente, os novos ares acadêmicos e históricos nos trazem novas verdades. E uma delas é que Maruja Mallo é, sem sombra de dúvidas, uma das pintoras mais importantes do século XX. Essa afirmação não é uma ode ao injusto esquecimento, mas uma verdade categórica. Certamente por isso, o doloroso silêncio ao qual esteve submetida durante anos é incompreensível.

Diante da ausência de seu nome nas lembranças deles, procurei por ela nas vivências daquelas que deviam ser suas amigas ou cuja condição de mulher nunca foi considerada um problema. E ali sim, Maruja surgia como a mulher que foi, a artista imprescindível, a pintora surrealista sem a qual não se pode entender a história das vanguardas espanholas. Elevando-se continuamente por uma narrativa que a apresentava com a vitalidade que, mesmo depois de anos, se soltava daquela pequena tela.

Em 1922, Ana María Gómez González, da comunidade autônoma da Galícia, chega a Madri com sua numerosa família. Seu pai, Justo Gómez Mallo, decidiu, após anos de vida nômade por causa do trabalho como administrador alfandegário, instalar-se na capital para que seus filhos mais velhos, Cristiano e Ana María, pudessem estudar belas artes. Já nessa época, a jovem, conhecida familiarmente como Maruja, se caracteriza pelo espírito rebelde e criativo.

Nesse mesmo ano, os dois irmãos ingressam na Escola de Belas Artes de San Fernando. A instituição de natureza conservadora — e não apenas quanto ao ensino artístico, mas também às rígidas normas de conduta, que nada mais eram do que um espelho daqueles costumes sociais que caracterizavam a Espanha na década de 1920 — não via com bons olhos a entrada de mulheres em suas salas de aula. Mas para a galega esse não seria um impedimento, e, em 11 de setembro de 1922, foi aprovada no exame de admissão, sendo a única mulher a conseguir o feito. Ela mesma se lembra disso numa conversa que teve com Paloma Ulacia, neta de Concha Méndez, no início dos anos oitenta em Madri, pouco depois da volta da pintora do exílio: "Fui a única garota a ser aprovada, gritavam isso para o meu pai quando saía, pois foi me buscar, a única moça aprovada foi sua filha, parabéns, senhor!".

Imagino o enorme orgulho que o pai deve ter sentido. De acordo com a lembrança de seu filho Justo, era um homem de ideias liberais, que sempre apoiou uma educação igualitária para todos os seus filhos, nada menos que quatorze. Ele sempre foi uma peça-chave na carreira artística da pintora, até sua morte em 1933.

Em seu primeiro dia de aula em San Fernando, Maruja entra com certa timidez pela majestosa porta da rua de Alcalá, segurando entre os braços os pesados livros de arte. Diante dela, os rapazes jovens que fumam um cigarro, inquietos pelo novo curso, a olham surpresos. Quem será essa garota de corpo miúdo, profundos olhos negros e atitude jovial?

Francis Bartolozzi, que também estudou em San Fernando, recorda: "As mulheres estavam muito unidas, pois éramos muito poucas aquelas que os pais deixavam estudar, principalmente em uma faculdade como a de Belas Artes. Não eram bem vistas".[1] Bartolozzi, que chegou a ser uma excelente ilustradora, nos conta sobre sua amizade, durante os anos de estudo, com Maruja, Remedios Varo, Delhy Tejero e outra estudante, cujo nome não se lembra e que, segundo Shirley Mangini, poderia ser Margarita Manso.

É evidente que naquela época a mulher vivia sob as estritas normas misóginas de uma sociedade que timidamente começava a se abrir à modernidade, mas que ainda estava longe de assumir a igualdade entre os sexos e, mais ainda, de integrar o talento e o sucesso feminino à esfera artística, tão absolutamente masculina naqueles anos. Porém, há apenas um detalhe. Em 1922, nas salas de aula em San Fernando, duas das melhores pintoras da história artística espanhola se encontraram: Maruja Mallo e Remedios Varo.

Mas certamente para Maruja a amizade mais importante, fruto de sua passagem por San Fernando, foi a que manteve com o já excêntrico e tímido jovem Salvador Dalí: "Quando eu era estudante, Dalí entrou também na academia para estudar. São as leis do acaso, embora as pessoas que não estão dentro das ciências secretas... Um dia o encontrei na aula usando uma grande boina preta e, em seguida, quis ser meu amigo...".

Assim, como duas almas gêmeas, os dois artistas se encontram, e tal como ela indicaria anos mais tarde, era com quem melhor se dava, pois tinham um temperamento parecido. Esse "parecido" ao que se

....
1. MANGINI, Shirley. *Maruja Mallo y la vanguardia española*. Barcelona: Circe, 2012. p. 50.

refere a pintora nos permite dissecar essas duas grandes figuras e o motivo pelo qual chegaram a ser grandes amigos durante aqueles anos. Os dois tinham uma visão ultratransgressora da vida, eram exagerados, excêntricos e competitivos. Mesmo assim, creio que Dalí superava Maruja em sua obsessiva relação com o escândalo. Acredito que Mallo sabia, apesar do inconformismo, que não podia desperdiçar a oportunidade que lhe foi oferecida de estudar: "O hobby dele era sempre fazer escândalo, sempre chamar a atenção, como se Dalí tivesse nascido antes do surrealismo".

Dalí morava na Residência Estudantil e ali conheceu Luis Buñuel e Federico García Lorca, com quem começou a circular pela noite de Madri. Em seguida, Maruja se junta ao círculo de amigos do pintor catalão. A jovem não hesitou nem um segundo em participar com seus amigos dessas farras noturnas sobre as quais eles contavam. Desse modo, com a cumplicidade de seus irmãos Cristino, Justo e Emilio, e aproveitando a saúde frágil de uma mãe com uma prole que certamente a deixava esgotada, Maruja pôde sair à noite e viver sua juventude com total liberdade. Frequentou cafés, tertúlias e festas sentindo-se mais uma. Vagaram pelas ruelas escuras do centro madrilenho, tal como estampou Dalí em uma de suas obras da época de juventude, *Sueños noctámbulos*, na qual o pintor se retrata junto a Luis Buñuel, Rafael Pérez Barradas e Maruja Mallo. Certamente se apaixonou por quantos homens quis. Diz-se que foi amante do escultor Emilio Aladrén — "Era um efebo" —, mas Federico García Lorca o roubou dela.

Mas a sua liberdade não foi do agrado de alguns de seus próprios amigos de andanças, que naquele tempo não levavam a sério seu talento e que, apesar de serem "modernos", não aceitavam de bom grado a nova mulher autônoma e criativa de que Mallo era precursora. Ela mesma se lembra dos "olhos de sapo" com os quais Buñuel a olhava; ele nunca aceitou Maruja de igual para igual, pois a considerava uma desmiolada. Lembremo-nos de que, naquela época, Luis era noivo de Concha Méndez, que anos mais tarde seria uma grande amiga da pintora. Mesmo assim, a jovem não deixaria de viver intensamente esses dias, talvez consciente de que fariam história:

(...) então nos encontrávamos cotidianamente [com Dalí]. Ele me trouxe para que Federico García Lorca e Luis Buñuel me conhecessem (...). Federico tinha sempre um encanto... um carisma... e na Residência chamávamos Buñuel de "o rude" (...). A outra maravilha de que lembro com alegria é a primeira orquestra de jazz em frente à Academia de Belas Artes, na qual os músicos vestiam *smoking*. O diretor era maravilhoso. Federico estava entusiasmado. Nos sentávamos sempre perto da orquestra e bebíamos um *peppermint*. Federico colocava o copo na altura dos olhos e dizia: "Você percebeu como é maravilhoso ver o negro através do *peppermint* verde?"; e realmente parecia uma esmeralda. Em seguida dizia: "Não aguento mais", e ia embora (...). Aquela gente não era normal. Federico guardava, dentro do armário, uma fruteira grande cheia de limões polvilhados com cubos de açúcar. Deu-me um de presente e me explicou que com isso eu já pertencia à confraria da perdiz (...). Nessa notívaga associação de confrades, sabíamos que pelos corredores desse centro brotavam imagens em movimento vestidas de branco, clarividentes nas noites de enormes luas. Estávamos rodeados pelas portas que nos guardavam de nossas emanações de conceitos verbais plásticos e cinéticos... Sabíamos que a noite é o mito; o dia é o homem. Nosso sonho era atravessar as fronteiras de todas as Espanhas.

É triste saber que essas aventuras, essas amizades, se tornaram lendárias, mas que Maruja não fez parte dessa história posterior. Certamente as razões são variadas e igualmente incompreensíveis, mas adoraria ter lhe dito ao pé do ouvido: "Não confie, seus amigos não vão falar sobre você em suas memórias".

Em 1924, a jovem Margarita Manso ingressa na Escola de San Fernando. Rapidamente se junta ao círculo de Maruja, seis anos mais velha, mas com quem Margarita combina em aspectos como modernidade e transgressão:

> Fomos as precursoras do travestismo... quando tive que me fantasiar de homem para entrar no mosteiro de Silos. Éramos fascinadas pelo canto gregoriano e fomos a Silos com a intenção de apreciá-lo. Então — e creio que hoje em dia também é assim — não era permitido que as mulheres pernoitassem no interior do mosteiro, por isso Alberti teve a ideia de me vestir de homem. E colou.[2]

....
2. In: VICENT, Manuel. Maruja Mallo, la diosa de los cuatro brazos. *El País*, Madri, 11 set. 1981.

É assim que se lembra em uma entrevista realizada por Manuel Vicent em setembro de 1981. O ano de 1925 é importante na vida de Maruja, um ponto de inflexão em nível artístico e, principalmente, pessoal. "Estávamos no Parque do Retiro Dalí, Federico e eu. Uns rapazes passaram perto e cumprimentaram assim com o braço. Perguntei: 'Quem são?'. Lorca me respondeu: 'Um deles é um poeta muito bom e outro é muito ruim'. Eram Alberti e Hinojosa".[3]

Pouco depois desse encontro, Rafael Alberti e a pintora começam a se ver com frequência: "Alberti gostava de pintura e nos encontrávamos no Prado, então no terceiro dia já nos rotularam. Mas não quero falar de amores".[4]

Sem dúvida não me é estranho que Maruja se recuse a falar do poeta de Cádiz, mesmo depois de quase 50 anos de sua separação. Porque a história de amor entre Maruja e Rafael, que durou entre 1925 e 1930, teve todos os elementos de um grande drama romântico, desses que Hollywood sabe explorar bem e que nós quase sempre ignoramos. E que fique claro que não é por *voyeurismo* emocional que acredito que essa turbulenta história de amor deve ser tema de estudo, mas porque dessa integração emotiva e artística surgiram algumas de suas melhores obras.

Maruja e Rafael iniciam sua relação em um momento importante para ambos, criativamente falando. Alberti acaba de ganhar o Prêmio Nacional de Poesia por *Marinero en tierra*; sua prosa, embora em plena ascensão, precisa de uma certa abertura em direção a elementos mais vanguardistas tão em voga naquela época. Maruja, por sua parte, deve se livrar da toga academicista e encontrar sua própria perspectiva.

Rafael, que respeita a liberdade e excentricidade de sua parceira, se deixa levar: "Guiado por Maruja, percorri muitas vezes aquela galeria subterrânea, aquelas realidades nunca antes vistas que ela, de maneira genial, começou a revelar em suas telas".[5] Desse modo, o casal passou a se influenciar mutuamente.

Não entrarei em detalhes para analisar essa importante confluência artística, apenas convido o leitor a ler as obras poéticas de Alberti publicadas durante esses anos — *A cal y canto*, *Sobre los ángeles* e *Sermones y moradas* — ao mesmo tempo que se observa com atenção as séries pictóricas de Maruja Mallo — *Verbenas y estampas* e *Cloacas*

....
3. VICENT. Maruja Mallo, la diosa de los cuatro brazos.
4. VICENT. Maruja Mallo, la diosa de los cuatro brazos.
5. ALBERTI, Rafael. De las hojas que faltan. *El País*, Madri, 29 set. 1985.

y campanarios. Se nos deixamos levar pela intuição, descobriremos nelas a extraordinária compenetração de dois artistas que souberam confluir e evoluir juntos. Suas obras acabam sendo construídas como se fossem um filme. "Eu nasci — me respeitem! — com o cinema", diria Alberti. Ele colocou a voz, enquanto ela explorava o olhar.

Mas durante anos a relação entre ambos foi silenciada. Um segredo protegido principalmente por seus dois protagonistas. Maruja nunca escreveu suas memórias, mas Alberti sim, sob o título de *La arboleda perdida.* Nelas não houve, em sua primeira edição, nem uma só palavra sobre sua história de amor com Maruja Mallo e como esta influenciou sua obra. Lamentavelmente, outra vez tornamos a nos deparar com um deslize na memória do homem. Lembram-se de Buñuel e de seu esquecimento na hora de falar sobre sua namorada Concha Méndez? Parece que as duas amigas tiveram a mesma sorte no que diz respeito ao ostracismo daqueles que um dia se atreveram a dizer que gostavam delas. Mas em honra da verdade, devo dizer que sim, que no caso de Buñuel seu esquecimento com certeza provém de sua misoginia; já no caso de Alberti, é promovido por outra senhora, sua mulher, aquela que foi seu grande amor e companheira de vida até a morte: María Teresa León. Por que María Teresa "aconselhou" seu novo amante a não voltar a citar a pintora é uma dessas razões do amor que nunca saberemos — o certo é que ele lhe obedeceu. E o nome de Maruja deixou de ser pronunciado no mundo de Rafael, enquanto o de Alberti passou a ser tabu no de Mallo.

Há um fato curioso que gostaria de mencionar. Existe uma foto muito famosa que foi tirada em abril de 1936 durante um banquete oferecido a Luis Cernuda, para comemorar o sucesso de sua obra *La realidad y el deseo.* Nela se vê um robusto grupo de representantes da Geração de 27 posando contente para a instantânea. Ao pé da foto que acompanha a maioria das reproduções dessa imagem, há a indicação dos seguintes participantes: Luis Cernuda, Federico García Lorca, Concha Méndez, Rafael Alberti, María Teresa León, Vicente Aleixandre, Pedro Salinas, Pablo Neruda e Maruja Mallo. Segundo o dado ao pé da foto, a pintora está sentada ao lado de Luis Cernuda, exatamente em frente a María Teresa León, mas o corpo inclinado do pintor e cenógrafo Víctor María Cortezo a cobre completamente.

Sempre me surpreendeu a presença de Mallo nessa cena, principalmente porque conhecia a sua inimizade com León. Parecia-me uma brincadeira de mau gosto que, além de tudo, as duas estivessem sentadas uma na frente da outra. Pois bem, certa tarde, visitando uma livraria, encontrei uma primeira edição de *La arboleda perdida* e a comprei. Ao chegar em casa, comecei a folheá-la. E qual não foi minha surpresa ao constatar que entre suas páginas aparecia a tal foto, mas a partir de um ângulo de câmera que eu nunca havia visto antes. Um pouco mais centralizada. Essa nova visão permitia ver claramente todos os personagens. Ali descobri que aquela que era considerada Maruja Mallo é, na verdade, Concha Albornoz.

Seu sobrinho Antonio Gómez me explicava um dia no Café Gijón que Alberti era um nome proibido em sua família. Sabiam que falar dele era doloroso para sua tia Maruja, mas estavam principalmente conscientes do fato de que ele a silenciara durante tantos anos e que isso não havia ajudado no posterior reconhecimento da pintora.

Novamente, a esmagadora realidade: sem a presença de um homem, sem o acompanhamento de uma ilustre figura masculina, a mulher, por mais que seja imprescindível, se vê deslocada.

Mas, apesar disso, ela falou poucas vezes desse romance que, sem sombra de dúvidas, foi muito importante na vida pessoal e artística de ambos. Na entrevista que Paloma Ulacia fez com a pintora, esta ousa dizer: "Creio que para ele [Alberti] era uma solução [a de se casar com León], porque eu era uma menina, enquanto essa senhora tinha dois filhos, experiência e deve ter lhe resolvido muitas coisas... Quando ele voltou, tentou me encontrar numa reunião, eu estava bastante indiferente, pois imagine depois dessa pausa".

Adoro o tom que Maruja emprega ao falar disso. Há uma certa pose impassível apesar dos anos transcorridos. Mas, além dessas palavras e de alguma referência à obra poética de Rafael Alberti, ela respeitou com muita discrição esse pacto tácito de silêncio até sua morte.

Até 1965, Rafael Alberti não falou de sua relação com a pintora, quando foi publicado um artigo no jornal *El País* sob o título "Das folhas que faltam". Nele, o poeta rompe o desterro mnêmico e trata de consertar o agravo de silêncio que pesava sobre a pintora. María Teresa, naquele momento, estava internada e sofria de Alzheimer em estágio avançado, e Mallo estava numa residência geriátrica. Não sei se ela chegou a ler o artigo, mas quero acreditar que sim, e que sorriu sentindo-se aliviada:

Acontece que, se com uma nuvem de esquecimento a memória é coberta, ela não é a culpada por não se lembrar; mas se o esquecimento é deliberado, se expulsamos dela o que não se quer, seja por covardia ou conveniência... Oh! Porque aquela moça pintora era extraordinária, bela em sua posição, aguda e com rosto de pássaro, incisiva e cheia de humor irônico... Mergulhava nas chamadas verbenas, festivais de Madri, e nas festas populares; se elevava aos ares nos balanços, retratando sua irmã quase nua, de bicicleta pela praia. Eu a admirava muito e gostava dela. Época rimbaudiana dos bares, dos cafés de bairro, dos *boks*, sorvetes e limonadas. Primavera sempre com meio tostão no bolso. E a meia-luz dos cinemas, com a polca e a valsa no piano acompanhantes daqueles filmes mudos, geniais espantos de Charles Chaplin, Buster Keaton, Stan Laurel e Oliver Hardy, Harold Lloyd... Amava-se do mesmo jeito a escuridão das salas cinematográficas e a dos bancos sob a sombra noturna das árvores (...). A pintora se chamava Maruja Mallo, era da Galícia e acho que recém-egressa da Academia de Belas Artes de Madri.[6]

No mesmo ano em que Maruja inicia seu namoro com o poeta de Cádiz, conhece sua amiga Concha Méndez. Sinceramente, acho que a amizade entre esses dois faróis da modernidade é crucial para entender até que ponto essas mulheres enfrentaram seu tempo. Eram originais e independentes:

> Com quem mais me reunia era com Maruja Mallo: íamos ao Museu do Prado e às palestras de Eugenio d'Ors, aos festivais e aos bairros pobres de Madri. Passeávamos para ver aqueles personagens tão pitorescos que passavam por nosso lado, iluminados pelos postes da rua. Era proibido para as mulheres entrar nas tabernas; e nós, para protestar, nos grudávamos aos vitrôs para ver o que acontecia dentro.[7]

E, sem sombra de dúvida, se influenciaram mutuamente, tanto pelas vivências compartilhadas, como pelas coincidências entre suas personalidades: "Ela era vitalidade pura... espontaneidade pura... conhecer a amizade de Concha Méndez foi um milagre", diria Maruja Mallo anos depois, ao recordar a amiga. "Quando Maruja começou a pintar, me pegava como modelo. Pintou uma garota de bicicleta, que era eu; e a minha raquete de tênis, que era muito bonita, também a

....
6. ALBERTI, Rafael. *De las hojas que faltan.*

7. ALTOLAGUIRRE, Paloma Ulacia. *Concha Méndez: memorias habladas, memorias armadas.* Madri: Mondadori, 1990. p. 51.

imortalizou. Fez uma série de quadros das verbenas madrilenhas que eram maravilhosos; neles retratava muitas das imagens que surgiam nas nossas conversas",[8] relembra Concha Méndez, por sua vez.

De suas andanças pelas verbenas madrilenhas, surgiu a inspiração para o quadro *La Verbena*, que Mallo pinta em 1927 e que, como veremos mais tarde, se transformará numa de suas obras mais aclamadas. Do mesmo modo, Méndez se inspira nas feiras madrilenhas para seu poema *Verbena*, que a escritora inclui em sua coletânea de poesia *Surtidor*, publicada em 1928.

VERBENA

Desconcerto de luzes e sons.
Deslocamentos.
Danças de jogos e de ritmos.
Os carrosséis giróvagos
entre ares adormecidos
marcando circunferências
sem compassos.
    Os trivolis
e a festa de cores
vibrantes e estremecidas,
estremecendo a noite
resplandecentes de caminhos
— Para ir às verbenas
emprestam-nos almas os meninos.

A mútua influência dessas duas maravilhosas artistas deveria ser pesquisada. Gostaria de sublinhar a importância dos espaços compartilhados entre as mulheres dessa geração. As *sinsombrero* souberam encontrar um lugar que somente pertenceu a elas; a consciência de uma luta contra um tempo que sentiam que não era seu. Sua obra se transformou na sua arma mais poderosa. Nela, cada uma dessas artistas retratou essa nova mulher, espelho de seus próprios desejos. Figuras femininas independentes e livres (social e intelectualmente) que se aferravam ao direito de serem sujeitos ativos e não passivos. Dessa hábil certeza surgiu entre a maioria delas uma forte amizade. E do mesmo modo que reconhecemos nas relações

....
8. ALTOLAGUIRRE. *Concha Méndez: memorias habladas, memorias armadas*, p. 51.

pessoais deles lugares de inspiração mútua, não devemos pensar que isso não acontecia no caso das nossas mulheres.

Maruja Mallo e Concha Méndez são um claro exemplo desse lugar compartilhado. Mas também formaram parte desse círculo Rosa Chacel, María Zambrano, Ernestina de Champourcín, Carmen Conde, Ángeles Santos e Margarita Manso, entre outras. Elas, amigas, artistas e mulheres livres, se apoiaram mutuamente durante esses anos de entreguerras e, em alguns casos, em seus exílios. Por exemplo, Rosa Chacel reconheceria em seu livro *Alcancía*, de 1961, que deveria ter seguido o conselho da pintora na hora de escolher o bairro onde se hospedar em Nova York: "Por que caí aqui e por que não vou embora...? Caí porque não sabia como era e porque me trouxeram. Se eu tivesse seguido o conselho de Maruja Mallo, não teria me deixado trazer, mas quem poderia imaginar que a opinião de Maruja Mallo sobre Nova York era a única sensata de todas as que me deram?".[9]

Em 1927, incentivada por Concha, Maruja decide sair de Madri e se muda por um tempo para Tenerife, para onde seu pai foi destinado. Sua relação com Alberti passa por um momento ruim e imagino que Madri a sufoca: "As pessoas tinham medo de ir às ilhas, talvez pelos vulcões. Meu pai era administrador alfandegário e felizmente aceitou, pois pra mim foi uma surpresa da natureza".

Lá, Maruja encontra uma paisagem que lhe inspira. Durante sua estadia na ilha, a pintora realizará sua obra *Mujer con cabra*, na qual com certeza tem novamente como uma das modelos sua amiga Concha.

Pouco depois, retorna a Madri, e parece que foi o próprio Rafael que falou sobre o talento de sua namorada a Melchor Fernández Almagro, famoso e influente crítico do panorama cultural madrilenho. Este visitou imediatamente o estúdio da pintora. Sua surpresa perante a força e a originalidade das pinturas foi tanta que em seguida falou sobre isso com José Ortega y Gasset. Este ficou tão impactado diante da obra da jovem que disse que ela "tinha quatro braços, como uma deusa", e lhe propôs algo incomum até hoje: organizar sua primeira exposição individual nas salas da *Revista de Occidente*. Era a primeira vez que a sede da prestigiosa revista se prestava a uma exposição pictórica. A mostra, inaugurada em 28 de maio de 1928, não apenas foi importante na vida de Maruja, mas também marcou um antes e depois na luta da mulher para reivindicar seu lugar no panorama artístico. A crítica se rende a seus pés. Federico García Lorca disse

....
9. CHACEL, Rosa. *Alcancía. Ida y vuelta*. Barcelona: Seix Barral, 1982.

perante as obras da série *Las verbenas*: "Estes são os quadros pintados com mais imaginação, com mais graça e com mais sensualidade que já vi".[10]

No dia da inauguração, a pintora conhece aquele que se transformará em um de seus mais fiéis admiradores: Ramón Gómez de la Serna. Em uma entrevista posterior, ele lhe fará perguntas, fascinado pelas origens de sua obra; ela, sempre tão evasiva, e naquela época, suponho, um pouco convencida pelo sucesso obtido, respondeu-lhe: "Sai de dentro... do mais íntimo... é como uma maternidade... não me pergunte... é como quando os poetas mandavam perguntar às estrelas o que somente elas sabem. Aqui o oráculo está mais próximo, mas está nas suas entranhas".[11]

Acho que tanto sucesso subiu um pouco à cabeça de Maruja. Ernestina de Champourcín trata dessa mudança de atitude da pintora em uma carta a Carmen Conde em janeiro de 1929: "Desde que Ortega deu um chá para ela, sente-se muito importante...". Ao ler essas palavras, não resta dúvida de uma coisa: Maruja Mallo era uma mulher um tanto divina, mas essa característica, da qual, recordemos, também se vangloria Dalí, correspondia mais a uma imagem elaborada por ela mesma da personagem que seria ao longo da vida do que a seu verdadeiro caráter.

Imagino que, naquela época, ela já tenha consciência de seu sucesso, mas sabe igualmente que sua condição de mulher liberada não lhe tornará as coisas mais fáceis. E, infelizmente, assim foi.

Em 1930, Maruja e Rafael rompem seu tempestuoso namoro. Em 1931, Maruja ganha uma bolsa da Junta para a Ampliação de Estudos para cursar cenografia em Paris. Imagino que foi difícil para ela empreender uma viagem que havia planejado com Alberti, mas, aconselhada novamente por sua amiga Concha, decide ir embora e se afastar da capital.

Maruja chega a Paris e, embora haja escassos dados do tempo que passou na Cidade Luz, sabemos que, pouco depois de chegar, entrou em contato com o responsável pela prestigiosa galeria Pierre Loeb. A pintora conseguiu mais uma vez algo inimaginável: organizar uma exposição individual em Paris, a qual foi recebida com entusiasmo pelos mais importantes representantes do surrealismo

....
10. SERNA, Ramón Gómez de la. *Maruja Mallo, 1928-1942*. Buenos Aires: Losada, 1942. p. 7-8.

11. SERNA. *Maruja Mallo, 1928-1942*, p. 7-8.

francês. Tal foi o sucesso que André Breton adquiriu uma de suas obras, *Espantapájaros*, enquanto Éluard queria ter comprado *Grajo y excrementos*. "Ele me dizia com melancolia: 'Cet oiseau est une merveille, mais il n'y a pas d'argent'", recordaria Maruja anos depois.

Picasso foi outra das ilustres figuras que visitaram a exposição de Maruja: "Picasso veio vê-la e passou uma manhã inteira comigo. Picasso me apresentou a Vollard [seu *marchand* de arte]...".

Maruja viveu intensamente sua estadia em Paris, e ali acabou consolidando sua autoria. Mas também foi testemunha privilegiada do círculo surrealista e, ao que parece, não deve ter gostado muito, seja pelo cariz político ou pela clara misoginia de seus membros. Seja como for, ela decidiu não permanecer na capital francesa, apesar das propostas que recebeu por parte de marchands e galeristas. Não deixo de me perguntar: o que teria acontecido se tivesse ficado? Não sei por que tenho a sensação de que sua figura como artista teria escapado do ostracismo a que esteve submetida como pintora espanhola.

Dizem que, ao voltar para a Espanha, seu aspecto havia se transformado; é o que deixa registrado um diplomata chileno residente em Madri, Carlos Mora Lynch:

> Visita inesperada de Maruja Mallo... que vem de Paris, onde obteve grande sucesso. Não me surpreende, dado o talento que tem. Mas... que jeito de se vestir! Um vestido vermelho curto e uma espécie de touca branca da qual pende uma pluma murcha! Sua aparência, entretanto, melhorou, e dá para perceber que está mais desenvolta do que quando estava enfeitiçada pelo poeta de *Marinero en tierra*.[12]

A Madri que Maruja descobre após retornar de Paris em 1932 é radiante. A nova política republicana viabiliza um dos sonhos mais ansiados pelas mulheres modernas: a igualdade. A pintora frequenta cafés e tertúlias, principalmente as da *Revista de Occidente*, nas quais reencontra María Zambrano, Rosa Chacel, Ernestina de Champourcín e sua amiga Concha Méndez, que naquela época já havia se tornado editora. Em 1933, seu querido pai falece. A morte daquele que fora seu máximo apoio afeta Maruja profundamente. De repente, e talvez pela primeira vez na vida, tem que mudar o rumo de suas decisões pelo bem da família. Devemos ter em conta

....
12. LYNCH, Carlos Morla. *En España con Federico García Lorca (Páginas de un diario íntimo, 1928-1936)*. Prólogo: Sergio Macías. Sevilha: Renacimiento, 2008. p. 287.

que, dos quatorze irmãos de Maruja, apenas dois se casaram, Emilio e Justo. Todos os demais moravam na casa da família. Assim, diante dos problemas econômicos, a artista aceita uma vaga de professora de desenho livre e composição para alunos do ensino primário da escola de Arévalo, durante o ano letivo de 1933-1934. Mas, para tanto, antes deve obter o diploma da Escola de Belas Artes, que não havia obtido pela falta de duas disciplinas, ao abandonar os estudos em 1925. Então, em 1934, inscreve-se novamente na Escola de San Fernando.

E claro que em território castelhano Maruja não passou seu melhor momento; imagino que devia ficar super entediada: "Quando acordava, dizia *Arevalus, mazmorrus Siberias*. Fazia muito frio. Aos domingos, a dona do hotel me oferecia rosquinhas e me chamava de *majeta*. Tudo era sinistro, negro, de gente de um amor aos túmulos declarado".

Devemos entender essas palavras da pintora, que certamente não devem cair muito bem aos habitantes de Arévalo. Mas é que Maruja era muito Maruja, e essa "Espanha profunda" deveria contrastar com uma vida original e descontraída à qual estava acostumada como pintora.

Então um dia explodiu, e, imagino que recordando algumas das travessuras protagonizadas por seu grupo de amigos durante os anos da Escola de Belas Artes, Maruja decidiu irromper, montada em uma bicicleta, durante uma missa na igreja de San Miguel. Como quem passeia pelos caminhos da clareira da floresta, avançou pelo corredor central, girou ao redor do altar maior e saiu da igreja tão satisfeita que até cumprimentou os ali presentes: "As beatas me olhavam como se eu fosse um anjo de Fra Angelico". Não era para menos. Os tranquilos vizinhos do povoado ficariam estupefatos diante do ato extravagante daquela professora aparentemente séria chegada de Madri. Após sua experiência docente, que Maruja deve ter vivenciado como algo anormal, em 1934 retornou a Madri.

Como comenta José Luis Ferreris, não sabemos se Maruja, no caminho de volta à capital, se deteve em Ávila, onde, por aquela época, Margarita Manso residia temporariamente com seu marido Alfonso Ponce de León, que decorava o teatro principal da cidade. Não seria nada estranho. E me agrada pensar que foi assim.

Já em Madri, Maruja recupera sua vida. Embora sejam anos de diversão, também é uma época de compromisso social e político em que se veem imersos muitos membros dessa geração. María Zambrano cultiva o hábito interessante de convidar um grupo de amigos aos domingos para lanchar em sua casa, a qual Maruja frequenta. Zambrano deve ter exercido uma enorme influência na construção de uma consciência social e política em Maruja, já que, naquele tempo, a filósofa estava muito sensibilizada com as necessidades do povo e, em especial, com os menos favorecidos.

Fosse como fosse, a obra de Maruja Mallo muda radicalmente naqueles anos. Ela abandona o surrealismo e passa a pintar elementos em que predominam as paisagens e os habitantes desse campo que tanto lhe prendem; sua relação com aquela que ficou conhecida como Escola de Vallecas, que defende a paisagem castelhana como fonte direta de inspiração, se torna mais intensa.

Por aquelas datas, chega a Madri o poeta Pablo Neruda, na qualidade de cônsul do Chile. Imediatamente, sua residência na Casa das Flores se transforma em um lugar frequentado por todos, tal como relembraria o poeta:

> Com Federico e Alberti, que morava perto da minha casa, em um ático sobre um arvoredo, o arvoredo perdido; com o escultor Alberto, padeiro de Toledo, que naquela época já era um mestre da escultura abstrata; com Altolaguirre, poeta de dimensão ilimitada; com o arquiteto Luis Lacasa; com todos eles em um só grupo, ou em vários, nos víamos diariamente nas casas e nos cafés. Da Castellana ou da cervejaria de Correos, viajávamos até a minha casa, a Casa das Flores, no bairro de Argüelles.[13]

Maruja e Pablo rapidamente se tornam amigos; os dois gostavam de sair e visitar os bairros baixos de Madri, algo a que Maruja estava muito acostumada: "Íamos com Maruja Mallo, a pintora galega, pelos bairros baixos, procurando as lojas que vendem folhas de esparto e esteiras, procurando as ruas dos toneleiros, dos cordoeiros, de todos os materiais secos da Espanha", recorda o poeta em *Confieso que he vivido*.[14] Maruja, por sua vez, nos conta: "Eu o acompanhava à rua Toledo para comprar coisas de esparto, esteiras e outros materiais secos, e enquanto saía ou entrava nas lojas dos toneleiros e cordoeiros, ele recitava para mim versos com sua voz preguiçosa, lenta e triste, que se identificava muito bem com sua aparência".

....
13. NERUDA, Pablo. *Confieso que he vivido*. Barcelona: Seix Barral, 2001. p. 162.
14. NERUDA. *Confieso que he vivido*, p. 54.

A casa do poeta, como bem dizíamos, logo se transformou em um lugar de encontro e de festas memoráveis, onde os membros da também conhecida como geração da amizade foram protagonistas de noites únicas:

> Neruda havia trazido peles autênticas de Java. Então colocávamos essas vestimentas e montávamos uma selva virgem cheia de gritos ancestrais. Em meio àquele vozerio de rugidos, sempre tocava de repente a campainha na porta. Era um professor universitário do andar de baixo que subia, enfiado em um pijama branco impecável, para pedir que, por favor, rugíssemos mais baixo, pois não o deixávamos dormir. Acho que foi Cernuda quem disse: "Da próxima vez, temos que oferecer uma taça de Valdepeñas a este senhor". No sábado seguinte, em pleno ritual, ouviu-se a campainha. Amparo Muntt, fantasiada de bandeira argentina, com um tecido de gaze branco e azul, aproximou-se da porta para receber a queixa. Mas quem chegou não foi o professor sonâmbulo, mas Federico García Lorca em pessoa, que ao ver aquela bandeira humana, tomou-lhe pela mão, introduziu-a no salão, mandou a multidão enlouquecida se calar e soltou estas palavras proféticas: "Esta bandeira da Argentina nos protegerá um dia" (...). Naquele dia, todas as peles estavam sendo usadas, e Federico colocou qualquer coisa, mas eu vi Lorca, Alberti e Bergamín vestidos de leão, tigre e leopardo (...). Eram festas surrealistas, ou seja, de liberdade, por isso o surrealismo incomodava tanto a cúria.

Transcrevo estas palavras de Maruja e não consigo deixar de imaginar essas festas e a cordialidade e vitalidade que existia entre esse grupo de maravilhosas figuras — que souberam viver seu momento com tal intensidade que os transformaria em lenda. As cenas que eles mesmos nos relatarão posteriormente se tornam tão plásticas que são fáceis de se retratar em imagens. Dámaso Alonso disse, anos depois, sobre esse grupo de amigos:

> Não, não importam esses elementos que vimos, que parecem tender a desintegrar a imagem conjunta, nem tampouco a diferença de idade entre os membros, a qual, medida na mais ampla latitude, alcança uns quinze anos. Quando fecho os olhos, lembro-me de

todos eles em bloco, formando conjunto como um sistema que o amor presidia, que religava as afirmações estéticas.[15]

E assim foi como, em uma dessas alegorias da amizade na casa de Neruda, Maruja Mallo se cruza com o poeta Miguel Hernández. Ela se recordava vagamente do poeta de Orihuela em sua primeira viagem à capital. Naquele tempo, Miguel, que havia passado por verdadeiras dificuldades, sem dinheiro, vivendo na miséria e dormindo na rua, devia ter um aspecto um tanto deplorável, do que Maruja se lembrava: "Era como um palito. Quando chegou a Madri, vivia numa ponte".

Mas em 1935, esse rapaz magrelo já era o poeta Miguel Hernández, e embora não fosse ainda uma figura de primeiro escalão, era o centro das atenções na esfera poética da época.

A relação se intensifica, e, novamente, do mesmo modo como aconteceu com Alberti, o casal começa uma compenetrada colaboração artística. Fica evidente que, dessa vez, Maruja, que já é uma pintora muito conhecida, tem certa vantagem sobre o poeta, que ainda não havia publicado sua obra.

Maruja se vê atraída pela natureza e pelas paisagens, pela terra e os camponeses que a habitam:

> Evoluí em direção à vida, ao campo, e foi então quando o trigo brotou como um todo, o trigo nos caminhos de Castela. Miguel Hernández era quem tinha mais conhecimento sobre a astrologia da terra, pois, afinal de contas, a terra está dentro dos astros. Miguel dizia que, quando era lua minguante, tal produto brotava; quando era crescente, rebentava esse outro.

Consta que os dois enamorados empreenderam viagens juntos através dos caminhos da Espanha: "Fomos os pioneiros da carona, sem tê-la proposto. Ao chegar ao caminhão, os camponeses nos entregaram um buquê de flores, pedindo desculpas pelo alojamento que nos ofereciam... Lembrei da frase do conde de Keyserling, quando disse que a aristocracia da Espanha estava no povo".

Embora nesse caso Maruja não dê detalhes de sua relação sentimental com Miguel, não escondeu sua compenetração artística e sua admiração pelo poeta. Já ele deixou uma pista clara de seu

....
15. ALONSO, Dámaso. Una generación poética. In: _____. *Poetas españoles contemporáneos*. Madri: Gredos, 1965. p. 155-177. p. 169.

romance com a pintora em sua melhor obra poética, *El rayo que no cesa,* publicada em 1935 pela editora Héroe, cujos proprietários eram Concha Méndez y Manuel Altolaguirre.

> Não cessará este raio que habita
> meu coração de enfurecidas feras
> e de forjas coléricas e ferreiras
> onde o metal mais frio se debilita?
>
> Não cessará esta teimosa estalactite
> de cultivar suas duras cabeleiras
> como espadas e rígidas fogueiras
> em meu coração que muge e grita?
>
> Este raio não cessa nem se esgota:
> em mim mesmo tem procedência
> e exercita em mim mesmo seus furores.
>
> Esta obstinada pedra de mim brota
> e dirige a mim a insistência
> de seus chuvosos raios destruidores.

Parece que a relação entre o poeta e a pintora terminou sem grandes tragédias. Simplesmente seus caminhos se separaram. O poeta retomou a história de amor com sua namorada de toda a vida, Josefina Manresa, e morreria de tuberculose em uma prisão franquista, em 1942.

Em 1936, Maruja incorporou à sua obra um crescente compromisso social. Um exemplo claro dessa tendência é a obra *Sorpresa del trigo*:

> A origem de *Sorpresa del trigo* surgiu-me ao presenciar a última manifestação do Primeiro de Maio, pois desfilava pelo bairro de Recoletos. Dávamos as costas a Colón, hoje desaparecido; então, entre nosso grupo que presenciava esse desfile tranquilo, passavam alguns senhores olhando para o céu. María Zambrano pronunciou: "Estes são os liberais". Depois apareceu o desfile de uma moça muito decidida, com uma simulação de armas, e eu lhe disse: "Estes são os precursores de um novo império inédito". E de repente apareceu entre o desfile um braço que levantava um pão enorme,

que parecia uma eucaristia, e então, ao chegar mais perto de nós, aproximei-me dele e disse: "De onde vocês vêm?". "Viemos andando de Tarancón". "E o que querem?". "Pão".

Pouco antes do início da guerra, Maruja, tendo embarcado em uma nova relação sentimental com o líder sindicalista Alberto Fernández Mezquita, viaja à Galícia para participar das Missões Pedagógicas. Ali comparece a comícios e atos públicos em apoio à República. Parecia que a pintora estava profundamente apaixonada por Alberto.

Maruja chega a Vigo uma semana antes do golpe. Quando as tropas de Franco invadem a cidade, a pintora se esconde durante seis meses na casa de seu tio Pepe. Ali é testemunha da barbárie que relatará quando do exílio nos artigos publicados no *La Vanguardia* ao longo do mês de agosto de 1938, sob o título "Relato verídico da realidade da Galícia":

> Ao meio-dia, e quando o sol está mais forte, costuma-se tirar os presos das cadeias para fuzilá-los; pelotões de trabalhadores de vinte a quarenta anos, radiantes de saúde, queimados pelo sol das lidas no campo ou açoitados pelo salitre dos mares de altitude, descem as escadas das prisões, calmos. São seguidos por longas filas de mulheres ajoelhadas que beijam as pegadas que vão deixando pelas ruas e calçadas, enquanto dizem: "Arrancam-lhes a vida por ter ideias, mas aqui ainda restamos nós, e em Madri estão os nossos". Essa exibição em pleno dia é organizada para castigar os que creem na justiça, os que estão construindo um mundo novo, o povo espanhol, criador e organizador. A maior parte das denúncias é feita por beatas bigodudas e prostitutas desdentadas, que vão aos governos civis e às comandâncias militares fazer declarações. Os altos comandos costumam dizer acalorados, após ouvir essas declarações: "Estas, sim, são mulheres patriotas". Depois, diante da eficácia das denúncias, elas costumam dizer: "Morreram sem confissão, em pecado mortal. Nós, que somos os bons, porque vamos à missa, temos que rezar por eles, para que não se condenem". Assim falam esses escombros raquíticos, enquanto os nomes das ruas Colón, Cajal, Carlos Marx, Rosalía de Castro, Concepción Arenal são substituídos pelos nomes dos altos comandos sangrentos.[16]

....
16. MALLO, Maruja. Relato veraz de la realidad de Galicia. *La Vanguardia*, Barcelona, p. 4, 16 ago. 1938.

Maruja tem medo. Sua relação com Mezquita e sua participação em comícios a favor da República a colocam em ponto de mira. Ela já conhece o trágico final de seu amigo Federico García Lorca e certamente o de Alfonso Ponce de León, marido de Margarita Manso. Alberto está no *front* e, pelo que pude saber, foge para Portugal, mas é detido e deportado. Maruja se encontra sozinha.

Finalmente, em 12 de dezembro de 1936, Maruja recebe um cabograma da Associação de Amigos das Artes de Buenos Aires convidando-a a participar de uma "exposição urgente". Não sabemos muito bem quem tramitou no escuro esse "salvo-conduto". Há quem diga que foi Concha Méndez, que moveu seus contatos argentinos para salvar sua amiga. Seja como for, esse pequeno pedaço de papel salvou a grande pintora de um destino terrível. Com pouca bagagem, mas já carregando sua obra *Sorpresa del trigo*, Maruja Mallo atravessa a fronteira pela bela ponte de Tui e entra em Portugal. Uma vez ali, a futura Prêmio Nobel, Gabriela Mistral, que ostenta o cargo de embaixadora do Chile em Lisboa, consegue a documentação necessária para que Maruja embarque com destino a Buenos Aires.

Na Argentina, a pintora é recebida com honrarias. É o que atesta a imprensa bonaerense da época. Ela usa essa popularidade para sensibilizar o mundo sobre a situação da Espanha. Defensora fervorosa da República, dá conferências, assina manifestos e faz declarações públicas. Alguns amigos e amigas ainda se encontram na Espanha, como María Zambrano e Miguel Hernández. Mas ela está convencida de que logo voltará.

No entanto, em 1939, com o fim da guerra, a terrível realidade esmaga Maruja. Não pode voltar para sua terra, onde reside parte de sua família. Seus amigos se dispersaram pela América Latina. Maruja decide esquecer e cada vez esconde mais sua solidão sob um rosto maquiado, como se se tratasse de uma máscara. Durante os anos de exílio, vive em Buenos Aires, Montevidéu e Nova York. Pintará rostos de mulheres que mostrarão uma absoluta falta de emoção. Alguns lhe acusaram de ter vivido um exílio dourado. Mas não creio que se sentia plena durante aqueles anos, simplesmente quis sobreviver.

Regressou à Espanha em 1965. Foi das primeiras exiladas a voltar. Como Franco ainda estava vivo, não queria chamar muita atenção; vivia obcecada com a ideia de que o ditador a reconhecesse. Mas ninguém se lembrava de Maruja Mallo.

Onde estavam seus amigos? "Enterrados ou no desterro", diria.

Maruja viveu os primeiros anos de seu retorno com absoluta desolação. Já nada restava daquela Madri em que ela havia reinado. Como haveria gente como a de então? Foram quarenta anos de castração cerebral, sentimental e sexual.

Chegada a democracia, Maruja começa timidamente a ser reconhecida, principalmente graças a essa nova geração de jovens vinculados à *movida madrileña*, que viram na excêntrica pintora uma personagem inovadora. Pedro Almodóvar adquirirá obras suas, alegando que a estética de Mallo influencia seu *look* cinematográfico; Madonna também diz ter um quadro dela em sua sala. A pintora exagerará o já pitoresco aspecto como se tentasse continuar sendo a mais moderna. Encontra em suas vivências com aqueles homens imprescindíveis da Geração de 27 a forma de ser ouvida, e repetirá até a exaustão esse relato, atrevo-me a dizer, às vezes manipulado.

Há algo que me preocupa. Para todas essas mulheres, que durante anos lutaram por seu lugar na história, deve ter sido desolador não poder contar sua vida simplesmente. Tiveram que relegar a um segundo plano suas vivências e as de suas amigas. Somente parecem existir em função das experiências que tiveram com seus companheiros, dos que se consideravam pares.

Faz pouco tempo, pedi a Antonio Gómez Mallo, sobrinho de Maruja, que me escrevesse um texto em que falasse de sua tia. Assim como com Concha Méndez, me parece um belo epílogo para sua história. Mas antes, para concluir, uma última frase de Maruja: "Todos os dias da minha vida tiveram um pedaço de felicidade".

Maruja Mallo morreu em Madri, em 1995, aos noventa e três anos de idade.

Quando era menino, meu pai nos levava nos fins de semana para visitar meus tios na rua Velázquez, 102. Era um apartamento enorme e iluminado em que viviam oito irmãos: Emilita, Manolita, María Luisa, Ermitas, Lolita, Montserrat, Justo e Cristino, todos solteiros. Depois de comer, Cristino ia ao café Gijón. Depois da siesta, Justo tocava o piano na sala, colocava algum disco de música clássica e passava filmes em super-8 que alugava em um cineclube. Minha tia Maruja costumava aparecer por ali no meio da tarde e participava da reunião como mais uma irmã. Tinha predileção por conversar com Justo e com meu pai, e passavam horas falando de arte, música, filosofia, história, química etc., sempre com o Larousse ou o Espasa na mão para contrastar dados.

Maruja era entusiasmada e divertida. Sua risada era constante, seus raciocínios, ponderados e contundentes. Gostava dos avanços científicos assim como das culturas ancestrais. Lia muitíssimo e estava a par de tudo. Em algumas ocasiões, aparecia em minha casa sem avisar para ver na televisão algum documentário que lhe interessava. Quando viu que eu demonstrava interesse por sua obra e acompanhava meu pai às suas exposições, Maruja começou a me levar para visitar as galerias onde expunha. E a partir daí, a me enviar até Macarrón para buscar material para seus quadros, a conversar comigo por telefone, a me convidar para ir a exposições levando meus amigos da faculdade e a compartilhar conosco suas viagens, suas experiências e sua avançada forma de interpretar a vida e o cosmos. Mais tarde, percebi que Maruja Mallo, minha tia, era um gênio da pintura.

5

Ángeles Santos

(1911-2013)

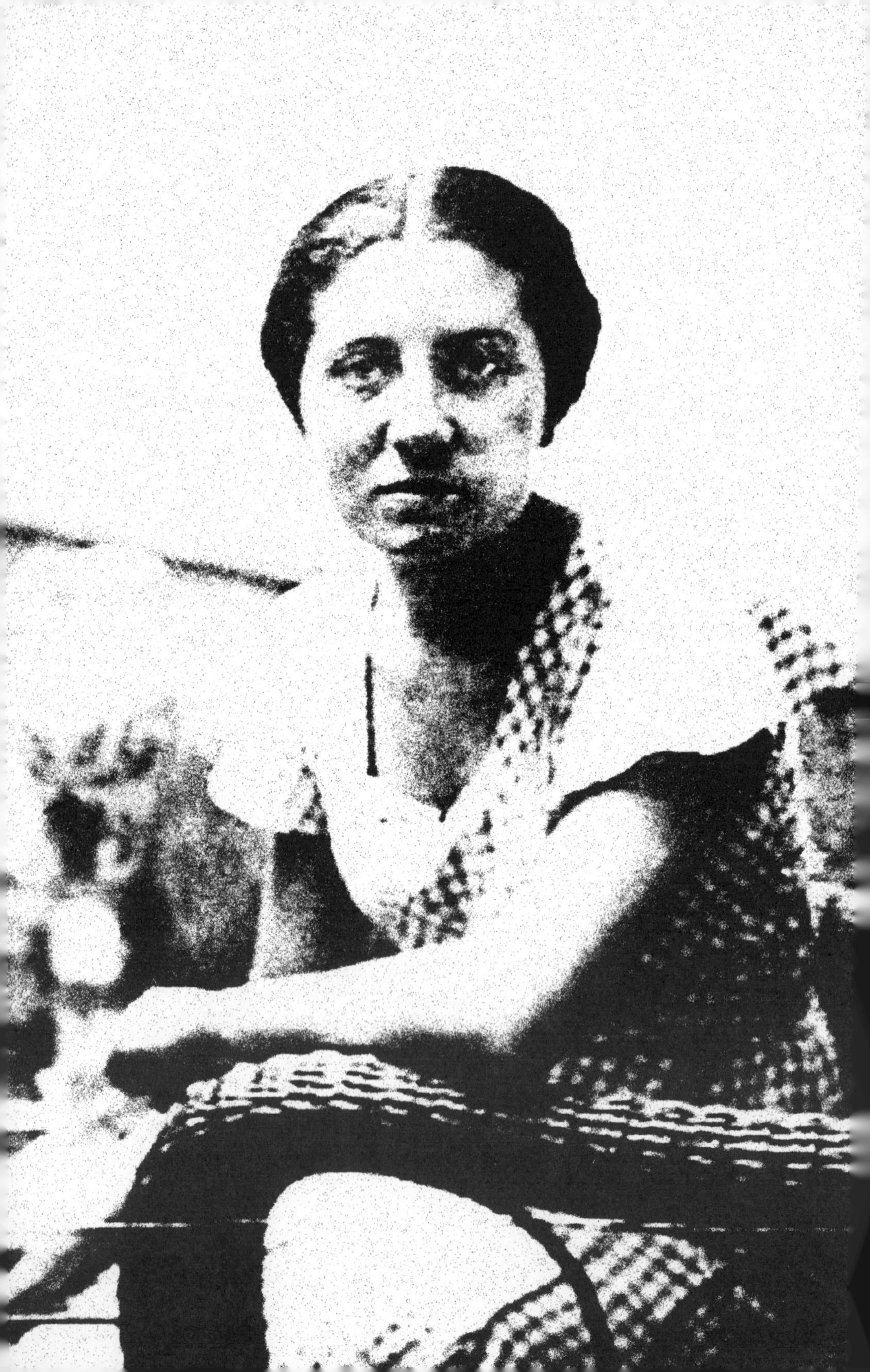

Para Ángeles Santos...

Três marinheiros
os três de branco vestidos
sob suas pálpebras levam
sete hemisférios adormecidos.

Concha Méndez,
Canciones de mar y tierra

Ángeles Santos morreu em 2013, aos cento e dois anos. Um ano antes, tive a grande sorte de visitá-la em sua casa de Majadahonda, na Comunidade de Madri. Filmei-a com a admiração e o carinho de alguém que sabe que se encontra diante de uma grande artista e a única sobrevivente desse grupo de mulheres que se quer resgatar. Surpreendeu-me a vitalidade de seu olhar, bem como a timidez do seu rosto e da sua figura. O encontro fluiu de forma pausada e agradável. Ela ia me falando pouco a pouco, relatando com certa dificuldade suas lembranças fragmentadas, enquanto passeávamos entre suas obras expostas nas paredes de sua casa. Impressionou-me. Antes de ir para a entrevista, pude ver seus quadros em algum catálogo e no Museu Nacional Centro de Arte Reina Sofía, onde estavam e estão expostas duas de suas pinturas mais famosas, *Un mundo* (1929) e *Tertulia* (1929). Eu conhecia o valor de pinturas como *La tía Marieta* ou seu *Autorretrato* (1928), e me surpreendeu encontrá-las em sua casa, diante de mim, apoiadas com cuidado nas esquinas das paredes ou formando uma curiosa composição triangular cujo centro era os pés de um antigo cavalete, que ao mesmo tempo sustentava uma obra ainda inacabada. E eu, contemplando essa exposição particular, não deixava de me perguntar: mas por que estas obras não estão em um museu? Não tenho resposta para isso. Sei que depois de sua morte, o Museu Reina Sofía adquiriu mais obras, entre elas seu maravilhoso *Autorretrato*, e foram feitas novas retrospectivas individuais. Mas Ángeles Santos, ou Angelita, como a chamavam familiarmente, continua sendo uma grande desconhecida. Tenho a sensação de que muito poucos são os que conseguiram aproveitar a extraordinária experiência de uma vida tão longa. Como veremos, Ángeles não foi uma mulher fácil, e certamente ela não ajudou com que se conhecesse bem sua vida para assim poder acompanhar seu relato com a história de sua obra. Apesar disso, seu nome é indispensável dentro do vanguardismo. E como Maruja Mallo, Remedios Varo ou María Blanchard, é imprescindível recuperar sua obra pictórica para entender como esta ajudou a mudar a história da arte espanhola. "Não gosto dos aplausos, por esses fundos ocos que soam entre eles".

Voltando ao meu encontro com ela e revendo as imagens que gravei, há um momento em que pergunto a Ángeles se lembra-se daqueles anos. Fala-me de Lorca: "Eu o conheci pouco, assim de falar algumas vezes... Foi uma pena quando o mataram, tenho recortes de jornais de quando o mataram... era muito agradável, muito simpático". Segundo dizem, Lorca ficou tão apaixonado por sua obra que chegou até a viajar a Valladolid somente para conhecê-la. Pergunto-lhe sobre seus inícios:

> Diziam para minha tia María: "Esta menina nasceu para pintar". Ela tinha uma casinha e eu ia à casa da minha tia María para comer. E ela vinha à casa do meu avô às tardes. Lembro-me dela com os pés em um pequeno braseiro. Pintei um quadro com ela, e ficou muito bom... E as crianças da rua gritavam: "*A can Toroella una noia ha pintat una vella*" [Na casa dos Toroella, uma moça pintou uma velha].

Ángeles Santos nasceu em Portbou em 1911. Seu pai, Julián Santos, era funcionário da Fazenda e inspetor de alfândegas, trabalho que obrigou a família a mudanças constantes, que a levaram a viver entre a Espanha e a França.

É provável que os contínuos deslocamentos contribuíssem para a forma como a jovem Ángeles percebia a vida. Não devemos esquecer que Maruja Mallo teve igualmente uma vida familiar nômade, já que seu pai também era inspetor de alfândegas. É possível que essa errância tenha afetado as duas pintoras em sua percepção do mundo. Tanto Santos quanto Mallo compartilham uma iconografia em que transformam uma realidade vivida em um sonho imaginado. Poderíamos pensar que há algo nessa inquietude criativa que bebe nessa vida errática, como se quisessem reter o próprio compasso do seu mundo interior em suas telas. "Minhas maiores alegrias sinto na rua, vendo como tudo se move".[1]

Apesar de sua constante peregrinação por diferentes cidades e povoados, a família Santos Toroella passava os verões em Portbou. Essa localidade fronteiriça, um pequeno povoado de pescadores, foi importantíssima para a construção do imaginário pictórico da muito jovem Ángeles: "Portbou era o paraíso. Pensava que a vida tinha que durar sempre sob aquele céu tão alto e tão azul. Tinha a sensação de que a vida era eterna".[2]

Mas não foi até 1928, quando a família residia em Valladolid, que Angelita, naquele tempo com dezessete anos, foi descoberta como pintora. Foi um amigo da família, Alfonso Roca de Togores, que havia antes encarregado à jovem pintora o retrato de sua mulher, *La marquesa de Alquibla*, quem lhe propôs apresentar três obras numa exposição coletiva de artistas de Valladolid, organizada pela Academia de Bellas Artes de la Purísima Concepción. Ángeles aceitou e apresentou *La tía Marieta*, *Niños en el jardín* e *Retrato de niña*.

Francisco Cossío, diretor do Ateneu, escritor e figura muito bem relacionada com o entorno intelectual de Madri, fica surpreso diante da obra de Angelita. Rapidamente, a notícia de que em Valladolid existia uma menina gênio de extraordinário talento se espalha como pólvora:

> *Tía Marieta*, *El vaso de vino* e *El retrato de Anita con vestidos de cuadros* são da mesma época. Os críticos apreciam o modo como pintei o cigarro aceso — que aparece na obra *El vaso de vino*. Este é o primeiro quadro que expus, *Mi tía Marieta*; pintei um verão ao natural. Também é do tipo natural *El vaso de vino* e uns pratos de porcelana que perdi e alguns outros. Perdia meus quadros porque,

....
1. In: CAPELLA, Anna. *Ángeles Santos entre la vida i la pintura*. Bellacaire d'Empordá: Vitel-la, 2011. p. 9.
2. In: CAPELLA. *Ángeles Santos entre la vida i la pintura*, p. 7.

uma vez pintados, deixava-os de lado, ficavam por aí e os recolhiam. Os quadros chamaram atenção, mas era uma exposição de artistas locais e, embora tenham gostado, não fui premiada, pois não era de Valladolid. Foi então quando deixei de ir à escola para me dedicar unicamente à pintura. Tinha uns dezessete anos.

Em 1929, o Ateneu de Valladolid dedica-lhe uma retrospectiva individual, na qual chega a expor umas vinte obras. Um fato insólito naquele tempo para uma mulher tão jovem. O pai de Ángeles se convence de que sua filha deve seguir a carreira artística de forma livre, sem academias que limitem ou canalizem sua criatividade. Mas crê que, para tanto, ela deve continuar dentro de um entorno protegido, familiar e sem pressões. Certamente o pai, sem saber, alimenta assim a obsessão de sua filha, que se refugia na pintura como forma de evasão de uma vida que a asfixia. Angelita é cada vez mais solitária, estranha e misteriosa.

Entre 1928 e 1929, chega a pintar mais de quarenta quadros, que realiza a toda velocidade, mas com uma técnica e um talento assombrosos. "Sempre fui uma pessoa muito solitária. Pintava minhas paisagens sem sair de casa, sem ver ninguém".[3]

Após a exposição no Ateneu, Ángeles empreende a consecução de duas de suas obras mais importantes e que marcam sua trajetória como artista, *Tertulia* e *Un mundo*. Ela pinta o quadro *Tertulia* em um apartamento compartilhado com umas amigas que posam de modelo. A despeito da desconexão de Santos com os movimentos artísticos em alta naqueles anos, a obra é incluída no estilo conhecido como nova objetividade. As quatro figuras femininas que compõem a obra se mostram em atitude desafiadora diante do que o mundo espera delas como mulheres, mas, ao mesmo tempo, transmitem asfixia, tédio e uma certa tristeza. Como se essas mulheres, claramente avançadas para seu tempo, tanto em seu *look* como em sua pose — retratadas lendo, fumando e interpelando o espectador com um olhar profundo — aceitassem seu destino, estando conscientes de que este, apesar de sua ambição, não lhes pertencia. Sem sombra de dúvidas, essa era a realidade da jovem Ángeles, presa em uma vida que não superava, que lhe entediava,

....
3. SANTOS, Ángeles. La pintora Ángeles Santos Torroella entrevistada por Núria Rius Vernet. *Duoda*, Barcelona, n. 16, p. 177-198, 1999. p. 181.

mas sobre a qual nunca pôde ter controle: "Sou um ser triste que gostaria de estar assim como devem estar os que perderam a razão".[4]

Ao contrário de *Tertulia*, Ángeles pinta *Un mundo* em sua casa e sozinha. É uma obra que a deixa obcecada. Dorme pouco, quase não come e não sai de casa. Parece que a única coisa que a distrai da pintura é tocar o piano. Ela não se separa de sua obra, como se esta fosse seu último estímulo.

> Quero uma tela grande para pintar o mundo, disse a meu pai. Coloquei nela tudo o que até então havia visto, intuído e observado. O universo, o céu, as almas e o mundo tangível que conhecia, as cidades, as casas, as vidas, os trens, as praias, os rios, os cemitérios. Eu me inspirei nas viagens de trem que fazíamos pela Espanha. Durante aquelas travessias, me aproximava da janela e meus olhos captavam todos os detalhes. Também fui influenciada pela poesia de Juan Ramón Jiménez e pela notícia de que se viajaria para Marte.[5]

Essa impressionante obra de dimensões descomunais e de um claro estilo afim ao realismo mágico desperta a admiração de críticos, artistas e intelectuais. Foi exposta durante um tempo no sótão, transformado em oficina, do teatro Calderón de Valladolid; por ali desfilam as personalidades mais destacadas do momento, como Jorge Guillén, Federico García Lorca, entre outros. Tamanha é a expectativa, que *Un mundo*, conjuntamente com outras obras da pintora, é exposto no IX Salão de Outono de Madri do ano de 1929. É tão grande o sucesso, que lhe oferecem um salão particular para a exposição do ano seguinte. Pouco tempo depois, Santos expõe no Liceu Clube junto às obras de Maruja Mallo.

Mas está claro que o sucesso de Ángeles não será gratuito. Começam as vozes daqueles que destacam seu caráter esquivo e misterioso. Assim a descreve a própria Ernestina de Champourcín, em 1929:

> Sabia que apareceu uma concorrente para Maruja Mallo? Tem dezessete anos, é de Valladolid, amiga dos Cossío e se chama Ángeles Santos. Tem alguns quadros no clube [Liceu Clube Feminino] e

....
4. In: SERNA, Ramón Gómez de la. La genial pintora Ángeles Santos, incomunicada en un sanatorio. *La Gaceta Literaria*, Madri, n. 79, p. 1-2, 1 abr. 1930. p. 2.
5. In: CAPELLA. *Ángeles Santos entre la vida i la pintura*, p. 12.

outro no Salão de Outono. Não pude conhecê-la, mas dizem que é uma moça estranhíssima, ingênua e malvada... Foi embora deixando todos os críticos alvoroçados.[6]

Diante do sucesso de Ángeles, seu pai decide acompanhá-la a Madri para que entre em contato com outros artistas e intelectuais. Santos visitará os museus da capital, frequentará conferências e exposições e participará de algumas tertúlias. Será na do café Pombo que a jovem conhecerá Ramón Gómez de la Serna, que lhe demonstra absoluta admiração. Começa assim uma profunda amizade que, segundo alguns, acabou em romance. Ángeles e Ramón trocam cartas. Por azar, essas cartas não foram encontradas, e o pouco que se sabe de seu conteúdo é através do que o próprio Gómez de la Serna escreveu em alguns de seus artigos.

No retorno a Valladolid, extenuada e certamente superada pelos acontecimentos, a pintora começa a acentuar um estado de ânimo desequilibrado. Escreve para Ramón, a quem informa sobre suas inquietações mais pessoais: "Estou meio adormecida. Minha alma branca vai passar por uma portinha escura em busca do sonho em que tudo acontece sem ter que andar com o corpo de um lado para outro pelas ruas e casas. Viaja-se, anda-se de avião, de barco: pulam-se sacadas".[7]

Ángeles tem dezoito anos de idade, e seu desejo de liberdade colide frontalmente com a oposição de sua família, que a considera muito vulnerável.

Finalmente, numa noite de março de 1930, a jovem chega ao limite. Como se fosse algo premeditado, escreve para seu amigo em Paris: "Esta tarde vou embora para fazer um longo passeio. Vou banhar-me no rio com as roupas postas — que contente estou de deixar, finalmente, o banho civilizado em banheiras brancas! — e depois irei pelo campo, fugindo de que me queiram transformar em um animal doméstico".[8]

....
6. Carta de 2 de novembro de 1929. CHAMPOURCÍN, Ernestina; CONDE, Carmen. *Epistolario (1927-1995)*. Ed.: Rosa Fernández Urtasun. Madri: Castalia, 2007. p. 237.
7. In: SERNA, Ramón Gómez de la. La genial pintora Ángeles Santos, incomunicada en un sanatorio, p. 2.
8. In: SERNA, Ramón Gómez de la. La genial pintora Ángeles Santos, incomunicada en un sanatorio, p. 2.

Ángeles Santos tentava suicidar-se? Nunca saberemos; seu pai a encontra perdida na floresta, nua e fora de si. Diante dessa situação, a família decide interná-la em uma clínica em Madri.

Ao saber da notícia, Gómez de la Serna ferve de raiva e escreve da cidade francesa um artigo que aparece publicado no dia 1º de abril de 1930, na primeira página de *La Gaceta Literaria*, sob a contundente manchete "A genial pintora Ángeles Santos, incomunicável em um sanatório". Nele, o escritor ataca a decisão familiar, acusando a falta de liberdade à qual Ángeles está submetida: "Não sei o que acontecerá em Madri, pois o mundo está imerso na escuridão das tiranias, e as famílias, atrasadas com relação aos novos tempos, tornam a não compreender o artista".

Ao sair do sanatório, Ángeles tenta reconduzir sua existência. Regressa à vida tranquila em Valladolid, mas, ainda que seu estado de ânimo pareça recuperar-se, o mesmo não ocorre com sua pintura. Publica alguns desenhos e continua com algumas das obras já iniciadas, mas não trabalha em novas pinturas. Em 1930, assiste à inauguração de sua exposição individual no X Salão de Outono em Madri, onde volta a desfrutar de grande sucesso. Visitará Paris acompanhada de seu pai, onde exporá e fará contatos. Ela e Mallo se transformarão nas duas mulheres mais assíduas nas exposições internacionais. Ángeles, que não expõe durante esse tempo nenhuma obra nova, está no ponto mais alto de sua carreira. Mas algo mudou em sua mente. Já não é a mesma. Vulnerável e cansada de uma vida que não lhe pertence, decide jogar a toalha. Como se aceitasse seu destino.

"Já não pintarei com a imaginação, mas com a realidade". Essa frase sentencia a mudança de estilo da grande pintora. Ángeles Santos nunca mais voltará a pintar como antes, deixará para trás seu mundo interior como fonte de inspiração. Sem abandonar a pintura, passará para um estilo mais tradicional e de costumes. Em 1935, conhecerá o pintor Emili Grau Sala, com quem se casará em janeiro de 1936. Ángeles inicia a partir de então uma negação de sua obra anterior, a qual percebe como velha e triste, e decide destruir grande parte desse passado. Reutiliza telas para novas obras, abandona quadros à sua sorte, destrói sua correspondência, escritos e fotografias. Somente se salvam aquelas obras que já haviam sido compradas ou dadas de presente, as que ficam encostadas por acaso e uma pequena seleção que ela decide manter.

Em 1936, nasce seu filho Julián. Emili está em Paris e, ao nascer o menino, pede à sua esposa que se mude com ele. Mas Ángeles sempre atrasará o encontro, a ponto de que o pequeno Julián não conhecerá seu pai até os dez anos de idade.

Durante o resto de sua vida, Ángeles Santos continuará pintando de forma convencional. Desta vez, tudo será organizado, correto e tranquilo.

Não posso deixar de relacionar a vida de Ángeles Santos com a de outra *sinsombrero* e menina prodígio, Marga Gil Roësset. As duas foram vítimas de um mundo interior fora de seu tempo. Encerraram-se nele como um refúgio de uma vida que sentiam que não as contemplava. E sua arte foi o único vínculo com o qual conseguirão entrar em contato com seu entorno. Apesar do talento artístico de cada uma delas, sua condição de meninas as enfraqueceu até levá-las ao limite.

Ángeles Santos teve uma vida cheia de luzes e sombras. Seu tempo obscuro a transformou em uma das melhores pintoras do século XX. O dia apagou sua criatividade, mas permitiu que surgisse a mulher de palavras pausadas e olhar tranquilo. Ela não quer lembrar-se daqueles anos sobre os quais todos lhe perguntávamos, essa é justamente a vida que não a representa. Seu silêncio insiste nessa decisão: "Não estou consciente de meu lugar na história da pintura. Não tenho nada a dizer sobre mim. Meus quadros estão no Reina Sofía e também foram escritos livros. Isso é tudo".

Ángeles Santos teve o mundo a seus pés, mas ela não quis fazer parte dele. Então decidiu pintar seu próprio mundo, mas este também lhe foi tirado. Por isso decidiu ceder. Se o mundo não pode ser seu, ela se deixará levar pelo mundo. "O mundo da mulher era muito pequeno (...), eu queria liberdade. Queria viver como os homens, que podiam viajar".[9]

....
9. MANGINI, Shirley. *Maruja Mallo y la vanguardia española*. Barcelona: Circe, 2012.

6

María Zambrano

(1904-1991)

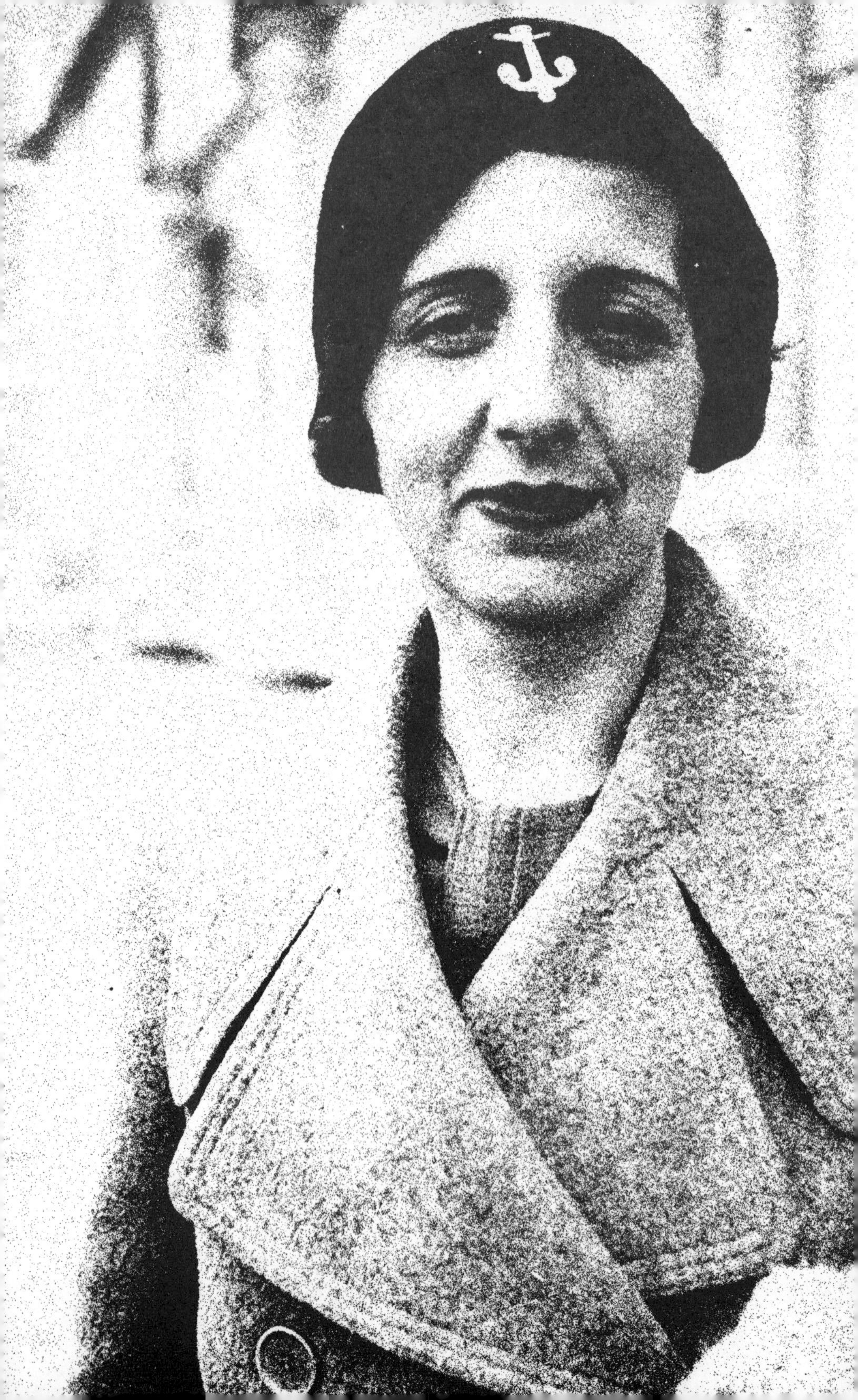

É a mulher mais importante que conheci em minha vida.

Maruja Mallo

Conhecer María Zambrano não é apenas saber de sua existência. Eu, antes de embarcar neste projeto, sabia que Zambrano existia, mas não tinha nem a mais remota ideia de quem era:

> Primeiramente quis ser uma caixa de música. Sem dúvida alguma, me deram uma de presente, e me pareceu maravilhoso que apenas levantando a tampa se ouvisse a música; mas, sem perguntar a ninguém, percebi que eu não poderia ser uma caixa de música, pois essa música, por mais que eu gostasse, não era a minha música, eu teria que ser uma caixa de música inédita, uma caixa da minha música, da música dos meus passos, das minhas ações... E eu era uma menina que não tinha remorsos, e embora não os tivesse, receava ou sabia que não é possível ser uma caixa de música.[1]

Podemos garantir que María Zambrano é, sem sombra de dúvidas, a mais conhecida de todas as mulheres mencionadas neste livro, a que reúne mais homenagens e condecorações, entre outras, o Prêmio Príncipe de Astúrias de Comunicação e Humanidades (1981) e o Prêmio Cervantes (1988), sendo a primeira mulher a recebê-lo. Em 1987, é criada, em sua Vélez-Málaga natal, a Fundação María Zambrano, que zelará por seu legado e sua memória. Até mesmo a estação central da cidade de Málaga leva seu nome. Mas a realidade é que, embora muitos de nós tenhamos

....
1. ZAMBRANO, María. A modo de autobiografía. In: _____. *Obras completas*, v. 6. Ed.: Jesús Moreno Sanz. Barcelona: Galaxia Gutenberg; Círculo de Lectores, 2014. p. 423.

ouvido falar dela, muito poucos são os que conhecem a dimensão real do que representa a figura dessa filósofa para a história do pensamento filosófico e intelectual contemporâneo.

Essa injusta falta de conhecimento se dá porque Zambrano não é estudada de forma aprofundada nas escolas e — à exceção de professores e professoras mais dedicados, em programas concretos ou teses — nem mesmo nas universidades espanholas. Ela é a mulher que aparece evidenciada nesse altar das excepcionalidades que são os quadros de destaque dos livros didáticos; a mulher que chegou a ser discípula de José Ortega y Gasset, ainda que ninguém pare para pensar no que isso significa. E tudo isso apesar de sua filosofia ser indispensável para se entender a evolução do pensamento ocidental do século XX. E dessa forma não quero dizer que o trabalho da sua fundação ou dos vários autores e autoras que durante anos se dedicaram ao estudo e publicação da obra dessa pensadora não tenha sido excelente e absolutamente necessário, pelo contrário. Apenas ressalto a certeza, por minha própria experiência, de que Zambrano merece ser lida com a ingenuidade do prazer de descobri-la. Porque estou convencida de que aqueles que alcancem suas palavras sem preconceitos descobrirão como a filosofia é capaz de transformar nossa mais profunda percepção sobre a vida. O pensamento zambraniano não se limita unicamente à exposição de ideias, não deve ser lido sem parar para refletir. Zambrano nos propõe uma viagem, uma experiência, até o sentido mais profundo da nossa existência, individual e coletiva. Um caminho entre o amor e a razão, entre o sonhado e o vivido: "Se a filosofia não tem vida, o filósofo a tem em maior grau; na verdade, ele teve que se transformar para entrar na filosofia".[2]

Estou convencida de uma coisa. Quando os jovens e os não tão jovens começarem a descobrir Zambrano, suas palavras serão transcritas nos WhatsApp de amor adolescente, nos grafites dos banheiros dos cafés próximos às escolas — aqueles que, apesar da ortografia, escondem o arrebatamento de um primeiro amor. Seus pensamentos serão publicados nas redes sociais como mensagens clarividentes, essas que de repente nos dão a resposta para uma inquietação e que nos enchem de entusiasmo. Para, finalmente,

....
2. ZAMBRANO, María. *La confesión, género literario y método.* Madri: Siruela, 1995. p. 13.

passar a fazer parte dessa leitura à qual recorremos quando procuramos respostas diante das vicissitudes da vida, aquela que acaba constituindo uma sabedoria popular à qual nos referimos quando não sabemos como expressar aquilo que sentimos: "Mas a vida precisa da palavra; se viver bastasse, não pensaríamos, se pensamos é porque a vida precisa da palavra: a palavra que seja seu espelho, a palavra que a esclareça, a palavra que a potencialize, que a eleve e que a declare comparável ao seu fracasso...".[3]

María Zambrano nasce em 1904, em Vélez-Málaga. É a primeira filha dos professores Blas José Zambrano García de Carabantes e Araceli Alarcón Delgado. Dois anos depois, a mãe obtém um cargo de professora auxiliar numa escola para meninas em Madri. Esse destino obriga a família a se separar. Blas permanece em Vélez-Málaga, enquanto a pequena María fica sob os cuidados da família da mãe. Em 1988, María relembraria, em uma entrevista concedida a Pilar Trenas, no programa *Muy Personal* da Televisão Espanhola, a memória que ainda guardava de sua infância na terra natal:

> Sim, são imagens e são sensações. Uma coisa tão evanescente e que parece destinada a ser consumida no instante; o fato é que enquanto tenhamos uma vida aqui, e não sabemos se em outro lugar, ficaram travadas: o limoeiro do quintal (...). O perfume da tarde. Minha primeira viagem nos braços do meu pai quando eu não sabia o que era ser propriamente pai, não podia sabê-lo. O arrulho do mar, o cair da tarde, o perfume, a estrela, o lírio... não, ali não havia lírio, havia vasos, que eu não sei que flor tinham, pois eu não sabia o nome das flores, não sabia denominá-las.[4]

Em 1907, acompanhada do avô materno Francisco Alarcón, María sofre um colapso que a deixa inconsciente durante várias horas. Esse será o primeiro episódio de uma saúde muito delicada que se arrastará ao longo de sua vida.

Um ano depois, muda-se para Madri para viver com sua mãe; Blas logo se juntará a elas. Recuperada de sua enfermidade,

....
3. ZAMBRANO. A modo de autobiografía, p. 423.
4. Entrevista concedida a Pilar Trenas, transmitida no programa *Muy personal*, da Televisión Española, em 1988.

María, que na época tem três anos, começa a frequentar a escola em que sua mãe é professora.

> A escola era o melhor, ali não fazia frio; ficava perto de um palácio, e sob o sol se abria um pátio no qual andava entre suas colegas; um calorzinho também lhe abrandava a alma, e olhava para elas sem a hostilidade com a qual olhava para as outras, as meninas com as quais brincava. Sabiam mais que elas, andavam com livros e algumas até já escreviam, e tudo isso era atraente e cálido; ela também entraria naquele segredo aberto das letras e no mistério dos números que tinha que pronunciar em voz alta. A professora era bonita, morena e sorridente; sua voz lhe dava ânimo. E à saída, a jovem mãe, com um ramo de violetas quase sempre no manguito, com a *voilette* de bolinhas presa atrás do chapéu, levava-a pela mão, dando-lhe calor com a mão, da qual as luvas suaves não a separavam.[5]

Em 1952, Zambrano publica *Delirio y destino, los veinte años de una española*, em que evoca grande parte de suas lembranças de infância e juventude. Escrita em terceira pessoa, a obra se limita a uma tendência bastante comum entre as autoras daquele tempo: as autobiografias romanceadas. Este "gênero literário" permitia certa distância na hora de narrar um mundo íntimo e cotidiano, que naquela época era pouco comum desvelar. Dessa forma, as autoras podiam incorporar à narrativa um estilo próprio, que acentuava sua identidade literária. Encontramos alguns exemplos dessa prática nas obras: *Memorias de la Melancolía*, de María Teresa León; *Memorias de una estrella*, de Josefina de la Torre; ou *La casa de enfrente*, de Ernestina de Champourcín (esta última em tom muito mais novelesco).

Em 1909, seu pai é nomeado diretor do colégio San Esteban, em Segóvia, para onde a família, partindo de Madri, se muda. Será nesta cidade castelhana que María Zambrano desperta sua inquietação pelo saber. Blas Zambrano é uma das pessoas-chave na construção do pensamento zambraniano. Homem de fortes valores liberais, transmitiu à sua filha, desde tenra idade, seus ideais filosóficos, político-sociais e pedagógicos, inspirados no krausismo. Já em Vélez-Málaga havia fundado um jornal

....
5. ZAMBRANO, María. Delirio y destino, los veinte años de una española. In: _____. *Obras completas*, v. 6. Ed.: Jesús Moreno Sanz. Barcelona: Galaxia Gutenberg; Círculo de Lectores, 2014. p. 27.

de ideologia anarquista, ideário que com os anos derivou no socialismo. Em Segóvia, logo se transforma em uma figura importante dos movimentos progressistas. Funda jornais e se envolve em atividades políticas e culturais, como a Universidade Popular e o Agrupamento Socialista Operário, do qual chegou a ser presidente em 1920: "Ele me ensinou a olhar", sentenciaria sua filha anos mais tarde. Que bela frase, não? Quanta beleza e entrega pedagógica existe na disposição dessa curta oração.

> Meu pai me falou sobre a Academia de Platão, onde está inscrito: "Que não entre aqui ninguém que não saiba geometria"; e eu não dominava a geometria e, de vez em quando, com muita impaciência, perguntava a meu pai: "Mas quando você vai me ensinar geometria?". "E para quê?". "Porque eu tenho que pensar".[6]

Em 1911, nasce sua única irmã, Araceli, que não será apenas uma companheira de brincadeiras e confidências; se estabelecerá entre elas uma relação estreita, de grande importância em sua vida. Zambrano descobrirá o valor da união ou, como ela mesma diz, da irmandade. Juntas na solidão do exílio, María deixará tudo para cuidar de Araceli. Assim se expressará na entrevista concedida à Televisão Espanhola: "Minha irmã, minha única irmã. Como esperei por ela! Porque nasceu quando eu tinha sete anos. Que alegria ter uma irmã; com ela descobri o que é mais importante na minha vida, a irmandade, a irmandade, mais do que a liberdade, a irmandade".[7]

Em 1915, aos onze anos, inicia o ensino secundário no Instituto Nacional de Segóvia. Como é normal na época, são poucas as meninas que realizam os estudos secundários, apesar de ter sido aprovada em 1910 a lei de educação, que permitia às mulheres o acesso aos estudos universitários.

Seu histórico escolar, que atualmente pode ser consultado no Arquivo Geral da Universidade Complutense de Madri, mostra uma excelente aluna, com certa dificuldade nas disciplinas de ciências. Logo começa a devorar os livros da extensa biblioteca familiar. Unamuno, Dante, Platão são algumas de suas leituras.

....
6. ZAMBRANO. A modo de autobiografía, p. 423.

7. ZAMBRANO. Entrevista concedida a Pilar Trenas, transmitida no programa *Muy personal*, da TVE.

Também naqueles anos de infância, Zambrano começa a tomar consciência do valor da mística.

> Quando eu era criança, fui levada para ver, mais do que o lugar, o santo que estava ali sepultado, por uma verdadeira criada, daquelas que portavam o xale com castidade e orgulho ao mesmo tempo. Ela me levou por conta própria, pois minha mãe estava doente de alguma coisa. Gregoria me levou, pedindo permissão, em um áspero domingo de março, envolta por seu xale. A distância era grande, mas foi encurtada, e, finalmente, chegamos à igreja na qual repousam os ossos, as cinzas, o que for..., a marca de San Juan de la Cruz, onde, apesar do clima, se erguiam duas oliveiras trazidas de Úbeda pelo santo.[8]

Porque é preciso entender que María Zambrano foi uma mulher de fé cristã durante toda sua vida. Deus sempre foi uma presença importante em seu pensamento. Sua espiritualidade é compartilhada por outra de nossas mulheres: Ernestina de Champourcín. Apesar de pertencerem a duas classes sociais muito diferentes — e sem que tenhamos notícia de que tenham sido amigas íntimas, embora certamente se conhecessem, já que compartilhavam amizades e lugares em comum —, em suas obras, Deus é um tema recorrente. Tanto Zambrano quanto Champourcín constroem um diálogo com Ele, compreendendo-o como a expressão suprema da beleza. "Para mim, Deus é a poesia", sentenciaria a poeta de Navarra.

Em 1919, Antonio Machado chega a Segóvia para ocupar uma cadeira de professor de francês no instituto da cidade. Logo começará uma estreita amizade com Blas Zambrano:

> A amizade com Machado foi algo instantâneo. Disse ao entrar em casa: "Não precisamos falar para nos entendermos. Ficaremos calados e sorriremos muito juntos, ou a sós, ou entre os outros". E foi assim até a última conversa que mantiveram em Barcelona,

---

8. ZAMBRANO, María. Jesús G. de la Torre en su transparente pintar. In: *Jesús G. De la Torre* — IV Centenario de San Juan de la Cruz. Segóvia: Diputación Provincial de Segóvia, 1991. p. 9-15.

os dois dando a guerra por completamente perdida, e que por isso mesmo não se deveria ir embora nem por um único dia.⁹

Os dois amigos participarão ativamente da vida intelectual da cidade castelhana, colaborarão em revistas e tertúlias e fomentarão empreitadas ambiciosas de natureza cultural, como a Universidade Popular de Segóvia, projeto socioeducativo que tinha a intenção de difundir a cultura entre as classes trabalhadoras através de aulas, cursinhos e conferências sobre diversos temas. Sua biblioteca ambulante, à qual Machado doou muitos de seus livros, é um claro precedente das futuras Missões Pedagógicas, projeto ao que María Zambrano aderiu de forma muito ativa.

Para a filósofa, a obra de Antonio Machado foi uma autêntica revelação. A leitura de *Soledades, galerías y otros poemas* abre, segundo ela, "uma fenda" em sua alma. Certamente, por isso, uma das correntes teóricas mais importantes do pensamento zambraniano, a *razão poética*, aparece pela primeira vez de forma explícita na crítica que a pensadora faz da obra *La guerra de Antonio Machado*, publicada no número 12 da revista *Hora España*, em dezembro de 1937:

> (...) citando Antonio Machado: "Poesia e razão se completam e requerem uma à outra. A poesia seria o pensamento supremo por captar a realidade íntima de cada coisa, a realidade fluente, movediça, a heterogeneidade radical do ser". Ao que comento em minha crítica: "Razão poética, com profunda raiz no amor". E a seguir, como ponto final: "Não podemos perseguir hoje, o que não significa renunciar a isso, os profundos labirintos desta razão poética, desta razão de amor reintegradora da rica substância do mundo. Basta reconhecê-la como cerne da poesia de Antonio Machado, poesia erótica que exige ser comentada, transformada em clareza, pois o amor sempre requer conhecimento" (abril-maio de 1980).¹⁰

Em 1917, aos treze anos, a autora conhece o grande amor de sua vida, Miguel Pizarro Zambrano, seu primo, que era sete

---
9. ZAMBRANO, María. Blas José Zambrano. In: _____. *Obras completas*, v. 6. Ed.: Jesús Moreno Sanz. Barcelona: Galaxia Gutenberg; Círculo de Lectores, 2014. p. 707.
10. ZAMBRANO, María. Algunas estaciones del itinerario de la razón poética. In: _____. *Obras completas*, v. 6. Ed.: Jesús Moreno Sanz. Barcelona: Galaxia Gutenberg; Círculo de Lectores, 2014. p. 591.

anos mais velho que ela. Filho da irmã de Blas Zambrano, Miguel nasce em Alájar (Huelva) em 1897. Logo, a família vai morar em Granada, onde poucos anos depois a mãe morre. O pai se casa novamente, mas a segunda esposa não parece disposta a oferecer aos filhos de seu marido, Miguel e Águeda, o amor e o carinho de uma nova família, motivo pelo qual os irmãos Pizarro Zambrano não têm uma boa infância. Em sua juventude, Miguel participa de forma muito ativa dos ambientes culturais de Granada. É membro do grupo intelectual do Rinconcillo, a tertúlia do café Alameda. Amigo íntimo de Federico García Lorca, Melchor Fernández Almagro e Manuel Ángeles Ortiz, entre outros, o jovem sonha em ser poeta. No mesmo ano que conhece sua prima, licencia-se em Filosofia e Letras pela Universidade de Granada, obtendo excelentes notas, que lhe tornaram merecedor de um prêmio extraordinário de licenciatura.

Rapaz bonito, sensível e culto, Miguel desperta na jovem María os primeiros raios de um amor adolescente:

> Quando você me conheceu, a primeira vez de todas, aos meus treze anos quase vegetais, eu estava no primeiro momento da minha vida em que meu ser dado, meu ser milagroso, me preenchia — e o problema —, a dor, a contradição não aproximava seu vazio da completude do meu ser. Era simplesmente o que era; vivia parada, quieta, desfrutando de minha plenitude cósmica sem saber que desfrutava.[11]

Apesar de parecer um amor à primeira vista, os primos não começarão sua relação sentimental até 1919, mais ou menos. Ela tem então quinze anos, e ele, vinte e dois. Miguel mora em Madri e trabalha como redator no diário *El Sol*. Fala com María sobre seus amigos, entre os quais se encontram Lorca e Jorge Guillén. De Segóvia, cidade que começa a ficar pequena para ela, sonha em morar na capital com Miguel e fazer parte daquelas experiências intelectuais que ele tão apaixonadamente compartilha com ela. Por exemplo, foi Pizarro quem falou com María pela primeira vez sobre Rosa Chacel:

....
11. ZAMBRANO, María. Borrador de carta a Pizarro (1935). In: _____. *Obras completas*, v. 6. Ed.: Jesús Moreno Sanz. Barcelona: Galaxia Gutenberg; Círculo de Lectores, 2014. p. 234.

Rosa... de vez em quando não nos comunicamos, mas, para mim, você sempre esteve presente, mesmo antes de te conhecer pessoalmente. Eu ainda não estava em Madri. Em Segóvia, sozinha, uma moça, ouvi falar de você por aquela pessoa que mais contava para mim, no âmbito literário e naturalmente afetivo, por aquele que, de certa maneira, tinha a chave dos meus sonhos: "María, conheci e ouvi em Madri uma moça tão jovem quanto você falar de Nietzsche no Ateneu. Você já não é a única, ela saiu na frente. Tem talento, beleza e o fado da genialidade na testa".[12]

Os dois jovens se entregam a uma história de amor em que se mimetizam. Compartilham gostos e sonhos, falam de filosofia, literatura e poesia, sua conexão não é apenas física, mas também intelectual. Uma boa mostra disso é aquilo que Isabel García Lorca cita em suas memórias: "Ao pensar em Miguel, apareceu María: para mim, inevitável".[13]

É tão intensa essa vivência, esse amor, que irremediavelmente influencia na sua forma de ver a vida. Entendo dessa maneira quando leio as palavras que María Zambrano escreve a Jorge Guillén, em 15 de setembro de 1957, sobre a morte de Miguel, ocorrida em Nova York em 10 de janeiro de 1956, aos cinquenta e nove anos: "(...) ele me levou ao mundo da poesia e da beleza. Meu pai havia me levado sempre pelo caminho da filosofia. Busquei a unidade, a fonte escondida da qual saem as duas, pois não pude renunciar a nenhuma".[14]

O ano de 1921 começa com grandes projetos para a jovem María. Nesse ano, ela termina seus estudos secundários e se prepara para o ingresso na Universidade Central de Madri para cursar filosofia. Seus pais decidem que a garota irá morar, durante sua estadia em Madri, na Residência para Moças, instituição dirigida por María de Maeztu. É desse modo que Blas Zambrano o comunica a Maeztu em uma carta datada de junho daquele ano: "(...) Com minha maior consideração. Muito lhe agradeceria se se dispusesse a me enviar o orçamento ou as condições para o ingresso nessa

....
12. ZAMBRANO, María. Rosa. *Un Ángel Más*, Valladolid, n. 3-4, p. 11-12, 1988. p. 12.
13. LORCA, Isabel García. *Recuerdos míos*. Barcelona: Tusquets Editores, 2002. p. 242.
14. Arquivo pessoal de Jorge Guillén, Biblioteca Nacional da Espanha.

residência sob sua direção. Trata-se de uma filha minha, que planeja estudar na área de filosofia. Agradeço de antemão...".[15]

Mas, nesse mesmo verão, Blas Zambrano decide terminar firmemente com a relação amorosa entre María e Miguel, por considerá-la de caráter incestuoso. Imagino que o pai, diante da convivência dos dois jovens em Madri, longe do controle paterno, pensou que a coisa poderia se descontrolar. É preciso tomar em conta que os pais de Miguel Pizarro também eram primos-irmãos, e por isso o grau de consanguinidade era muito elevado. Suponho que Blas pensou que a morte prematura de sua irmã tinha algo a ver com os laços familiares e, por medo, repudiou essa relação entre primos.

O casal mergulha numa profunda tristeza. María cai numa longa depressão. Seu estado é tão grave que a família decide que nesse ano ela não se mude para Madri, cancelando a vaga que tinha reservada na Residência para Moças: "Minha cara senhora. Em primeiro lugar, perdão pelo que possa parecer uma irresponsabilidade. Trata-se da vaga concedida nessa residência, de muito digna e acertada direção, à minha filha María Zambrano. Esta, que já vinha sofrendo de uma grave doença".[16]

Tendo anulada sua mudança para Madri, María se matricula como aluna ouvinte na Universidade Central, para começar seus estudos em filosofia. Miguel Pizarro, por sua vez, decide abandonar tudo e se mudar para o Japão, com o apoio de Américo Castro, viagem que realizará no verão de 1922. Uma vez no país nipônico, Miguel atuará como professor e ajudará a criar a cátedra de espanhol nas universidades de Osaka e Kobe; além disso, chegará a atuar como adido cultural da embaixada da Espanha.

Apesar da rotunda proibição de Blas, os primos continuam mantendo uma relação epistolar a distância. É o que diz a própria María na mencionada carta a Jorge Guillén: "Tinha muitas cartas [de Miguel] em Madri, quase todas belíssimas (...). Suas lembranças do Japão, de Bucareste... Tudo isso foi queimado em Madri, em setembro de 36".[17]

....
15. Arquivo da Residência de Senhoritas, Fundação José Ortega y Gasset-Gregorio Marañón.
16. Arquivo da Residência de Senhoritas, Fundação José Ortega y Gasset-Gregorio Marañón.
17. Carta de 15 de setembro de 1957. Arquivo pessoal de Jorge Guillén, Biblioteca Nacional da Espanha.

Apesar do tremendo desgosto, parece que María logo reencontrou o amor. Em 2012, foram publicadas algumas cartas inéditas escritas por ela a um novo amor daqueles anos, o alferes de artilharia Gregorio del Campo. Segundo essa correspondência, seu namoro durou de 1922 até 1926, aproximadamente, ano em que Miguel Pizarro retorna do Japão pela primeira vez. Pelo que as cartas detalham, a relação entre María e Gregorio é um fato conhecido por seus familiares, que parecem aceitar o idílio, a ponto de María falar em uma de suas missivas sobre casamento. Mas o mais surpreendente desse epistolário é a notícia de que a futura filósofa teve um filho com Gregorio, aproximadamente entre 1922 e 1923. Atualmente, as datas de nascimento e falecimento dessa criança são desconhecidas, e só nos resta o lamento de María: "Nenê, por que você foi embora sem se despedir de sua mãe, por que você se foi para onde sua mãe não pode lhe ver, onde você estará só? Ainda que tenha ido ao céu, que importa Deus e essa gente? Não estaria melhor com a sua mãezinha, que logo iria com você?".[18]

Em 1926, a família Zambrano se muda novamente para Madri. Nesse mesmo ano, María se matricula em um doutorado em filosofia, na mesma universidade. Dessa vez, frequentará as aulas de forma presencial, fato que mudará sua vida.

Zambrano nos descreve uma tímida imersão no mundo universitário. Nada a ver com a moça jovial e sensual que fala com seu namorado Gregorio, com quem naquele ano rompeu relações:

> Os "filósofos" mal formavam parte da vida estudantil; eram muito poucos e não formavam um grupo entre si e nem namoravam com ninguém, eram cada um com a sua pequena e às vezes grotesca individualidade que chamava a atenção dos alunos dos cursos vizinhos; não era pouco frequente que se juntassem para vê-los sair de uma das aulas de estética, que tinha lugar em uma espécie de cripta da qual subiam em procissão pela escadaria estreita; eram caras estranhos, e ela — como não abria a boca e era tão magra — durante muito tempo pensaram que fosse inglesa...[19]

....
18. ZAMBRANO, María. *Cartas inéditas (a Gregorio del Campo)*. Ourense: Editorial Linteo, 2012. p. 104.

19. ZAMBRANO, María. Delirio y destino. In: _____. *Obras completas*, v. 6. Ed.: Jesús Moreno Sanz. Barcelona: Galaxia Gutenberg; Círculo de Lectores, 2014. p. 866.

Na faculdade, María tem como professores algumas das figuras mais influentes do pensamento filosófico espanhol do momento: Manuel García Morente, Manuel Bartolomé Cossío e Xavier Zubiri, com quem manterá uma estreita amizade. Com respeito a essa relação entre aluna e professor, Rosa Chacel recordava, em uma reportagem da Televisão Espanhola em homenagem à pensadora, essa imagem como uma das lembranças mais importantes relativas à memória daquela que foi sua grande amiga:

> Tenho muitas lembranças de María, além das lembranças em comum, do fim da guerra, do seu casamento, da partida ao exílio; mas, bem, essas são coisas que aconteceram com todos nós, não têm nada de extraordinário. Por outro lado, tenho lembranças de María do início, não do início da nossa juventude, pois temos uma diferença de seis anos, acho. Fui amiga de María já por volta da época da República. Mas sempre havia lembranças do início, das primeiras coisas, de seus estudos acerca de tudo; sempre havia, como sempre há entre as mulheres, ainda que vivamos da intelectualidade, sempre há confidências. E a confidência de María foi algo precioso que me contou e pelo que, suponho, tem grande estima. Contou-me que no início da faculdade, quando estudava filosofia, Zubiri a ajudava a estudar, dava-lhe aulas ou ia até sua casa e a ajudava a estudar Spinoza. E isso ela me contou de modo muito poético, como sabia fazer (...), principalmente para mim, esse é o retrato que tenho de María.[20]

Nos anos de doutorado, ela conhece José Ortega y Gasset, que logo se tornará seu mestre. Numa entrevista concedida à Televisão Espanhola, recorda quando assistia às suas aulas:

> Ai, meu Deus! Eu conhecia Ortega pelas leituras, claro, mas entrar na aula dele (...). E eu entrava devagarinho, longe, e em seguida ia me aproximando, aproximando, e eu achava que ele tinha os olhos verdes e que era bem imponente, mas quando tive que estar na primeira fila para que me fizesse perguntas, então percebi que não tinha os olhos verdes, mas era do mesmo jeito, me fazia tremer.[21]

....
20. Programa dedicado ao centenário do nascimento de María Zambrano, transmitido pela Televisión Española em 1991.
21. Entrevista concedida a Pilar Trenas, transmitida no programa *Muy personal*, da Televisión Española, em 1988.

A influência do pensamento orteguiano em Zambrano é muito importante. Como falávamos no começo, a filósofa sempre foi considerada a melhor discípula de Ortega y Gasset. Mas ela nunca foi orteguiana, como bem recordou anos mais tarde na mencionada entrevista à Televisão Espanhola: "Não, orteguiana não, pois se fosse orteguiana não seria discípula. Seria uma sequaz, o que não é ser discípula, mas o contrário de ser discípulo". Embora sendo sempre fiel aos seus ensinamentos, María Zambrano soube partir das ideias de seu mestre para criar sua própria corrente de pensamento, muitas vezes contrária à proposta por Ortega. Zambrano lembra em um de seus artigos como Ortega reagiu diante do seu texto *Hacia un saber sobre el alma*, no qual ela apresentava um certo abandono do conceito de razão vital.

Entre os anos de 1926 e 1927, María decide mergulhar na sua época para formar parte obrigatória dela. Ortega a convida para participar das tertúlias da *Revista de Occidente*. Conhecerá Maruja Mallo, Concha Méndez, Concha Albornoz e, finalmente, sua admirada Rosa Chacel:

> Quando já estava em Madri, você nem era essa pessoa que me havia dito essas palavras como profecia [Fala do ano de 1924 e de Miguel Pizarro; Rosa, naquela época, vivia em Roma]. Demorei muito para te conhecer, quando você já estava de volta a Madri. Alguém, que para mim tinha autoridade, me dizia: "Com uma só palavra, Rosa pode mudar uma vida, preenchê-la ou esvaziá-la; é única". "E não posso conhecê-la?". "Não, por ora não, terá que esperar muito tempo". E no final, de uma maneira inimaginável, você me ligou, ouvi sua voz no meu telefone, simplesmente me cumprimentando e me convidando para ir a uma reunião na sua casa, mas devia estar tão desajeitada que acho que não te causei boa impressão. Você era inacessível e irrenunciável. Estabeleceu-se uma relação regular entre você e eu, mas sempre incompleta; por minha falta de jeito, sem dúvida. Você passeava sozinha depois de comer e eu queria ir junto, quebrando o encanto da sua solidão. Sempre teve sobre mim um certo poder. Você tinha colaborado na *Revista de Occidente* e, principalmente, era você, esse ser, ser — digo, Rosa — que continuou sendo pra mim. Não digo um juiz, mas uma testemunha suprema.[22]

....
22. ZAMBRANO. Rosa, p. 11-12.

A relação epistolar entre Rosa Chacel e María Zambrano, a qual durou toda a vida, ainda que de forma intermitente, nos permite descobrir duas mulheres que se admiravam mutuamente, apesar dos desencontros pontuais. Duas mulheres que se conheciam antes de se ver, duas mulheres que se imaginaram antes de se encontrar. Duas mulheres que foram capazes de ocupar o lugar que lhes pertencia, fazendo-se ouvir pela força do intelecto, em uma época que começavam a surgir timidamente as primeiras vozes que reclamavam para a mulher o lugar que lhe pertencia:

> Jamais naquela época se perdeu em considerações sobre a possibilidade, conveniência, decência ou resultado prático do que gostávamos de fazer: fazíamos e estava feito, de um jeito ou de outro. Por fazer história, posso dizer que você sempre foi admirada e respeitada. Eu sempre fui tolerada, o que, no caso, é a mesma coisa.[23]

No final desse curso, María entra na FUE (Federação Universitária Escolar). Ali desenvolverá seu pensamento mais social e reivindicativo. Mas, ao mesmo tempo, surgem as inseguranças. Sua vontade de ser filósofa começa a encontrar certos obstáculos. "Pensar por pensar não é bem visto na Espanha",[24] recordaria María em suas memórias. Posso imaginar que não devia ser fácil para Zambrano se desenvolver em um entorno tão masculinizado como eram os círculos filosóficos: "Então não fui feminista, fui feminina: não cedi", relembrou na Televisão Espanhola. Ela nunca se envolveu em movimentos feministas, como bem diz. Não há notícias, por exemplo, de que tivesse participado ativamente no Liceu Clube Feminino, como fizeram algumas de suas amigas. No entanto, apesar disso, escreveu bastante sobre o papel da mulher em uma época que esta começava a influenciar como sujeito social e histórico:

> Perguntei ao meu pai quem eram os templários. Meu pai respondeu qualquer coisa, não porque não soubesse, mas porque tinha o senso do limite, e então me respondeu algo que eu conseguia entender. Lembro-me que me disse que eram uns cavaleiros, e que eu era

---

23. CHACEL, Rosa. Pentagrama (1981). In: _____. *Obra completa*, v. 3 — Artículos I. Valladolid: Fundación Jorge Guillén, 1993. p. 521-524.
24. ZAMBRANO, María. *Delirio y destino, los veinte años de una española*, p. 43.

uma mulher; e então perguntei, não sei se à minha mãe ou ao meu pai, se tinha que ser sempre o que já se era, se eu, sendo uma menina, nunca poderia ser um cavaleiro por ser mulher. E isso ficou flutuando na minha alma, porque eu queria ser um cavaleiro e não queria deixar de ser mulher, isso não. Não queria renunciar, eu queria encontrar; não queria renegar, menos ainda a minha condição feminina, pois era a que me havia sido dada e eu a aceitava; mas queria torná-la compatível com a condição de cavaleiro e, precisamente, um templário.[25]

Em 1928, iniciou no jornal *El Liberal* uma série de artigos com o título de "Mulheres", na seção feminina. Neles, María escreve sem reservas sobre a nova mulher moderna e seu lugar nessa nova sociedade que abria o caminho para a modernidade.

O ano de 1928 é outro importantíssimo na biografia de Zambrano. Seu primo Miguel Pizarro retorna do Japão à Espanha por alguns meses. Os amantes se encontram novamente. Parece que, por aquela época, Blas Zambrano dá seu aval à relação, que nunca deixou de existir, diga-se de passagem, já que os primos continuaram mantendo, como já mencionamos, uma extensa correspondência.

Também esse será o ano que María começa com força sua colaboração com a Federação Universitária Escolar. Essa organização estudantil, que apostava na neutralidade política, foi criada no final de 1926 — por um grupo de estudantes da Universidade Central de Madri — como uma alternativa à influente Associação de Estudantes Católicos (AEC) e como contestação às políticas universitárias da ditadura dominante de Primo de Rivera.

Em maio de 1928, é aprovada a lei conhecida como Lei Callejo, que continha um artigo, especificamente o de número 53, que permitia que os centros particulares de estudos superiores pertencentes à Igreja Católica pudessem emitir títulos universitários. Diante do medo de que abundassem graduados pagantes, os estudantes das universidades públicas, liderados pela FUE, foram às ruas:

> Artigo 53: Os alunos que tenham realizado seus estudos assistindo às aulas habitualmente durante os anos exigidos como mínimo de

....
25. ZAMBRANO. A modo de autobiografía, p. 423.

escolaridade aos centros de estudos superiores, que por mais de vinte anos de existência tenham demonstrado comprovadamente sua capacidade científica e pedagógica, realizarão suas provas de fim de curso da mesma forma que aqueles que tenham completado seus cursos normalmente na universidade, sendo examinados nela por dois professores [sic] daqueles, presididos por um catedrático da faculdade em que estejam matriculados.[26]

Na FUE, María promove, junto com Emilio González López e José López Rey, o encontro com intelectuais e políticos "maduros": Luis Jiménez de Asúa, José Giralt, Felipe Sánchez Román, Gregorio Marañón, Ramón del Valle-Inclán, Ramón Pérez de Ayala, Eduardo Gómez de Baquero, José Salmerón, Manuel Azaña e Indalecio Prieto. O objetivo desses grupos de jovens é unir-se "aos mais velhos", com o desejo de construir um projeto comum que liberte a Espanha do ostracismo em que está mergulhada: "Nós, os jovens, crescemos atraídos por essas gerações de homens já 'maduros', de quem aprendemos muitas coisas, mas esperamos deles ainda mais, e vamos nos aproximar para pedir-lhes isso, vamos despertá-los para a tarefa comum à qual não parecem dar atenção, vamos simplesmente chamá-los".[27]

Desse encontro, surge a Liga da Educação Social (LES), que será presidida por Ramón Pérez de Ayala e da qual María Zambrano será porta-voz. É preciso destacar que ela era a única mulher do conselho de diretores. Os meios de comunicação fazem eco da nova associação intergeracional e demonstram seu entusiasmo:

> Foi estabelecida a Liga da Educação Social, cujo objeto primordial consiste em despertar o interesse público para as questões ditas sociais, o que compreende as ideias modernas sobre pedagogia, economia, religião, política etc., etc., [sic]. A orientação dessa nova entidade parte da declaração dos direitos humanos até as mais avançadas concepções da moral laica e cívica. Um esforço iniciado por um grupo de jovens (...) esta iniciativa teve uma carinhosa recepção por parte de destacados elementos da intelectualidade espanhola, e compreender-se-á o entusiasmo com que uns e

....
26. In: *Gaceta de Madrid*, Madri, n. 142, 21 mai. 1928 [Ministério de Instrução Pública e Belas Artes].
27. ZAMBRANO. A modo de autobiografía, p. 423.

outros se dispõem a trabalhar até alcançar o triunfo dos ideais que defendem...[28]

A primeira conferência que a LES organizou foi celebrada em 16 de novembro daquele mesmo ano na Federação Tabaqueira. Três membros da liga palestraram, entre eles María Zambrano, que deu uma conferência com o título de "O amor fora do casamento". María fala sobre essa experiência em seu livro de memórias *Delirio y destino*, em que salienta a presença das "cigarreiras", as mulheres que trabalhavam na fábrica de tabaco e que haviam se consolidado como um referencial no direito das trabalhadoras, ao conseguirem um salário que lhes permitia cuidar de suas famílias: "E elas (...) entenderam perfeitamente; sérias, escutavam com os olhos brilhantes. Sabiam por que razão haviam escolhido esse grêmio, o coração do casticismo madrilenho, temido por seus escárnios, suas desfeitas, por tudo o que é *chulapo*.[29] Talvez por isso, para pegar o touro pelos chifres".[30]

Na manhã seguinte, no jornal *La Libertad*, um jornalista relata o ocorrido na conferência. Parece-me muito interessante transcrever suas palavras, já que a forma de descrever os acontecimentos é muito visual, e acredito que nos ajuda a imaginar como foi esse evento curioso e inovador:

> Um gramofone rompe a habitual solenidade desses atos, chamando a atenção das pessoas, produzindo nelas uma inquietação a partir daquele momento para o que lhes diriam (...), um rapaz fala sobre juventude. Hoje é preciso movimentar-se, saltar, nem que seja à base de chicotadas. Depois dele, outro jovem revela um cartaz expressivo. Nele estão refletidos com humor otimista os tipos de juventude e os tipos de vida adulta (...). O jovem que fala conosco mexe os fantoches do seu cartaz, e, como são velhos e feios, rasga-os. Em seguida, uma moça aborda o casamento. Desnuda as relações

....
28. In: *La Voz*, Madri, 19 nov. 1928.

29. [N. da T.]: No vernáculo madrilenho, o termo "chulapo" refere-se à pessoa que é proveniente de classes populares. No dicionário da Real Academia Española, a palavra é registrada como sinônimo de "chulo". Esta, por sua vez, possui duas acepções que podem ser particularmente elucidativas para a analogia que Zambrano faz logo em seguida: 6. Homem que, no matadouro, ajuda na captura dos gados maiores; 7. Homem que, nas touradas, acompanha os toureiros e lhes entrega os ferrões, as bandeirolas etc.

30. ZAMBRANO. Delirio y destino, p. 452.

entre o homem e a mulher. E então se volta para o que esta foi para aquele: vício, prazer, romantismo. Depois, o que o homem foi para ela: meio de ganhar a vida, meio de se sustentar nela e único horizonte na sua vida. Esclarece todos estes modos de se ver e mostra o único que é vital: o homem e a mulher se juntam quando, no fim dos seus afãs, suas vidas coincidem...[31]

Diferentemente de muitas de suas companheiras, María Zambrano não vem de uma família abastada, mas da classe média. Esse fato lhe obriga a trabalhar para conseguir sustentar uma parte de seus gastos universitários. Por isso, no ano de 1928, começa a dar aulas de filosofia na Escola Normal:

> Porque não havia imaginado deixar de forma alguma a filosofia, nem aquelas aulas em que se estreava como professora do instituto escolar, esse rude, difícil treinamento que é dar aulas somente para rapazes no início da adolescência. Tudo era difícil nessa nova atividade; a hora em que dava aula, o grupo de jovens, a própria matéria que tinha que ensinar, a mais alheia do grupo "filosófico" (...) à qual se entregou com fervor, com aquele fervor que justamente lhe tomava exatamente na hora em que tinha que entrar na sala de aula, nas sombras do crepúsculo, quando os rapazes impacientes esperavam a hora da saída...[32]

Esse fervor ao que se refere fez com que, no início de 1929, ao sair de uma conferência na LES, sofresse um desmaio. Seu diagnóstico não podia ser pior: estava com tuberculose. Novamente se vê obrigada a se afastar do mundo. A ficar trancada em casa durante vários meses. Desespera-se, agora que sua vida começava a tomar um ritmo acelerado, pois assim os tempos exigiam. No entanto, mais uma vez, verá sua atividade interrompida, como se seu corpo não conseguisse responder, em batalha constante com sua mente:

> E de repente se encontrava agora "aqui", sem "discípulos" nem mestres, sem companheiros de grupo nem de nada, sentindo sua pulsação, somente a sua, como um pássaro que quer derrubar as

....
31. In: *La Libertad*, Madri, 17 nov. 1928.
32. ZAMBRANO. Delirio y destino, p. 452.

barras da gaiola em um transe de asfixia. Ter respirado tão ampla, profundamente, no puro oxigênio da vida nascente, a pressa de levar ao seu sangue, ao sangue de todos, esse pensamento. Caía assim, entretanto, para vislumbrar algo novo.[33]

Apesar de sua "clausura", María continua colaborando com a FUE. Do seu retiro forçado, escreve manifestos e cartas. Seu tom vai se intensificando à medida que o ambiente de protestos esquenta, principalmente a partir da greve estudantil de março de 1929, que acende a chama. A resposta governamental à greve foi a expulsão do presidente da FUE, Antonio María Sbert, o que não fez mais do que enfurecer ainda mais as massas estudantis. Os jovens e não tão jovens saíram às ruas para se manifestarem contra a ditadura e a monarquia, fato insólito até então na Espanha. O ditador deu ordem aos militares para que ocupassem as universidades; os professores que apoiaram a revolta sofreram sanções, como Ortega y Gasset e Miguel de Unamuno, que foi exilado na ilha de Fuerteventura; aqueles alunos que não voltaram aos estudos foram ameaçados de expulsão. Foram fechadas as universidades de Madri e Barcelona, entre outras, enquanto os estudantes levantavam barricadas no centro da capital e de outras cidades espanholas.

E tudo isso acontece enquanto María ainda está convalescente. À medida que vai se recuperando, recebe as visitas dos companheiros da FUE, que vão atualizando-a sobre os acontecimentos. Parece que por causa desse constante pinga-pinga de jovens, começou a ser vigiada pela polícia:

> Certo dia, foi enviada uma ordem policial à sua casa em Madri. Uma dupla de policiais da "secreta" chegou às duas da tarde pedindo para falar com seu pai; disseram-lhe que com "sua permissão" voltariam três horas mais tarde para fazer um registro, por causa de sua filha, "uma moça séria, mas um pouco inquieta". Muito respeitosos, foram se espantando cada vez mais ao examinar os livros dela, que, além de estarem misturados à biblioteca da família, lhes pareceram impressionantes em número e "conteúdo". "Mas que coisas a senhorita lê!". E, entre todos eles, escolheram para levar como exemplar suspeito um livro de propriedade de seu pai

....
33. ZAMBRANO. Delirio y destino, p. 453.

intitulado *A questão social*. Continha as encíclicas papais que se referem a essa matéria, e foi uma pena, pois não voltou a vê-lo. E isso foi tudo; despediram-se corretamente, dando-lhe um conselho amistoso: "Senhorita, não se meta nessas coisas. Cuide-se!". Eram gente boa, e o que ditava também. A história seguia um curso "natural", os botões da primavera brotavam nas árvores. Nesse momento, ninguém é mau. Perseguidos e perseguidores sorriam.[34]

Ela volta à vida na primavera daquele ano. Em seguida, mergulha nas mobilizações e sente a necessidade de viver intensamente como se recuperasse o tempo perdido:

> E esse tempo feliz era uma espécie de comunidade; todos sentiam que flutuavam numa espécie de leve embriaguez. Não se pensava nem eles em se defender, nem nós em atacar. Não era uma revolução, mas uma evolução de tempo natural, como o ritmo das estações; só era preciso fazer como quando se ouve uma música que se revela ser a própria: acompanhá-la, acompanhá-la pelo ar da vida.[35]

Finalmente, em setembro de 1929, Primo de Rivera revoga o artigo 53 da Lei Callejo. É o início do fim da ditadura e da monarquia.

No outono de 1929, María, já completamente reintegrada à vida social, começa a escrever aquela que será sua primeira obra, *Horizonte del liberalismo*. Tem vinte e cinco anos. Sua presença é cada vez mais comum nos ambientes filosóficos, mas também nos políticos. Finalmente, em 20 de janeiro de 1930, Primo de Rivera renuncia: "E então, naquele instante, era preciso reconstruir a nação, recriá-la. E esse era o processo criador que tinha lugar: a república era o veículo, o regime; a realidade era a nação; a realidade estava sendo criada".[36]

María expande cada vez mais seu círculo social, que integra também os jovens artistas e poetas de sua geração, como Federico García Lorca, Rafael Alberti, María Teresa León e Jorge Guillén, junto com outros membros da FUE. Em setembro de 1930, seu livro é publicado, mas sem muita repercussão.

....
34. ZAMBRANO. Delirio y destino, p. 920.
35. ZAMBRANO. Delirio y destino, p. 920.
36. ZAMBRANO. Delirio y destino, p. 996-997.

É-lhe concedida uma vaga de professora auxiliar da disciplina de história da filosofia na Universidade Central, substituindo seu amigo Pedro Caravia. Esse fato é sumamente importante, já que demonstra que a comunidade universitária reconhecia a excelência de María Zambrano.

Mas são tempos convulsionados. Zambrano mergulha na sua atividade política. Para as eleições municipais de 1931, dedica-se a realizar comícios por toda a Espanha, a favor da coalizão republicano-socialista. Em 12 de abril de 1931, celebram-se as eleições. Embora nesses primeiros comícios as mulheres ainda não pudessem votar, foi concedido o chamado sufrágio passivo, que lhes permitia apresentar-se como candidatas:

> Desde de manhã, havia "filas" nas portas dos colégios eleitorais, num tal ritmo que os grupos de pessoas que vinham para formá-las se sucediam sem pressa e sem trégua. Durante toda a manhã, o mesmo número foi mantido, como em um revezamento organizado por um estrategista invisível. Depois de tantos anos sem eleições, era como se fossem celebradas pela primeira vez, como se fosse a estreia daquele direito ao voto que tanto deve ter emocionado os homens do século XIX. Havia solenidade e alegria. Muitos votavam pela primeira vez, e nunca ninguém havia votado em circunstâncias parecidas.[37]

Apesar de seu caráter municipalista, essas eleições foram entendidas por parte dos partidos antimonarquistas como um plebiscito sobre a monarquia. Diante da recente vitória republicana, estes reclamaram sua imediata instauração.

E chegou o dia, chegou o 14 de abril. A renúncia de Alfonso XIII e sua saída da Espanha perante a flagrante derrota desencadeia a euforia em todas as cidades espanholas. María sai às ruas junto com seu pai, sua irmã e seu cunhado, consciente de ser testemunha de um momento histórico. Deve vivê-lo, observá-lo e compartilhá-lo com as pessoas, com o povo:

> Ela estava. Tornaram a repetir a ronda, agora mais rápido e mais alvoroçadamente, a partir das quatro da tarde, quando começa a apuração. Foram ao centro; a tarde já estava caindo quando, afluindo

....
37. ZAMBRANO. Delirio y destino, p. 1036.

de todas as direções, mensageiros, amigos, conhecidos e outros que gritavam as notícias em voz alta chegavam à rua Alcalá. O telefone e o telégrafo começaram a funcionar nas redações dos jornais, nos centros republicanos, na Casa do Povo, nas casas de cada um. Nas mesas dos cafés, as pessoas se amontoavam ao redor de alguém que, com a pluma na mão, fazia os cálculos num papel. "Sim, sim, já está claro". À meia-noite, um amplo rumor como se fosse do mar invadia as ruas. Madri era como um caracol, um imenso caracol marinho que reunia um clamor que vinha em ondas rítmicas de toda a Espanha. Ao atravessar a Porta do Sol, no clamor, um grito foi articulado: "Viva a República!".[38]

Com a vitória, seu amigo Jiménez de Asúa lhe propõe apresentar sua candidatura ao Legislativo pelo Partido Socialista, mas María recusa a oferta. Cabe mencionar, por sua importância histórica, que naquelas eleições foram três as candidatas mulheres eleitas: Margarita Nelken, nas listas do Partido Socialista Operário Espanhol; Clara Campoamor, nas do Partido Republicano Radical; e Victoria Kent, nas do Partido Republicano Radical Socialista.

Com uma grande vida social e intelectual, e animada pela nova política republicana, Zambrano começa a frequentar o café Pombo, e com Maruja Mallo e Concha Méndez assiste à tertúlia em La Granja del Henar, onde conhece aquele que será um de seus melhores amigos, o escritor galego Rafael Dieste: "Sua presença foi sempre irradiante, ou seja, generosa, luminosa, para ser cantada mais do que contada".[39] As barreiras sociais para a mulher vão se dissipando. Agora estão avalizadas por uma nova forma de ver as coisas, sentem-se mais livres do que nunca. Estão conscientes de que aquele é o seu momento, e não estão dispostas a desperdiçar a oportunidade.

Junto com Rafael, a autora colabora na revista *Hoja Literaria*, que será um prelúdio do que acabará sendo a *Hora de España* em 1936. Em seu primeiro número, María publica um artigo intitulado "De novo o mundo", em que parece fazer um canto à vida em um momento de euforia. Ela, que sentia que morria no desterro da sua doença, enquanto nas ruas seus amigos viviam

....
38. ZAMBRANO. Delirio y destino, p. 1038.
39. ZAMBRANO, María. En el homenaje a Rafael Dieste. In: _____. *Obras completas*, v. 6. Ed.: Jesús Moreno Sanz. Barcelona: Galaxia Gutenberg; Círculo de Lectores, 2014. p. 617.

o ardor da luta por seus direitos, nota como renasce para si o mundo, quando finalmente pode voltar: "A vida não é mais do que um diálogo apaixonado entre o mundo e a alma", escreverá nele.[40] Apesar do sentido otimista desse artigo, ao longo daquele ano sua vida vai se complicando. Sua saúde volta a se deteriorar. Por isso, novamente mergulha numa crise vital e filosófica. Dessa vez, sua angústia é pelo destino da Espanha e o de sua geração, a qual vê em pleno delírio. Esse *delírio* se transformará em um de seus eixos temáticos.

Mas é principalmente o ano em que María comete um de seus maiores erros políticos: corredigir e assinar o Manifesto da Frente Popular Espanhola (FE) com Eliseo García del Moral y José Antonio Maravall, entre outros. Esse manifesto se torna público em 7 de março de 1932, no jornal *Luz de Madrid*. Esse novo "movimento político da juventude", tal como salienta a manchete do jornal, é incentivado por Ortega e propõe a criação de um "Partido Nacional" que defenda o bem comum da Espanha perante o individualismo do capitalismo, a exaltação dos valores espirituais e históricos e a elevação dos sindicatos a órgãos de Estado.

De acordo com García del Moral, quase paralelamente, também em 1932, formava-se um grupo clandestino de clara vertente fascista com as iniciais FE (Fascio Espanhol), fundado por indivíduos fiéis ao ditador Primo de Rivera. A direção desse grupo era incentivada por seu filho José Antonio. Este entrou rapidamente em contato com o deputado Alfonso García Valdecasas, que dirigia a Frente Popular Espanhola, oferecendo uma aliança, algo que Valdecasas aceitou. Ambos pensaram que, ao ter a mesma sigla, poderiam aproveitar os órgãos de propaganda já existentes. Mas a união se deparou com a recusa de alguns membros da Frente Popular Espanhola, principalmente a de María Zambrano e José Antonio Maravall. É o que ela mesma conta em uma entrevista ao jornal *ABC*, em abril de 1989:

> Ele [José Antonio Primo de Rivera] queria as iniciais do nosso grupo, FE, e eu me recusei a aceitar que o nosso nome fosse usado, aquela nossa fé tão pura, tão profunda... em algo que não era nosso

....
40. ZAMBRANO, María. De nuevo en el mundo. In: _____. *Obras completas*, v. 6. Ed.: Jesús Moreno Sanz. Barcelona: Galaxia Gutenberg; Círculo de Lectores, 2014. p. 211.

e que, além disso, ainda seria atribuído a Ortega. Por ser leal a Ortega, mais uma vez por ser leal, me opus e, como tinha poder para tanto, dissolvi a Frente Popular Espanhola.[41]

Apesar da dissolução do partido e de sua oposição, em 1936, María não conseguiu evitar que o partido da Falange Espanhola usasse as iniciais FE. Esse fato perseguiu-a durante toda a sua vida e a colocou em sério perigo, como veremos, em 1936.

Em 1933, Miguel Pizarro retorna, quando então é nomeado adido cultural na embaixada espanhola em Bucareste. Ele e Zambrano reatam o relacionamento, mas ocorre um novo fracasso, embora ele esteja decidido a se casar com ela. É o que anuncia o próprio Pizarro em uma carta enviada à sua namorada romena, Gratiana Oniçiu, em 1934, na qual comunica a ruptura do namoro devido ao casamento iminente com sua prima. Fica claro que o relacionamento de María e Miguel foi intermitente, embora o amor tenha sido para a vida inteira.

Apesar da dor que o relacionamento com Miguel lhe causa, María continua escrevendo e publicando nas melhores revistas e jornais da época. Sua figura como intelectual está em alta. Seu ideário político, conjuntamente com seu pensamento filosófico, vão se radicalizando, como acontece com boa parte de seus amigos pela chegada ao governo da coalizão de direita, o que provoca grandes conflitos sociais que culminariam na revolução das Astúrias de 1934:

> A revolução de outubro de 1934 é decisiva, pois nela o povo se mostra com sua presença grandiosa. Em abril de 1931, já havia mostrado sua cara; a cara da alegria e da glória que nós, os espanhóis, não conhecíamos. Nunca havíamos estado juntos tão contentes, pois nunca havíamos estado contentes, e muito poucas vezes juntos.[42]

De 1931 a 1935, Zambrano faz parte do grupo de intelectuais que se somam às Missões Pedagógicas, um dos projetos educativos mais emblemáticos da República, dirigido por Manuel Bartolomé Cossío. O objetivo dessa empreitada cultural ambulante era nada

....
41. In: *ABC*, Madri, 23 abr. 1989.
42. ZAMBRANO, María. Los intelectuales en el drama de España. In: _____. *Obras completas*, v. 1. Ed.: Jesús Moreno Sanz. Barcelona: Galaxia Gutenberg; Círculo de Lectores, 2015. p. 159.

menos do que fazer com que as artes e a cultura, através do teatro, da pintura, da música, do cinema e da leitura, chegassem a qualquer canto da Espanha, por mais longínquo e recôndito que fosse. Foram muitos os jovens que participaram dessa experiência: María Zambrano, Maruja Mallo e Luis Cernuda entre eles:

> Na minha juventude, não pertenci a nada, embora fosse necessário se dispor ou se oferecer a alguma fundação do Ministério da Educação. Tratava-se das Missões Pedagógicas (...). Íamos em grupos de três ou quatro, munidos com o necessário para viajar de terceira classe e, às vezes, de burro mesmo, subindo e escalando montanhas até chegar a lugares que não tinham motivo para ser tão pequenos nem abandonados, às vezes grandes vilas em que não existiam livros, música, cinema, nem qualquer outro tipo de comunicação. (...). E as pessoas chegavam; em uma grande vila da Extremadura chamada Navas del Madroño, (...) entregamos a biblioteca. Mais do que entregá-la, nós a exibimos, demos, repartimos. Não ousavam olhá-los, eram livros de história, poesia, literatura. Eram também livros de direito básico para formar cidadãos. Éramos pessoas que sentiam a pátria como uma poesia, como uma inspiração, como um dom divino. Pessoas que queriam transformar o trabalho, e às vezes conseguíamos, em uma poética, maravilhosa e livre transformação.[43]

Esse emblemático projeto educativo permitiu que muitos de seus colaboradores tivessem uma radiografia direta da situação precária em que se encontravam os habitantes das zonas mais rurais da Espanha.

Em 1935, Zambrano inaugura o hábito de reunir um grupo de amigos aos domingos à tarde em sua casa na praça do Conde de Barajas. Uma testemunha desses encontros é o juveníssimo Camilo José Cela. Frequentavam também, entre outros, Rosa Chacel, Maruja Mallo e Miguel Hernández, com quem María inicia uma amizade estreita.

Tudo indica que se conheceram na tertúlia da *Cruz y Raya*, revista de caráter católico progressista dirigida por José Bergamín e que veio a ser uma das publicações mais influentes de sua época (1933-1936). Com uma edição muito artística, de clara

....
43. ZAMBRANO, María. El libro: ser viviente. *Diario 16*, Madri, p. VIII, 20 abr. 1986. [Culturas; Suplemento Semanal].

influência cubista, nela escreveram um belo número de escritores e intelectuais: Zambrano, Lorca, Cernuda e Miguel Hernández, entre outros.

Embora muito tenha se comentado sobre a possível relação amorosa entre a pensadora e o poeta da cidade de Orihuela, nunca passou de uma amizade muito boa. María e Miguel se encontravam em um momento pessoal de extrema solidão. Por um lado, o poeta se sentia numa encruzilhada amorosa, entre o amor tranquilo de sua namorada da vida toda, Josefina Manresa, e a torrente de paixão que representava o curto, mas intenso relacionamento com Maruja Mallo. Este é o mesmo período em que Zambrano estava decidida a romper definitivamente sua relação com Miguel Pizarro, fato que lhe causava uma dor profunda. É o que ela revela na única carta que se tem de María para Miguel Pizarro, datada de 1935:

> Dirijo-me a você com a esperança de uma última generosidade, de entendimento, dessa razão da qual você parecia ter tanta urgência e que agora sinto (...) como inesquivável [sic] necessidade da minha vida. Vida é o que sinto visceralmente, o que me acontece cosmicamente, mas não posso me conformar se não encontro a razão. (...) E o céu me pareceu pesado como nunca, o ar era sólido e meu peito de pedra, meus flancos e meu ventre seco, e minha cabeça já com o peso da morte (...). Para onde foi minha solidão? Uma cabeça está atrás da minha, um olhar confuso sem luz me vigia, um corpo que me tira o ar, uma opressão que me empurra para dentro do peito e me acorrenta. É isso. Nunca estou sozinha. Para onde foi a minha solidão que não volta?[44]

Em suas respectivas obras, datadas dessa época, a pensadora e o poeta (Zambrano e Hernández) coincidirão em dois eixos temáticos: a paisagem (principalmente essa Castela das recordações) e sua fé religiosa. É o que reflete o poeta nos versos que dedica à sua amiga em 1934, sob o título de "La morada amarilla":

¡Qué morada es Castilla!
¡qué morada de Dios! ¡qué amarilla!...

[Que roxa é Castela!
Que morada de Deus! Que amarela!...]

………
44. ZAMBRANO. Borrador de carta a Pizarro (1935), p. 233-235.

"Ainda que todos esperássemos, ninguém acreditava na catástrofe tão próxima, nem na traição tão terrível".[45] No início da guerra, María assina, junto com outros companheiros rapazes, o manifesto de fundação da Aliança de Intelectuais para a Defesa da Cultura. Mas, como já mencionamos, seu vínculo anterior com a Frente Espanhola lhe traz sérios problemas, pois é acusada de fascista. Diante da denúncia, ela mesma convoca um "julgamento", no qual se apresenta perante seus companheiros da Aliança e se defende. Alberti e Bergamín encerram imediatamente a polêmica, fazendo alusão ao compromisso político e social de sua colega nos últimos anos.

María estava muito empenhada na causa da Frente Popular e, assim como seus companheiros, se alista no quinto Batalhão de Ferro do exército vermelho. De acordo com esse documento, seu trabalho no batalhão tinha lugar no setor de cultura. Por isso, é muito provável que ela tenha se encarregado da edição e que colaborasse no jornal desse batalhão.

Segundo ela mesma, a dedicação do grupo intelectual e artístico à defesa do governo legítimo foi imediata, e grande parte de sua geração se sacrificou pela liberdade do povo espanhol. Um exemplo disso é o retrato que María faz do trabalho de sua amiga Rosa Chacel durante os primeiros meses da contenda:

> Outra das características da conduta da mulher nesta luta popular é a absoluta humildade com que a realiza, o anonimato das grandes figuras que trabalham, sem que apenas um grupo, o grupo em que trabalham, saiba (...). Nesse contexto está Rosa Chacel (...), que trabalha não apenas no escritório de propaganda da Aliança de Intelectuais Antifascistas, coletando escrupulosamente todos os fatos que se referem à questão religiosa, sobre a qual tanto se caluniou ao povo. Um grupo dos melhores intelectuais trabalha para reunir o arquivo da luta e as provas documentais de como vivem as classes privilegiadas e quais eram os motivos que os levaram a se unir aos traidores. Rosa Chacel trabalha também como enfermeira, tendo sob sua responsabilidade uma sala no Instituto Oftalmológico, transformado em hospital para atender feridos. Seu labor de pensamento transcorre de forma tenaz em meio ao ruído das metralhadoras e das bombas; ela pertence ao povo espanhol e

....
45. ZAMBRANO. Los intelectuales en el drama de España, p. 163.

com ele quer perder-se, como todo ser humano que tem consciência de seu destino, pois somente pelo povo o intelectual se justifica, já que aquele é tão intuitivamente a verdade que o intelectual vai transformar em pensamento. E se o intelectual é, ademais, uma mulher, sua percepção do povo é mais precisa, pois a mulher está no início de toda época nova, de tudo o que começa, ajudando a nascer com dor e com um valor incalculável.[46]

Nas Missões Pedagógicas, Zambrano conhece Alfonso Rodríguez Aldave. Não sabemos muito sobre esse amor nem sobre a paixão que abriga, mas eles se casam em 14 de setembro de 1936. É muito provável que esse casamento fosse apenas um trâmite para que María pudesse viajar em outubro desse mesmo ano para o Chile, onde Alfonso havia sido destinado como secretário da embaixada espanhola. No Chile, Zambrano escreve e publica sua primeira edição de *Los intelectuales en el drama de España* e uma antologia de García Lorca. Mas em 1937, tendo em vista que a guerra estava perdida, decidem voltar. "Por que, se está perdida?", vocês se perguntarão. "Justamente por esse motivo", diria María a um jornalista.

Em sua chegada, em 19 de julho, Alfonso se alista no exército e María Zambrano vai a Valência, para onde o governo legítimo havia se mudado. É nomeada conselheira de Propaganda e conselheira nacional da Infância Evacuada. Ao mesmo tempo, integra o conselho de redação da *Hora de España*, revista mensal de caráter cultural fundada pelos intelectuais alinhados com a República e que foi publicada entre 1937 e 1939. A revista se transformou rapidamente em um alto-falante contra o fascismo. A *Hora de España* também foi um espaço compartilhado no qual elas puderam publicar seus respectivos textos, dando voz à sua visão da barbárie. Em suas páginas, podemos ler artigos e poemas de María Zambrano, Rosa Chacel, Ernestina de Champourcín e Concha Méndez.

María participa como oradora no II Congresso de Escritores Antifascistas, organizado em Valência em 1937 por María Teresa León, entre outros. Dedica-se completamente e sofre profundamente pelo destino da Espanha e sua gente. Nesses anos,

....
46. ZAMBRANO, María. La mujer en la lucha española. In: _____. *Obras completas*, v. I. Ed.: Jesús Moreno Sanz. Barcelona: Galaxia Gutenberg; Círculo de Lectores, 2015. p. 299.

sua produção literária é muito ampla, e sua visão dos fatos aparece em vários artigos em que seu interesse filosófico gira em torno de interesses políticos.

No início de 1938, María se muda para morar em Barcelona, junto de sua família. A maioria dos seus companheiros foram partindo para o exílio, mas Zambrano não compartilha do que considerou um abandono. É o que comunica a Chacel em uma duríssima carta escrita em 26 de junho daquele mesmo ano:

> Dirijo-me puramente, ou seja, q. [que] é a forma pura de se dirigir a uma existência, pois não quero te dizer nada concretamente (...). Não quero discutir com você. Pois o caminho percorrido não me levará a te dar razão; de todo modo, a razão, bem, mas nada mais, e para você isso é muito pouco. Pois já vejo que minha atitude continua sendo extremamente distinta da tua (...). Inimiga até a morte de todos os que venderam a Espanha, a quem jamais chamarei de minha, porque eu sou dela, e esta é a diferença no amor. Não duvido do teu amor pela Espanha, à moda de Unamuno, que não é a minha. Mas sim, acredito que em você há um desvio grande, assim como em Unamuno, em Ortega (...). Iria te ver se fosse a Paris, algo de que não tenho a menor perspectiva; ver tantas pessoas, tantos espanhóis que se foram — acho — por propaganda ou vão para outras partes do globo, passando por aí. Então parece ter chegado a diáspora. Eu fico aqui![47]

Em 29 de outubro, morre na Ciudad Condal, isto é, Barcelona, Blas Zambrano, o "arquiteto do aqueduto" como será lembrado por seu grande amigo Antonio Machado, que lhe dedicará um artigo no número XXIII da *Hora de España*, o qual deveria ser publicado em janeiro de 1939, mas nunca veio a público.

Em Barcelona, María está cansada, o desastre é iminente. Perde-se a guerra. Ela se sente só, perdida, desorientada, embora, ao mesmo tempo, viva, convencida de que esse era o lugar em que queria estar:

> É o bastante para você saber que estou só, absolutamente só. Eu já estava assim no último período da guerra na Espanha, em Barcelona,

....
47. ZAMBRANO, María. *Cartas a Rosa Chacel*. Ed.: Ana Rodríguez Fischer. Madri: Versal; Cátedra, 1992. p. 38.

onde passei a época mais feliz da minha vida, pois a proximidade constante da morte, a solidão e ter fugido completamente da burocracia, da necessidade, fez crescer em mim um princípio de asas.[48]

Finalmente, em 27 de janeiro de 1939, com a guerra perdida, a família Zambrano é expulsa da Espanha. Seu primeiro destino será Paris. María e Alfonso partirão um mês depois para o México, e de lá para Cuba, onde se encontrarão com Concha Méndez e Manuel Altolaguirre: "No que mais Concha se destacava era em amparar aqueles que tinham ainda menos, os refugiados que afluíam de Santo Domingo e chegavam a Havana com a paixão do náufrago; e em quem se seguravam? Em Manolo e Concha, que eram tão náufragos quanto eles".[49]

María Zambrano iniciará então um longo exílio, durante o qual percorrerá boa parte da América Latina dando cursos, seminários e conferências.

Araceli Alarcón e Araceli Zambrano, mãe e filha, fixarão residência na França, onde sobreviverão à invasão nazista, embora, poucos anos depois, Araceli Zambrano será detida pela Gestapo e torturada com o objetivo de se extrair dela informações sobre o paradeiro de seu companheiro sentimental, Manuel Muñoz, responsável pela segurança do governo republicano e acusado de pertencer à Resistência Francesa. Manuel Muñoz será finalmente detido pelos nazistas, preso durante dois anos em La Santé, deportado para a Espanha e fuzilado.

Em 1946, Araceli Alarcón morre, o que obriga María a viajar para a Europa pela primeira vez desde seu exílio. Em sua chegada a Paris, encontrará sua irmã completamente enlouquecida por causa das torturas sofridas e da morte de seu amado. A partir desse momento, não voltarão mais a se separar. As irmãs perambularão por diferentes países da América Latina e da Europa: Cuba, México, Porto Rico, França, Itália e, finalmente, Suíça.

Voltam à Europa definitivamente em 1953, instalando-se em Roma. Em 1955, morre José Ortega y Gasset, o grande filósofo, o mestre. Apesar de María Zambrano ter criticado fortemente a

....
48. ZAMBRANO. *Cartas a Rosa Chacel*, p. 37.
49. RAMÍREZ, Goretti. Presentación. In: ZAMBRANO, María. *Obras completas*, v. 6. Ed.: Jesús Moreno Sanz. Barcelona: Galaxia Gutenberg; Círculo de Lectores, 2014.

postura de seu amigo durante a guerra, a notícia de sua morte a deixa em estado de desolação. É o que compartilha com Chacel em uma carta enviada de Roma em 1º de abril de 1956:

> E sua morte me fez ver que eu o amava ainda mais do que acreditava, que o amarei sempre. Estou há muitos anos afastando-me de certos aspectos de seu pensamento, da Razão Histórica, mais concretamente. Meu ponto de partida é a [Razão] Vital, mas eu a desenvolvi à minha maneira. Isso não importa. Serei sua discípula sempre. Também soube que ele me conhecia, e agora sei que me conhece e estou de luto por ele.[50]

Em 1957, Araceli, que desde sua detenção pela Gestapo carrega sérios problemas mentais, sofre uma trombose. Essa circunstância invalida María completamente, pois ela é quem sustenta a família. Em 21 de junho de 1958, escreverá este dilacerante poema:

CAFÉ GRECO (situação de A[raceli] *lux perpetua*)

Pensar e não se preocupar.
Agir sem decidir.
Seguir e não perseguir.
Repousar sem se deter.

Oferecer sem calcular.
Não se agarrar à esperança.
Não se deter na espera.
Escutar sem quase falar.

Respirar no silêncio.
Deixar-se quieto flutuar.
Perder-se indo para o centro.
Afundar sem respirar.

Atravessar sem olhar fronteiras.
Deixar limites para trás.
Recolher-se. Abandonar-se.
Somente se deixar guiar.

....
50. ZAMBRANO. *Cartas a Rosa Chacel*, p. 53.

Ser tão somente criatura,
não ter que sacrificar.
Muito além do sacrifício,
cumprida a vontade,
sem desígnio nem projeto,
sem sombra, espelho nem imagem.

Alga na corrente lenta.
Alga de vida apenas.
Filho. Criatura. Amante.
Alga de amor. Já não mais.
Longe de toda ribeira.
No coração da água; já.[51]

Por tudo isso, a estadia na cidade italiana não foi fácil para as duas irmãs. A precariedade econômica, juntamente com a doença de Araceli e sua imensa solidão, as levou a uma existência extrema e um tanto extravagante.

Em 8 de junho de 1958, María escrevia novamente à sua amiga Rosa, que mora no Brasil, contando-lhe sua situação:

> Eu estou de enfermeira substituta e trabalhando nas coisas da casa, pois uma moça vem aqui por apenas algumas horas. Você poderá facilmente imaginar que a questão econômica tem sido e é seríssima, já que não pude sequer trabalhar nessas coisas pelas que nos pagam. E estou afogada em dívidas. Mas nunca teria acreditado que fosse capaz deste esforço, de lutar assim em todas as frentes.[52]

Em 1972, sua querida irmã Araceli morre em Genebra, para onde as irmãs se mudaram: "Araceli morreu para continuar vivendo. Sua morte era indispensável para sua vida, para que sua vida, a vida de seu ser, continue".[53]

Os quarenta e cinco anos de exílio de María Zambrano terminaram em 20 de novembro de 1984. Tinha oitenta anos. Ao longo de sua vida, publicou mais de uma dezena de livros e

....
51. ZAMBRANO, María. Café Greco. In: _____. *Obras completas*, v. 6. Ed.: Jesús Moreno Sanz. Barcelona: Galaxia Gutenberg; Círculo de Lectores, 2014. p. 453.
52. ZAMBRANO. *Cartas a Rosa Chacel*, p. 55.
53. ZAMBRANO, María. *Obras completas*, v. 6. Ed.: Jesús Moreno Sanz. Barcelona: Galaxia Gutenberg; Círculo de Lectores, 2014. p. 499.

centenas de artigos e ensaios sobre arte, literatura e filosofia. Foi a primeira grande filósofa da Espanha. O pensamento zambraniano se constrói como uma das vozes mais importantes para se entender o devir do passado espanhol mais recente. Certamente em suas palavras reside grande parte do que, como povo, os espanhóis foram e são.

Até o fim de seus dias, essa mulher foi o que quis ser: a filósofa que desejou, a intelectual que sonhou e a cidadã que lutou pela liberdade. Morreu em Madri em 6 de fevereiro de 1991.

> Que ser é esse? Eu me pergunto e perguntaria a você que me lê. Que ser é esse silêncio, que se comporta não como uma situação, mas como um ser que está escondido, que vem não se sabe de onde, que entra não se sabe por qual lugar, o silêncio apenas, que entra como uma coisa, não como um ser?[54]

....
54. ZAMBRANO, María. En silencio. In: _____. *Obras completas*, v. 6. Ed.: Jesús Moreno Sanz. Barcelona: Galaxia Gutenberg; Círculo de Lectores, 2014. p. 753.

7

María Teresa León

(1903-1988)

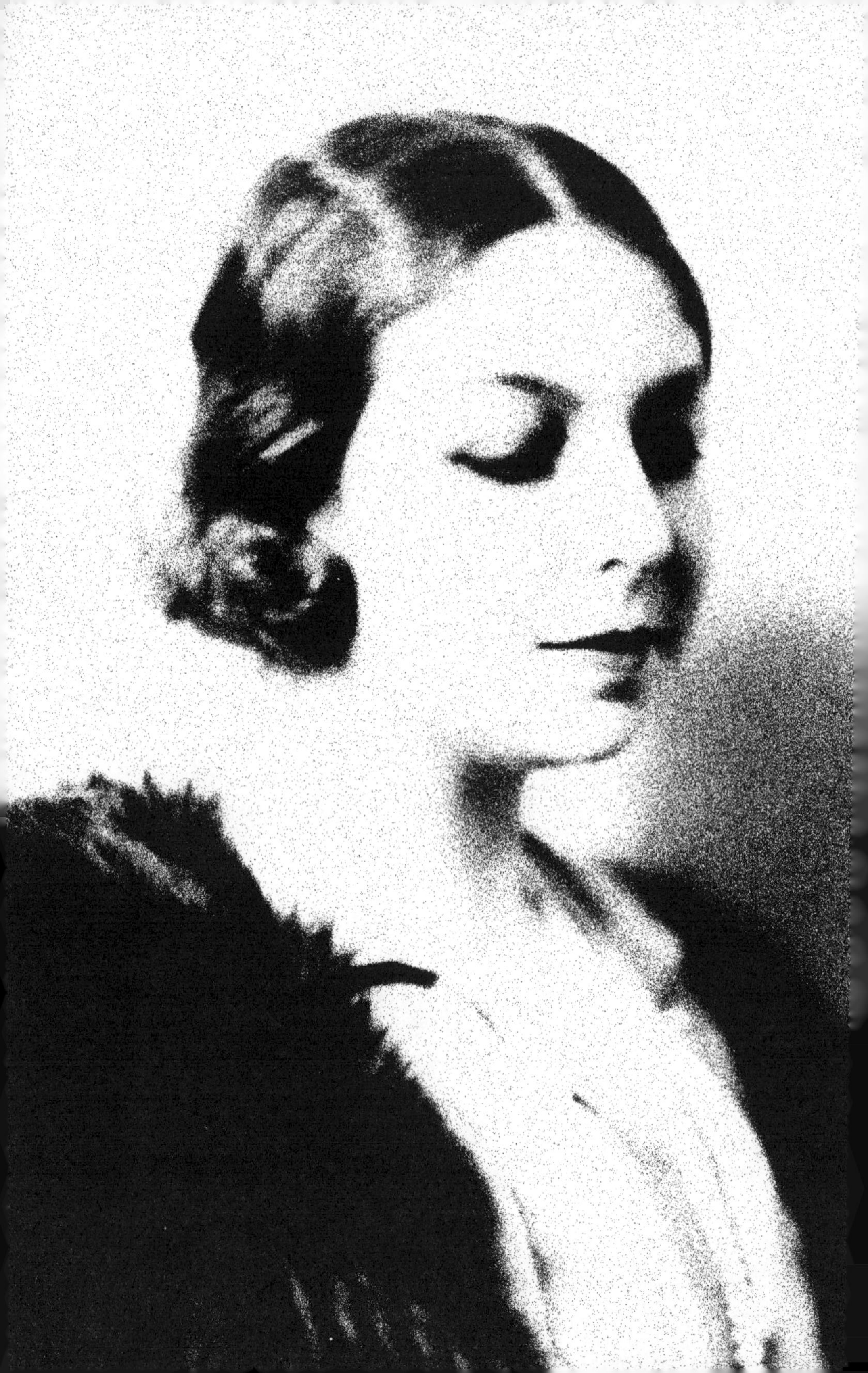

Agora, aqui, reunimos estas páginas para homenagear María Teresa... Como se faz uma homenagem? É com algo bem conhecido: planta-se um pequeno ramo de louro que crescerá sozinho, regado pela memória deste século que acaba, e com ele... o nosso próprio acabamento.

Rosa Chacel,
"María Teresa", In: *Obras completas*, v. III

"Ainda tenho a ilusão de que minha memória da recordação não se extinguirá, e por isso escrevo em letras grandes e alentadoras: continuará". Estas palavras encerram a autobiografia de María Teresa León, *Memorias de la melancolía*, um livro indispensável para se entender a vida de uma das figuras mais importantes da história contemporânea espanhola. Escritora, ensaísta, dramaturga, roteirista, jornalista, feminista e ativista em favor da liberdade e dos direitos sociais, ela é, ao mesmo tempo, uma das personalidades mais silenciadas. Sua marca na história permaneceu oculta, como uma sombra inalterável atrás do poeta, do homem, de Rafael Alberti.

Revisando o arquivo da Televisão Espanhola para a montagem do documentário *Las sinsombrero*, ficou muito evidente para mim como funcionam os mecanismos de esquecimento na memória coletiva. Minha busca estava focada em encontrar material gráfico sobre a volta dos exilados. Sabia que uma das figuras mais representativas desse retorno era Rafael Alberti. Tenho o mesmo número de anos que decorreram desde que o poeta voltou para a Espanha, de forma que não vi essas imagens ao vivo. E não sou capaz de lembrar quando as vi pela primeira vez. Simplesmente lembro delas e sou capaz de descrevê-las com perfeição. E acho que isso acontece com muita gente: Alberti desce sorridente pelas escadas de um avião no aeroporto de Barajas, em Madri — "Eu saí então com o punho fechado e chego com a mão estendida", diria o poeta. Cumprimenta, com a palma bem aberta, e tem o rosto cansado; já não é o jovem das fotos dos anos vinte, e sua cabeleira branca ondeia por causa do vento provocado pelas correntes da pista de aterrissagem. Mas até agora eu não havia reparado se sua esposa, María Teresa León, o acompanhava nessa imagem. E não reparei, pois não sabia nem que existia.

Agora me disponho a olhar de novo. Onde você está, María Teresa? Por que não aparece na foto descendo as escadas, cumprimentando a multidão? Sabemos que voltava de Roma, nesse avião, junto ao seu esposo. Mas me contaram que já estava doente, que aquela memória que você havia transformado em sua bandeira você havia perdido na batalha contra o Alzheimer. Continuo olhando.

Numa reportagem da Televisão Espanhola dedicada ao retorno dos intelectuais e políticos que, a partir de 1977, começaram a chegar à Espanha depois de intermináveis anos de exílio, veem-se várias sequências de uma multidão exultante nesse Barajas de antigamente. Um instante se infiltra na montagem picotada da reportagem em preto e branco: María Teresa León tenta abrir caminho entre gritos e aplausos. Seu cabelo loiro perdeu-se nela também, dando lugar ao branco da beleza. Ali está. "Já não conservava nada, nem os longos cabelos loiros, nem os olhos brilhando...".

Será que os que ali se encontravam sabiam quem era essa mulher? Ou aclamavam ao som do entusiasmo que contagia as massas? Ela, como a maioria das que foram suas companheiras naqueles anos, transformadas agora numa gloriosa geração, era esperada por poucos. Como bem diz Rosa Montero em seu livro *Historia de mujeres*, referindo-se a María de la O Lejárraga: "Quando a esquerda começou a recuperar seus santos e a colocá-los em nichos, esqueceram-se dela".[1] Mas o esquecimento é fruto da ignorância. "Às vezes os silêncios são mais perigosos do que as balas dos inimigos", sentenciará o poeta Felipe Alcaraz.[2]

....
1. MONTERO, Rosa. *Historia de mujeres*. Madri: Alfaguara, 1995. p. 136.
2. Documentário *Las sinsombrero*, 2015.

Pude falar com algumas pessoas, hoje já adultas, que em sua juventude visitaram a casa do casal Alberti-León, durante sua estadia em Roma.

> Na porta dessa nossa casa em Roma, batem pessoas que são como sonhos que retornam. Você? E ficamos entrecortados, pois é como se olhássemos longamente para o relógio do tempo, nosso próprio relógio. Batem em nossa casa muitos seres que são como reflexos, como luzes. Nós os vemos pela primeira vez, mas já são conhecidos nossos, gente da Espanha, e então ficamos sujeitos a seus olhos para descobrir neles o que aconteceu com aquela fonte ou com a pracinha...[3]

A maioria deles me conta a mesma história: chegavam nervosos, tinham encontro marcado previamente; tocavam a campainha e, então, María Teresa lhes abria a porta, recebia-os com carinho e hospitalidade, oferecia-lhes um chá ou café. Convidava-os a entrar num salãozinho e, ali, passados alguns minutos, ele chegava, o poeta. E então ela, a escritora, a dramaturga, a diretora de cinema, a militante, a ativista, a batalhadora, sempre passava para um segundo plano. Caso Rafael não pudesse atender a visita, ela pedia desculpas por ele e iniciava uma dedicada conversa, sempre ao redor da figura de Alberti.

> Ah, aquela mulher jovem que atravessou a rua Alcalá do braço de um poeta hoje faz gestos aos recém-chegados para que se sentem. Sempre lhe custa perceber que vive na rua do desterro, e olha e fala como antigamente, com Rafael junto dela, acreditando que é antigamente e que distribuíram os papéis errados e lhe deram por engano o da velha.[4]

Eu lhes pergunto espantada se não faziam ideia de quem era ela, se nunca se interessaram por saber. Não, naquela época ela era apenas a mulher de...

María Teresa León Goyri nasceu em Logronho em 1903, no seio de uma família da alta burguesia. Era filha de um coronel e de uma burguesa de berço. Teve um irmão e uma infância errante por

....
3. LEÓN, María Teresa. *Memorias de la melancolía*. Buenos Aires: Losada, 1970. p. 33.
4. LEÓN. *Memorias de la melancolía*, p. 33.

causa ou por gosto de um pai militar com constantes mudanças de destino (Logronho, Madri, Burgos, Barcelona). "Desde menina, desde muito pequena, havia sido bastante chacoalhada por aquele pai militar que cansava de tudo e pedia um novo destino, ficava contente por uns anos e depois se abatia e se amargava", nos diz a própria María Teresa.

Sua mãe, María Olivia Goyri, foi uma mulher inteligente, culta, avançada para seu tempo e sua classe social. Embora aceitasse o papel de mulher casada, seu temperamento autônomo e autoritário não lhe permitia aceitar o ostracismo ao que estava relegada pelo simples fato de ser mulher. E menos ainda quando tinha que prescindir de uma opinião própria. Por exemplo, Ángel León, pai de María Teresa, apoiou o general Primo de Rivera em sua revolta e em sua ascensão ao poder sob a chamada "ditabranda". Mas Olivia não gostava dos exércitos e repudiava qualquer ato de gloriosa derrota ou vitória. A esposa chegou a tal ponto de ir contra a ideologia de seu marido que não pensou duas vezes em votar no Partido Comunista nas eleições de 1933:

> Mais tarde, quando a República chegou, pegou a mantilha e foi votar. Quando conseguiu colocar seu voto, foi detida. Não não, esse nome com o *de* de casada não está no padrão. Não pode votar, declararam os comunistas que ali estavam sentados. Sim, pode, pois eu sou o médico da família e a conheço há muitos anos, e o sobrenome pode ser escrito com ou sem o *de*. Pois não votará. Sim, votará. Acho que minha mãe se divertiu muito naquela manhã. Tolos, mas eu vou votar no Partido Comunista! O voto era secreto e ela somente sorria. A direita apoiou com toda sua força. Vota? Não vota. Vota. E votou. Arrumou sua mantilha e foi à igreja. À igreja sim, fui rezar um pouco para que Deus desse o triunfo ao Partido Comunista. Mamãe![5]

Tampouco foram de grande ajuda as constantes infidelidades do pai, que levaram o casamento a uma espiral de recriminações e má convivência, pelo que, em muitas ocasiões, a pequena María Teresa se via obrigada a passar longas temporadas na casa de algum de seus tios ou tias. E é nesse momento, em que a menina vê que seu mundo se afunda, que ela se refugia na fantasia, nos

....
5. LEÓN. *Memorias de la melancolía*, p. 69-70.

contos imaginários. As páginas dos livros se transformam em sábios conselhos de vida. E ali, entre as bibliotecas de altas estantes, sentada na cadeira de balanço, constrói sua personalidade, seus sonhos e seus desejos: "O principal culpado das leituras da garota havia sido um velho tio fechado numa cidade de Aragão".[6]

Nessa casa na cidade de Barbastro, que possuía uma importante biblioteca, María Teresa teve seu primeiro contato com leituras proibidas para garotas de seu nível e idade. E foi assim que leu Diderot, Victor Hugo, Dumas e Pérez Galdós.

Por volta de 1915, aos doze anos de idade, María Teresa começa a frequentar a casa de uma prima de sua mãe, María Amalia Goyri, que a pequena sempre considerou como uma tia. María Goyri foi a primeira mulher a estudar, de forma oficial, filosofia e letras, obtendo a licenciatura, em 1896, e o título de doutora, em 1909, na Universidade Central de Madri. Filóloga, escritora, pesquisadora, professora e pioneira na defesa dos direitos da mulher, desenvolveu ao longo de sua vida, junto a seu marido, o filólogo Ramón Menéndez Pidal, um extenso estudo sobre a tradição romanceira espanhola, assentando as bases das pesquisas nesse campo: "Estudava ao sair do colégio na casa de uns tios famosos que tinha. Gostava de se sentar no chão escutando um gramofone de cilindro, que cantava romances com a voz da época, enrouquecida e rachada. Aquela casa, que era como sua casa, era mais do que uma casa".[7]

María educou seus filhos, Jimena e Gonzalo, num entorno culto, liberal e igualitário. Frequentavam o Instituto Livre de Ensino, no qual se aplicava uma pedagogia de base krausista. Jimena Menéndez Pidal, dois anos mais velha do que María Teresa, era admirada por sua jovem prima, que via nela a beleza do conhecimento:

> Alguns lugares vão afastando-se de nós até o lugar onde adormecem melancolicamente. Outros, como aquela casa da rua Ventura Rodríguez, onde Jimena me aguardava, não adormeceram nunca. Aprendi nela que os livros podem forrar as paredes de sabedoria... E que todas as perguntas deverão ser respondidas para que as meninas possam continuar crescendo e se admirar... Pela primeira

....
6. LEÓN. *Memorias de la melancolía*, p. 58.
7. LEÓN. *Memorias de la melancolía*, p. 22.

vez escutei a voz do povo. Pela primeira vez levei em conta os inteligentes e os sábios.⁸

Ainda muito nova, María Teresa sabe que não vai se conformar com uma vida comum, predestinada. Ela, "que começava a ter vergonha de não saber". Ela, que no dia da primeira eucaristia recebeu como presente um romance com dedicatória: "Para a menina María Teresa, desejando-lhe que siga o caminho das letras. Condessa de Pardo Bazán". Como permitiria não ser ela mesma?

Certamente, diante dessas constantes influências culturais e vitais, ela vai gestando um caráter rebelde perante a vida: "María Teresa León havia sido suavemente expulsa do colégio do Sagrado Coração, em Leganitos, Madri, porque estava empenhada em concluir o ensino médio, porque chorava fora de hora, porque lia livros proibidos...".⁹

Antes da expulsão, a família se muda para Burgos, mas logo Miguel Primo de Rivera demandará os serviços do pai em Barcelona. Chega então à Cidade Condal uma bela jovem, que apaixona a cidade e se apaixona por ela. É apresentada para a sociedade, conhece o filho do ditador, futuro criador da Falange, que naquela época María Teresa considera um homem atraente e bem apessoado. Também compartilhará de um memorável baile com Alfonso XIII, que destacou sua beleza.

Em 1920, aos dezessete anos, María Teresa se casa em Barcelona com Gonzalo de Sebastián. Com ele terá dois filhos, Gonzalo, que nasce em 1921, e Enrique, nascido em 1925. Logo o marido se transforma em um homem castrador que obriga a jovem esposa a se submeter a uma vida tradicional, em que sua voz nunca é ouvida. "Por que é fraca e não disse não a um cardeal? As mulheres espanholas não conseguem deixar de ouvir essa voz. Menina, menina, você tem que voltar com ele. Um marido ruim é melhor do que um bom amante".¹⁰

María Teresa não o suporta e, quando seu pai morre, decide abandonar seu esposo. Levemos em conta que isso acontece aproximadamente em 1922, quando a separação era muito mal vista e ainda mais se acontecia pelo abandono do lar por parte da

....
8. LEÓN. *Memorias de la melancolía*, p. 65.
9. LEÓN. *Memorias de la melancolía*, p. 58.
10. LEÓN. *Memorias de la melancolía*, p. 73.

mulher, fato quase insólito. Gonzalo de Sebastián decide, então, se mudar para Burgos, levando com ele seu filho e proibindo a mãe que o visitasse: "Recordou-lhe que a separação não tinha vindo da parte da moça, mas da dele, que tremia pelo corredor de uma casa pedindo perdão".[11]

Mas pouco depois seu filho cai doente com meningite. A jovem enlouquece. Não pode visitá-lo, não pode estar com ele mais do que as horas permitidas pelo advogado. A descrição desse episódio, feita pela própria María Teresa em *Memorias de la melancolía*, é devastadora:

> Nenhuma força no mundo! Haviam chegado de madrugada. A moça chorava desconsoladamente. Tinha nas mãos o telegrama que lhe avisava que seu filho estava morrendo. Mamãe, você se dá conta disso? Está com meningite. Tiveram que esperar que amanhecesse... Um cunhado abriu o portão do jardim. Empurrou impaciente a porta. Não precisou de que ninguém lhe dissesse onde estava seu filho. Foi guiada por um lamento agudo, um gemido constante como ela nunca havia ouvido antes. Era como um chamado vindo de uma profundidade, de um vazio. Subiu a escada correndo. Empurrou alguém... Ali estava o menino, gemendo intermitentemente, as pupilas perdidas, os olhos abertos em direção ao teto... o advogado não lhe deixava estar mais de duas horas com seu filho moribundo... Certa manhã, o menino adoeceu sob as pálpebras. Levantou a mão, procurou o próprio narizinho... Bobinho, está aqui! E o menino sorriu. Salvo? O milagre havia se produzido... Sabe apenas que os olhos de seu filho sorriram para ela e que nunca mais deixaram de olhá-la... Abaixou a cabeça e aceitou. Era sua vida pela de seu filho.[12]

Encurralada pela situação, María Teresa aceita voltar com seu marido. Já instalados em Burgos, a jovem não renuncia à intenção de continuar lutando por suas inquietações intelectuais. Precisa de alguma forma se exilar dessa vida burguesa que a sufoca, mas que o amor pelos filhos não lhe permite abandonar.

E é na escrita que encontra esse meio de fuga. Se quando criança as leituras lhe permitiram descobrir uma vida possível, agora a palavra escrita é o que lhe possibilita se afastar da existência

....
11. LEÓN. *Memorias de la melancolía*, p. 74.
12. LEÓN. *Memorias de la melancolía*, p. 74-75.

que lhe é imposta. E com essa determinação, em 1924, começa a colaborar com o *Diario de Burgos*, escrevendo artigos em que trata de temas relacionados com a cultura e a mulher. Porém, no início, consciente do lugar que ocupava na tradicional e castradora sociedade burguesa, não assinou essa colaboração com seu nome, mas com um pseudônimo: Isabel Inghirami, nome da protagonista de um romance de Gabriele d'Annunzio, *Forse che sì, forse che no*. Durante muito tempo, a escritora brincou com o mistério entre sua autêntica personalidade e sua fachada anônima. Até Pedro Salinas acompanhou a brincadeira, escrevendo: "Como diz María Teresa León, tão amiga de Isabel Inghirami". Através desses artigos, María Teresa se aprofunda na situação da mulher, seus direitos e sua legitimidade como cidadã perante uma lei que nunca a protege. Seus escritos já mostram uma clara vocação de justiça social:

> Não se trata de transformar a mulher em homem, despoetizando-a, mas aceitando essa metade do gênero humano que por uma arbitrariedade evidente sofre com a tirania do mais forte há séculos, em todas as atividades em que pode contribuir com suas qualidades, não fechando caminhos indiscriminadamente, mas dando ampla passagem na vida para que ela lute, através do trabalho (...). A mulher foi e é menos importante perante a lei; essa tutela a levava aos casos absurdos de não poder dispor de seus bens (...). O Código tem muitas deficiências, muitas barbaridades, deveria ser apoio e apoiador, e não é mais do que cruz de Calvário.[13]

Em 1925, nasce seu segundo filho, Enrique, mas em 1928, logo depois de o casal voltar de uma viagem a Buenos Aires, María Teresa decide romper definitivamente com seu marido. Durante sua viagem à Argentina, ela aproveita para dar conferências e conhecer os intelectuais e escritores que, naqueles anos, inundavam de criatividade o panorama cultural bonaerense. Imagino que ali, pela primeira vez, ela encontrou a si mesma e, ao retornar, decidiu seguir seu caminho. Contudo, o preço foi alto, porque ela foi embora, mas seus filhos ficaram em Burgos com o pai.

....
13. Conferência pronunciada no Ateneu da cidade de Burgos, apresentada no *Diario de Burgos* em 19 de março de 1926.

Pode ser difícil entender uma decisão dessas, e o preço que teve que pagar abandonando seus filhos pode dar-nos a dimensão exata da profunda asfixia que sentiu, algo tão paralisante que a fuga se apresentou como única opção de sobrevivência. Ao longo de minha pesquisa sobre esta geração de mulheres, me deparei com muitas histórias em que elas decidiram aceitar uma vida na qual não acreditavam, sacrificando sua liberdade por algo tão maravilhoso como o amor de seus filhos. Mas, nas lembranças desses meninos e meninas, a imagem da mãe aparece, quase sempre e na maioria dos casos, revestida de uma profunda tristeza.

María Teresa chega a Madri depois de sua separação e se instala na casa de seus tios Menéndez Pidal-Goyri. Ela não demora a entrar em contato com o panorama cultural e intelectual do momento e a ler os jovens poetas de sua geração. Nesse mesmo ano, 1928, publica em Burgos *Cuentos para soñar*, uma compilação de contos para crianças baseados em seus mitos infantis.

Também na capital, a jovem frequenta o Liceu Clube Feminino, do qual sua tia María Goyri é sócia-fundadora:

> Ao retornar de minha viagem à Argentina, conheci todas elas (...). As mulheres não encontraram um centro de união até que apareceu o Lyceum Clube (...) e se transformou no osso duro de roer da independência feminina. Ali aconteceram conferências famosas, e a não menos rumorosa que foi dada por Rafael Alberti: "Palomita y galápago" (...). O Lyceum Clube não era uma reunião de mulheres de leque ou um baile. Havia se disposto a adiantar o relógio da Espanha.[14]

Mas é em 1930 que a vida de María Teresa muda para sempre. Naquele ano conhecerá aquele que será o grande amor da sua vida:

> Foi na casa de alguém, à qual fui levado por alguém que hoje não lembro quem. Surgiu ali diante de mim, loira, bela, sólida e erguida, como a onda que um mar imprevisto me havia lançado de uma vez contra o peito. Naquela mesma noite, pelas ruas, pelas umbrias solitárias dos jardins, nas penumbras secretas dos táxis sem rumo, eu

....
14. LEÓN. *Memorias de la melancolía*, p. 311.

já respirava inundado por ela, preenchido, alegre, entusiasmado por seu rumor, impelido em direção a algo que percebia como certo.[15]

Nos diz María Teresa ao se lembrar daquela noite:

> Naquele passeio minha vida havia sido decidida. Por que passeamos juntos, nada além de nos conhecermos, sob a noite suave, propícia para os amantes? Aquela moça que havia voltado para a casa dos pais depois de um casamento frustrado não sabe. Nunca foi explicado o motivo pelo qual seus olhos se detiveram nos do rapaz. Estava tão cansada! Doíam-lhe as córneas, não conseguia continuar olhando para as pessoas que não lhe interessavam, e sua relação com o mundo era misteriosamente escura (...). Ela ficou tão só que não quer companhia (...). Para que serve um homem ao lado de uma mulher? Mas ela lhe escuta e continuam conversando com calma, sacudindo os minutos dos ombros para não sentir que vão passando.[16]

A relação entre os dois escritores escandalizou todo o seu entorno. Rafael deixava Maruja Mallo plantada, sua companheira durante os últimos cinco anos, a qual renegará a partir dali. "Eu me afastava de outro amor torturante, que ainda me puxava e me fazia hesitar, antes de me refugiar naquele porto", Alberti escreve em suas memórias; mas o grave fato não era romper com a pintora, mas que fosse embora com uma mulher que naquela época ainda era casada. O escândalo deve ter sido muito rumoroso, pois até Pedro Salinas conta-o em uma carta datada de 11 de janeiro de 1931 a Jorge Guillén, que naqueles anos residia em Oxford:

> Alberti estrearia agora sua *Santa Casilda*. Mas eis que — prepare-se! — fugiu faz oito dias para Mallorca, como esperado, em companhia de uma bela dama, uma literata ruim, María Teresa León, abandonando em minhas mãos Santa Casilda, e Maruja Mallo. É a AAAAventura. Um absurdo (...), e a meu ver, de todo modo, eu gostei da atitude, porque me indica que há algo acima da vaidade para Alberti. O ruim disso é esse "algo".[17]

....
15. ALBERTI, Rafael. *La arboleda perdida*. Barcelona: Seix Barral, 1976. p. 300.
16. LEÓN. *Memorias de la melancolía*, p. 30-31.
17. SALINAS, Pedro; GUILLÉN, Jorge. *Correspondencia, 1923-1951*. Barcelona: Tusquets Editores, 1992.

Para além das fofocas, é uma pena ler essas palavras de desprezo de Salinas a respeito de María Teresa, já que esse era um dos poetas que ela mais admirava. Mas, outra vez, faz-se presente a misoginia dos homens dessa geração, que não titubeavam para encher a boca de grosserias para falar do talento das colegas.

Apesar dos rumores e das críticas, o casal decide prontamente iniciar uma vida em comum: "Sim, vó, eu vou, sigo viagem. Voltei para lhe dizer isso. Rafael e eu não separaremos nossas mãos jamais. Já sei, já sei. Adeus, vó, adeus, mãe. Já não estou sozinha, não é mais o eco que responde quando falo em voz alta. Começo, começo a vida por minha conta e risco".[18]

O casal começa a colaborar em seus respectivos projetos. Nesse mesmo ano, María Teresa publicará uma segunda obra, *La bella del mal amor. Cuentos castellanos*, um livro em que resgata a tradição romanceira, tão presente em sua infância, para escrever sobre seus heróis infantis: "Passava as horas com María Teresa trabalhando em alguns poemas ou ajudando-a a corrigir um livro de contos que preparava".[19]

Por sua vez, María Teresa ajudará Rafael com sua obra de teatro *El hombre deshabitado*, que estreará justamente nos dias anteriores à proclamação da Segunda República.

Embora sempre tenha sido sensibilizada pelos direitos da mulher e pelas injustiças sociais — lembremos de seus artigos no *Diario de Burgos* —, naquela época, María Teresa ainda não havia entregado sua vida à causa política. Atenta e fortemente reivindicativa, tradição que certamente herdou de sua mãe e sua tia, a proclamação do novo governo surpreende o casal, que estava em viagem pelo sul da Espanha. "Cádiz na frente e toda a praia, o mar inteiro para nós. Um dia nos telefonaram de Madri. Uma voz muito alegre, de minha mãe, gritou: Viva a República! Como? O quê? Foi proclamada a República na Espanha. O rei foi para Cartagena. Mas que dia é hoje? 14 de abril".[20]

Pouco depois da proclamação do novo governo, Rafael é subsidiado pela Junta para a Ampliação de Estudos para estudar o movimento teatral europeu. María Teresa o acompanhará nessa viagem de quase um ano e meio que os levará à França, Dinamarca,

....
18. LEÓN. *Memorias de la melancolía*, p. 76.
19. ALBERTI. *La arboleda perdida*, p. 305.
20. LEÓN. *Memorias de la melancolía*, p. 95-96.

Noruega, Bélgica, Holanda, União Soviética e Alemanha, onde se encontrarão com Rosa Chacel, com quem María Teresa León começará uma amizade íntima. Chacel anos mais tarde escreveria:

> Uma diferença de sete anos é bastante, mas não a ponto de nos ignorarmos; não obstante, em nossa primeira juventude não coincidimos. (...) Não convivi com María Teresa até 1933 ou 1934, em Berlim. Primeiro, nos vendavais da República, Frente Popular etc., eu a via como musa ou capitã das legiões que agitavam a Espanha, das quais eu participava plenamente, mas dentro da minha reserva ou inaptidão social. Depois, naquele inverno, a vinte graus abaixo de zero, tratei com ela bem de perto (...). Ali, comunicando-nos diariamente as inúmeras revoltas de nossos labirintos, eu olhava sua distância, tentando entender como aquela menina, posta no mundo por seus pais com o impulso de lançamento de um veleiro, havia chegado a ser um exemplar perfeito de trabalho e sacrifício. Aquela menina que havia desenvolvido tanta beleza estava ali, em um quarto de hotel, vestida de forma simples, escrevendo na máquina por horas e horas (...). María Teresa, naquele inverno, era incansável. Não me lembro — e nem sei se algum dia soube — quais os assuntos do partido a mantinham ocupada; copiava inúmeras páginas, resolvia exigências editoriais e atendia conflitos de amigos.[21]

O casal prorrogará sua volta à Espanha várias vezes perante a Junta para a Ampliação de Estudos. Sua longa estadia em diferentes países europeus lhes permitirá entrar em contato com as grandes figuras da intelectualidade política e artística da Europa. Picasso, Louis Aragon, Henri Michaux, Viatcheslav Ivanov, Boris Pasternak, Fedor Kelyin. Mas será durante suas estadias em Berlim que testemunharão a expansão do partido nazista e de seus emblemas; já na União Soviética, entrarão em contato com os valores da revolução soviética, que mudarão para sempre o rumo vital e intelectual do casal. A partir dali, se entregarão de corpo e alma a uma vida combativa, guiada por um ideário político, o comunismo, e um objetivo feroz, o antifascismo:

---

21. CHACEL, Rosa. María Teresa. In: _____. *Obra completa*, v. 3 — Artículos I. Valladolid: Fundación Jorge Guillén, 1993.

> As ruas de Berlim estavam geladas (...). Constatamos que quando [as suásticas] estavam na lapela das pessoas ou na braçadeira dos SS, os cidadãos de Berlim tremiam, e até os velhos cediam as calçadas e desciam à rua para dar passo àqueles jovens impetuosos que, pisando militarmente, iam comprar cigarros ou beber uma cerveja. (...) Pouco a pouco o ar se rarefez. As pessoas falavam menos. Um dia, quando Rafael estava na Universidade de Berlim dando uma conferência sobre poesia tradicional espanhola, pisotearam uma moça. Mas por quê? E nos deram uma resposta cortante: é judia.[22]

Em 1933, o casal volta à Espanha. Começa um ano cheio de novos projetos vitais e profissionais que marcarão um antes e um depois na vida de nossa protagonista. Finalmente, ela se divorcia do primeiro marido, aproveitando as novas políticas de gênero do governo republicano. Poucos meses depois, se casará com Rafael. Quase ao mesmo tempo, ambos se filiam ao partido comunista. Publica-se a revista *Octubre*. *Órgano de los Escritores y Artistas Revolucionarios*, dirigida pelo casal e que será editada durante um ano, com um total de seis números.

> E vivíamos em uma cobertura de onde se via a serra de Guadarrama ao abrir os olhos, ao fechá-los, com seus montes às vezes iluminados pela neve. Era a rua Marqués de Urquijo, em Madri (...). Enchemos de flores o enorme terraço. Quantos amigos subiram ali (...), e nós os recebemos com a *Octubre*. Éramos os atrevidos que havíamos dado ousadamente à nossa revista o subtítulo de "Órgão dos Escritores e Artistas Revolucionários". Os outros nos olharam desconfiados. Vendíamos a revista nas ruas. Alguns amigos, espantados, deixavam na minha mão algum dinheiro, dizendo com um gesto: "Isso vai me servir para quê, loucos!".[23]

Então, María Teresa começa a incluir seus valores revolucionários em sua obra. No número três da revista *Octubre* (agosto-setembro de 1933), publica sua primeira peça de teatro, *Huelga en el puerto*, circunscrita à dramaturgia política do teatro proletário, da qual o diretor e produtor alemão Erwin Piscator era seu máximo representante. María Teresa escreve para dar voz aos menos

....
22. LEÓN. *Memorias de la melancolía*, p. 142.
23. LEÓN. *Memorias de la melancolía*, p. 79.

favorecidos, seguindo a doutrina soviética. Nesse caso, o argumento reúne dois fatos reais, a greve portuária de 1931, levada a cabo pela CNT e o Sindicato do Transporte da União Sindical, e a greve geral da cidade de Madri de 1932. É um teatro de urgência, com vontade combativa, sem muitas pretensões intelectuais e com uma clara vocação de propaganda política.

Esse é também o ano em que a escritora inicia uma colaboração com o jornal *Heraldo de Madrid*, em que escreve dez artigos, entre maio e agosto, acerca de seus conhecimentos — adquiridos em sua longa viagem — sobre o teatro internacional. Era assim que esse jornal anunciava em suas páginas:

> O *Heraldo de Madrid* vai começar a publicar em breve uma série de dez artigos interessantíssimos acerca do teatro internacional, e especialmente do soviético, através da pluma da sagaz escritora María Teresa León. Os artigos mostrarão quantos aspectos apaixonantes e desconhecidos o atual teatro russo apresenta, que a viajante, tendo permanecido no país por quase um ano, soube apresentar de forma cativante.[24]

Sem margem a dúvidas, 1933 é o ano em que a moça de província se transforma em María Teresa León, a escritora, a embaixadora do povo, a combatente, a revolucionária...

Em 1934, ambos, já transformados nas vozes mais próximas do ideário soviético, viajam novamente à URSS para assistir ao Primeiro Congresso de Escritores Soviéticos. Ali, tornam a se encontrar com Pasternak, Máximo Gorki, Louis Aragon e importantes personalidades do panorama cultural soviético e revolucionário europeu. A personalidade de María Teresa cativa todos em seu entorno; é decidida, independente, culta e com ideias muito claras. Ela é, aos olhos de muitos, o melhor exemplo de mulher revolucionária: "Primeiro inesquecível Congresso de Escritores Soviéticos! Depois que todos os notáveis passaram pela tribuna, as festas terminaram com um grande baile. Kolsov me pegou pela cintura para dançar uma valsa (...). Que longínquo e de alta literatura russa era tudo aquilo!".[25]

....
24. Heraldo de Madrid va a publicar unos interesantes reportajes sobre teatro internacional. *Heraldo de Madrid*, Madri, p. 1, 6 mai. 1933.
25. LEÓN. *Memorias de la melancolía*, p. 142.

Mas durante sua estadia na União Soviética, ficam sabendo da Revolução das Astúrias. O Partido Comunista lhes aconselha a não voltar para a Espanha. Começa assim seu primeiro exílio. A dura repressão exercida pelo governo republicano (que naquele tempo estava em mãos da CEDA — Confederação Espanhola de Direitas Autônomas) sobre o movimento operário revolucionário que havia se insurgido nas Astúrias impedia a volta de Alberti-León a Madri, já que, segundo as notícias que chegavam da Espanha, a polícia e o exército os procuravam. Assim, depois de um longo périplo, tiveram que ficar em Paris:

> Durante os acontecimentos das Astúrias, nossa casa na Marqués de Urquijo foi assaltada, convencidos de que um poeta não poderia guardar nada além de metralhadoras e fuzis debaixo das rosas em seu terraço. Dito e feito, entraram devastando tudo, arrancando plantas e jogando os quadros no chão, e até abriram um buraco no teto, certos de que escondíamos intelectuais perigosos, diretores da revolução latente na Espanha...[26]

É anedótico que, dessa ocorrência na casa dos escritores, a prejudicada foi Olivia Goyri, mãe de María Teresa, que acabou sendo detida:

> Minha mãe contava de maneira tão engraçada aquela invasão de soldados e policiais assustados ao exercer a força! "E o que é isto?", "Onde estão os documentos?". (...) Imagine só, um deles pegou um dos retratos que estão pendurados naquela parede e me interpelou bruscamente: "E este, quem é? Um comunista, não é?". Eu comecei a rir, pois ele estava apontando para o retrato de Baudelaire. Fingi que olhava para ele atentamente e lhe respondi: "Não sei. Mais do que um comunista, ele me parece o avô de algum comunista pela roupa que usa". "Não brinque com a polícia, senhora". Talvez por isso continuaram quebrando tudo e a detiveram.[27]

Antes de sua viagem à União Soviética, María Teresa havia publicado seu terceiro livro de contos em Madri: *Rosa-fría, patinadora de la luna*. Rafael fez as ilustrações que acompanharam

....
26. LEÓN. *Memorias de la melancolía*, p. 144.
27. LEÓN. *Memorias de la melancolía*, p. 144.

esses nove contos novamente inspirados na tradição popular, porém com uma grande influência vanguardista e em que a poesia albertiana é muito evidente, não apenas pelo título — que já deu o nome a um poema de Alberti, de seu livro *Marinero en tierra*, de 1925 —, mas também por seu conteúdo. De algum modo, esse livro extraordinário é uma clara reivindicação do momento vital em que se encontra María Teresa. Sente-se forte, livre e capaz de experimentar uma forte união perante a vida que se apresenta para ela como uma grande aventura. Mas, já nesse período, sabe que compartilha dessa inquietação com Rafael, de quem, apesar de ser autônoma e independente, não se separa jamais.

Durante seu exílio, o casal recebe uma proposta para atuar como emissários do Socorro Vermelho Internacional, viajando para diferentes países americanos com o objetivo de tornar público o que ocorreu nas Astúrias e arrecadar fundos para os mineiros. Visitarão os Estados Unidos, Cuba, Nicarágua, Venezuela e México, onde estabelecerão amizade com Diego Rivera e Octavio Paz e residirão boa parte do tempo. María Teresa escreverá artigos para o *New York Post* e o *The New Republic*, divulgando os eventos asturianos e a situação de repressão e condenação da qual os mineiros são vítimas. Em suas conferências e comícios, ela mostra determinação e coragem diante dos fatos. Mas não foi um *tour* fácil. Muitos países proibiram sua entrada ou eles precisaram introduzir-se clandestinamente. Em outros, entretanto, a figura do grande poeta que Rafael Alberti já era naquele tempo lhes abria as portas.

Para María Teresa León, o ato de viajar sempre esteve vinculado à curiosidade de conhecer, de saber, de extrair ao máximo o que uma vida em constante movimento lhe oferecia: liberdade. De sua primeira viagem pela Europa, ela voltou com um amplo conhecimento intelectual e uma nova fé política; dessa segunda, a escritora retorna à Espanha com uma forte consciência de solidariedade e fraternidade, que determinará para sempre o caráter dessa mulher incansável. A partir de então, sua vida e sua obra, tanto política quanto literária, serão inseparáveis. "Nossa viagem havia terminado e também o que chamaram na Espanha de Biênio Negro, presidido por Alejandro Lerroux e Gil Robles. Nós, os repudiados, conseguíamos retornar pouco a pouco".[28]

....
28. LEÓN. *Memorias de la melancolía*, p. 144.

Em sua volta, María Teresa trará consigo um novo livro, *Cuentos de la España actual*, que escreve e edita no México e que revela uma nova literatura, de forte caráter social e destinada a dar voz às classes trabalhadoras.

No início de 1936, com a vitória da Frente Popular nas eleições, os intelectuais mais vinculados à República estão em plena efervescência. Sentem-se entusiasmados, mas, ao mesmo tempo, a sombra de uma direita rançosa que os ameaça com um conflito civil torna seu compromisso mais intenso e público. Uma mostra disso fica evidente nos diversos atos comemorativos, normalmente homenageando artistas e escritores, como Hernando Viñes, Luis Cernuda e Pablo Suero. Também na assinatura de diferentes manifestos e na publicação de textos em que se faz grande alarde sobre o valor da democracia. Ainda que por muito tempo esses eventos tenham sido revistos com o olhar dirigido a *eles* — Federico García Lorca, Vicente Aleixandre, Rafael Alberti ou Luis Cernuda —, a realidade é que *elas* sempre estiveram presentes, e não o fizeram na condição de "mulheres de", mas porque participaram em todos os momentos e de forma ativa dos movimentos culturais mais reivindicativos. Por isso, em muitas fotografias ou nas assinaturas de manifestos, pode-se ver María Teresa, certamente em muitas ocasiões levantada, dando um discurso, ou Concha Méndez, María Zambrano, Rosa Chacel, Maruja Mallo (que, receio, não aparece em muitas das fotografias de jantares ou homenagens por sua rivalidade com León, devido ao namoro com Rafael), ou ainda Concha Albornoz.

Há pouco tempo, veio à tona uma foto que o jornalista argentino Pablo Suero havia zelosamente guardado em sua escrivaninha durante oitenta anos. Nela está León, Concha Méndez, Rafael Alberti, Vicente Aleixandre, Serrano Plaja, Manuel Altolaguirre, Enrique Serrano, Federico García Lorca, Adolfo Salazar e o próprio Pablo Suero erguendo o punho. Conforme ele conta em seu livro *España levanta el puño*,[29] foi María Teresa que teve a ideia de bater essa foto durante a homenagem que um grupo de escritores havia feito ao jornalista argentino: "Vamos tirar uma foto opinando", propôs a escritora.

....
29. SUERO, Pablo. *España levanta el puño. Palabras al borde del abismo (1937)*. Ed.: Víctor Fernández. Barcelona: Papel de Liar, 2009.

E chegou o dia que se transformou em noite... O dia 18 de julho de 1936 surpreende o casal Alberti-León em Ibiza. Devem esconder-se rapidamente no monte, onde vivem durante vinte dias. "O monte foi o nosso refúgio, como as florestas das representações shakespearianas; estava cheio de proscritos. Ao anoitecer, nos sentávamos como eles para ver a Torre de la Salrosa ficar vermelha, os barcos de retorno, a ilha de Formentera a distância próxima".[30]

Em Madri, corre a notícia de que foram fuzilados. Mas graças à generosidade dos habitantes da pequena ilha, sobrevivem em condições muito duras, até que Ibiza é novamente tomada pelas milícias republicanas. Quando conseguem sair de seu esconderijo, embarcam com destino à Península:

> Subimos ao *destroyer*. Havíamos entrado pela primeira vez em contato com a vida que durante três anos seria a nossa. Franco punha em nossos lábios e nos de todos os espanhóis 'um camarada', reservado antes para os que estavam unidos pelos mesmos compromissos políticos.[31]

Ao chegar a Madri, a escritora se entregará por completo à defesa do governo legítimo da República, alçando-se como uma das figuras mais combativas e socialmente envolvidas do panorama intelectual madrilenho. María Teresa León está convencida de que a cultura é uma arma que deve ser usada para convencer o povo da necessidade de defender a democracia e a liberdade contra o fascismo: "Ler. É urgente aprender a ler. 'Aprendizagem urgente'. É preciso apagar a vergonha do analfabetismo espanhol. É preciso enfrentar assim os que ainda pensam que a palavra escrita deve ser vista com desconfiança".[32]

Em 2 de agosto desse ano, o Conselho Central de Apreensão, Proteção e Socorro do Tesouro Artístico confia a María Teresa León e a Rafael Alberti, sob a direção de Timoteo Pérez Rubio, marido de Rosa Chacel, a gestão para a proteção e salvaguarda de algumas das obras de arte mais importantes do patrimônio artístico espanhol, que se encontram no Museu do Prado, no Museu de Illescas (em Toledo) e no Mosteiro do Escorial e que

....
30. LEÓN, María Teresa. *Juego limpio*. Barcelona: Seix Barral, 1987. p. 172.
31. LEÓN. *Juego limpio*, p. 177.
32. LEÓN. *Memorias de la melancolía*, p. 142.

correm um sério risco de serem destruídas pelos bombardeios. Começa assim um percurso cheio de obstáculos pelos caminhos da Espanha para transferir a um lugar seguro obras como *As meninas*, de Velázquez, *O Retrato de Carlos V*, de Tiziano, *São Maurício e a legião tebana*, de El Greco, e, por último, diante da impossibilidade de transportar a obra por suas dimensões, deixar bem protegido em Toledo *O enterro do conde Orgaz*.

> Também senti um calafrio quando me disseram: "Aí estão *As meninas*, e na outra caixa, especificamente, o *Carlos V a cavalo*, de Tiziano". Em três ocasiões, estive em contato com o Conselho Central de Apreensão, Proteção e Socorro do Tesouro Artístico... Milicianos do 5º Regimento chegaram à meia-noite para salvaguardar a expedição. (...) o mundo inteiro os saudará no futuro como os verdadeiros salvadores da cultura.[33]

Nesse mesmo ano conturbado, León é nomeada secretária da Aliança de Intelectuais Antifascistas, cargo que a escritora desempenhará com eficiência e determinação, sendo um de seus membros mais ativos e dedicados:

> A Aliança de Intelectuais Antifascistas não é um organismo que acabou de nascer no calor dessa esplêndida onda libertadora que vivemos. Desde antes, há anos, muitos de seus membros militavam na Associação de Escritores Revolucionários, cuja sede estava em Moscou. Depois de um tempo, diante do avanço fascista, que representava a perseguição intelectual pelos nazistas e as diferenças surgidas no campo da inteligência em todos os países, os escritores das diferentes correntes de pensamento se reuniram em Paris, celebrando um grande congresso em julho de 1935. Dessa grande assembleia, surgiu a necessidade imediata, inadiável, de combater o fascismo em todas as suas formas. Com os homens mais ilustres de todos os países, formou-se um Comitê Internacional, com sede em Paris.[34]

....
33. LEÓN. *Juego limpio*, p. 145.
34. LEÓN, María Teresa. *Memorias de la melancolía*, p. 142 (*El Mono Azul*, Madri, n. 1, p. 1, 1936).

Com Rafael, José Bergamín e outros companheiros, León funda a revista *El Mono Azul*, uma forma de difundir os valores que a Aliança defendia: "Em meio a este vaivém, *El Mono Azul* nasceu, na biblioteca da Aliança (...). Não sei se foi José Bergamín que a batizou, brincando com o nome popular que se dava ao uniforme azul de trabalho. Nossas primeiras milicianas populares vestiam macacão azul e nosso *Mono Azul* se destinava aos combatentes".[35]

El Mono Azul publicava em suas páginas, sob a forma de romanceiros, testemunhos de guerra, às vezes assinados por figuras reconhecidas e outros enviados pelos soldados que lutavam no campo de batalha. Foram recebidos tantos escritos que foi decidido que seria publicado, em homenagem a Federico García Lorca, que naquela época já havia sido assassinado, o *Romancero de la Guerra Civil*. Foram muitos os autores, a maioria militantes da Aliança Antifascista, que plasmaram sua voz poética diante do horror de uma guerra que desde o início foi brutal. Uma delas foi Rosa Chacel, que escreveu um dos melhores poemas do *Romancero*, "Alarma", em que descrevia os bombardeios sobre a população civil de Madri, no outono de 1936.

> Por telhas e chaminés,
> entre veletas e agulhas,
> por calçadas e pavimentos,
> por ruelas escuras,
> corre a sirene à noite,
> corre desnuda em um grito.
> Olhos de fogo e madeixa,
> entregue ao vento, uiva.

Em 1937, María Teresa e Rafael fazem uma terceira viagem à União Soviética, com o objetivo de conseguir o apoio dos intelectuais soviéticos para o Congresso de Escritores Antifascistas que a Aliança quer organizar em Valência, Barcelona e Madri. Ali são mencionados por Joseph Stálin. Surpresos, participam da reunião, que durará em torno de duas horas e meia e na qual a situação de guerra na Espanha ocupará grande parte da conversa: "Falamos das dificuldades que encontrávamos para proteger as crianças. Ah, se eu dissesse às mulheres soviéticas: 'querem receber

....
35. LEÓN. *Memorias de la melancolía*, p. 156.

uma criança espanhola?', todas as mães russas abririam os braços. Porém... é tão difícil".³⁶

Mas certamente o mais importante que cabe destacar sobre María Teresa durante os anos de contenda é seu aporte para a política teatral republicana. Com Juan Negrín como o novo presidente do governo em 1937, deu-se início a um renovado esforço para relançar a situação cênica espanhola, muito enfraquecida naquele tempo e que pouco contribuía para a causa republicana. A ideia de que o teatro era uma arma propagandística eficaz fez com que o governo implantasse novas políticas nas quais María Teresa León participou muito ativamente. Durante os anos de guerra, sua tarefa como autora, gestora, diretora, atriz e ensaísta de diferentes projetos cênicos será fundamental para a regeneração do teatro espanhol. Nesse período, funda a *Nueva Escena*, seção teatral da Aliança; ela é a alma e a autêntica dirigente do Conselho Central de Teatro, presidido pelo diretor geral de Belas Artes, o pintor Josep Renau, e na vice-presidência encontrava-se Antonio Machado:

> A necessidade de redimir o teatro espanhol de seu carácter exclusivista mercantil, evitando que seja uma atividade de lucro para transformá-la em manifestação cultural e educativa, faz com que o Ministério de Instrução Pública se preocupe em obter os meios adequados para fazer deste espetáculo um instrumento de elevação do espírito do povo. É necessário também que o teatro, no momento atual, seja um meio de propaganda a serviço da Frente Popular para ganhar a guerra, evitando a todo custo os casos lamentáveis em que, certamente pela falta de consciência, aparecem em nosso cenário obras que prejudicam a causa da República.³⁷

Graças a esse decreto ministerial, que dá autoridade ao órgão para promover novas companhias teatrais, é criado o Teatro de Arte e Propaganda, dirigido por María Teresa, ao qual foi cedido o Teatro de la Zarzuela para que programasse uma temporada inteira. É muito significativo o fato de que esse cargo havia sido oferecido a uma mulher, e nos faz pensar também na importância de sua figura.

....
36. LEÓN. *Memorias de la melancolía*, p. 85.
37. Manuel Azaña, decreto ministerial, 24 de agosto de 1937.

María Teresa levou aos palcos, sob sua direção, o melhor teatro que já havia existido em anos em Madri. Foi corajosa, audaciosa e mostrou um grande conhecimento dos textos teatrais espanhóis e internacionais. Estreou peças de Lorca, Alberti, Arconada, Valle-Inclán e Dieste, entre outros. E dirigiu obras como *La tragedia optimista*, de Vsevolod Vishnevsky, com uma cenografia inovadora que misturava vanguarda e projeções cinematográficas. A crítica se rendeu diante da proposta, elogiando a autora. É desse modo que o jornal *Ahora* a prestigia: "Pela primeira vez, desde que nossa guerra estourou, a juventude madrilenha viu algo que vale realmente a pena em matéria de teatro",[38] bem como o *La Libertad*: "A adaptação de María Teresa León, magnífica. A direção de cena, um sucesso total. As evoluções militares, o movimento e colocação de figuras e o critério geral da apresentação, perfeitos".[39]

María Teresa não apenas conseguiu produzir um bom teatro, com um claro valor propagandístico, como encheu a plateia de trabalhadores e combatentes, homens e mulheres que viam no palco os valores que davam razão à sua luta pela liberdade.

Mas foi às Guerrilhas do Teatro, iniciadas em 1938, que María Teresa se entregou verdadeiramente por inteiro. A companhia itinerante, herdeira do espírito do La Barraca e das Missões Pedagógicas, realizou cento e dezenove representações no *front*, na tentativa de levar aos combatentes um pouco de alegria em meio ao horror da batalha:

> Se há algo a que estou presa é ao grupo de teatro chamado Guerrilhas do Teatro do Exército do Centro. Nós o formamos a partir de uma grande campanha de teatro com seus coros, seu corpo de baile, suas ambições quase desproporcionadas, capaz de representar *A destruição de Numância*, de Cervantes, sob um teto bombardeado da Madri que se mordia de raiva. O pequeno grupo, chamado Guerrilhas do Teatro, obedecia às circunstâncias da guerra. Foi nossa pequena guerra. Contei muitas vezes o arrebatado entusiasmo daqueles dias, altos e serenos, com a consciência limpa. A guerra nos havia obrigado a fechar o Teatro de la Zarzuela e a guerra também havia

---
....
38. Un nuevo teatro para la juventud. *Ahora — Diario de la Juventud*, Madri, p. 2, 18 out. 1937.

39. OJEDA, José. Zarzuela: Estreno de "La tragedia optimista", drama de la guerra civil rusa, de Vsevolod Vischniewski, adaptación de María Teresa León, ilustraciones musicales de Jesús García Leoz. *La Libertad*, Madri, p. 1, 17 out. 1937.

transformado os atores em soldados. Este chamamento às armas nos fez tomar uma resolução, e a tomamos. Por que não ir até a linha de fogo com nosso teatro. E foi o que fizemos. Santiago Ontañón, Jesús García Leoz, Edmundo Barbero e eu nos encontramos em uma nova aventura. Participamos da epopeia do povo espanhol a partir da nossa perspectiva de combatentes.[40]

A atividade das Guerrilhas do Teatro me faz pensar que, enquanto em outros países levantavam o ânimo dos soldados com as visitas de atrizes de corpos sedutores, na Espanha, o governo da República enviava Shakespeare ao *front*.

María Teresa e Rafael Alberti estiveram na resistência madrilenha até o final. Mas, em fevereiro de 1939, decidem partir para Alicante, e em março daquele ano viajam com destino a Paris, passando por Orã e Marselha. Na capital francesa, hospedam-se com Pablo Neruda, Delia del Carril e Picasso. Mesmo já exilados, não deixam de trabalhar em favor da causa. Finalmente, em 1940, embarcam com destino à Argentina. Ali nascerá, em 1941, sua filha Aitana. Começa assim um longo exílio que durará trinta e sete anos.

No exílio, María Teresa León se transforma na mulher do poeta, na cauda luminosa de um cometa. Muitos dizem que ela sempre antepôs a obra de Alberti à sua própria. Que, apesar de sua luta pela igualdade, sabia que sua voz nunca chegaria mais longe do que a de um homem. Suponho que sacrificou seu ego perante o objetivo de ver seus projetos realizados. Tudo é possível. Em suas memórias, há algumas palavras sobre sua admirada Zenobia Camprubí que nos permitem entender por que essas mulheres se colocavam logo atrás do cometa: "Zenobia Camprubí acaba de receber o Prêmio Nobel. Vocês dirão: 'Não, está enganada, o Prêmio Nobel foi para Juan Ramón'. Mas eu responderei: 'E sem Zenobia, teria havido prêmio? (...)'. O que Zenobia resolvia tão imperiosamente? A vida".[41]

Creio que o exílio não foi fácil para María Teresa, porém, como sempre, soube sobreviver. Há testemunhos que afirmam que era autoritária e prepotente, outros, que era afável e carinhosa.

....
40. In: AZNAR SOLER, Manuel. María Teresa León y el teatro español durante la Guerra Civil. *Stichomythia*, Valencia, n. 5, p. 37-54, 2007. p. 52.
41. LEÓN. *Memorias de la melancolía*, p. 310.

Conta-se que Dámaso Alonso, certo dia, disse a Alberti: "Você achou que se casava com Dona Jimena Díaz, mas se casou com o marido dela, o Cid Campeador". Seja como for, o ostracismo em que María Teresa León se viu mergulhada até poucos anos atrás não tem desculpa. Na construção da nova memória espanhola durante a transição, o importante trabalho que essa mulher, escritora, intelectual e combatente realizou nos anos 1920 e 1930 se perde, assim como sua excelente contribuição à chamada literatura do exílio. María Teresa León publicou, em seus anos de desterro, mais de dezoito obras de diferentes gêneros: romances, peças de teatro, contos, ensaios, roteiros para cinema e, finalmente, sua maravilhosa autobiografia, *Memorias de la melancolía*, certamente um dos testemunhos mais importantes dessa geração.

Mas María Teresa não foi apenas esquecida, como também a vida lhe obrigou a lutar contra o único inimigo que temia verdadeiramente: sua própria desmemória. Ao retornar de Roma, já estava doente, já não recordava; o Alzheimer conseguiu calar quem nada nem ninguém conseguiram: "Estou cansada de não saber onde morrer. Essa é a maior tristeza do emigrado. O que nós temos a ver com os cemitérios dos países em que moramos?".[42]

Dizem que Rafael Alberti não foi capaz de visitá-la na clínica em que foi internada nos últimos anos de sua vida. Ela já não o reconhecia.

María Teresa León morreu em Madri, em 13 de dezembro de 1988. De acordo com sua sobrinha Teresa Alberti, que cuidou dela até o fim, sua última palavra foi: "Rafael...".

No dia de seu enterro, a Espanha parou por uma greve geral. Gosto de pensar que foi uma bonita homenagem à mulher que sempre lutou pelos direitos dos trabalhadores. Em sua lápide, aquele que foi seu grande amor escreveu: "Nesta manhã, amor, temos vinte anos".

....
42. LEÓN. *Memorias de la melancolía*, p. 29.

8

Rosa Chacel

(1898-1994)

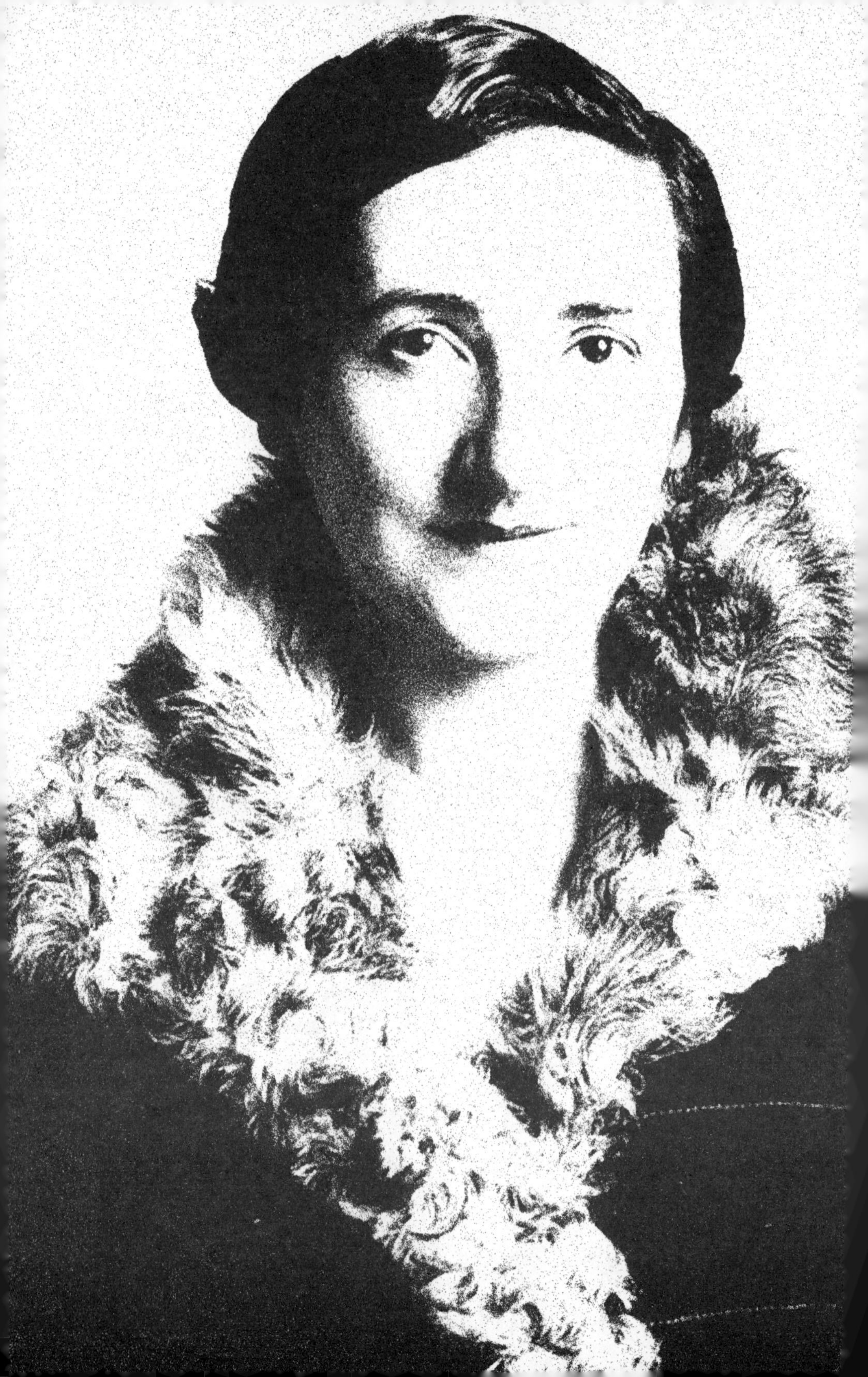

> Rosa, quando cheguei em Madri do meu longo e insuportável exílio, alguém me deu seu telefone e em seguida eu liguei. Não sei o que aconteceu que demorei tanto tempo em lhe ver.
>
> **María Zambrano**,
> "Rosa", In: *Obras completas*, v. VI

No arquivo da Televisão Espanhola, deparei-me com umas imagens em que Rosa Chacel, já em idade avançada, era filmada em sua casa em Madri. A gravação terminava com um plano curto de Rosa olhando a câmera. Um suave *zoom* se aproximava até chegar a um primeiro plano, onde seus olhos, repousados atrás de graciosos óculos, nos interpelavam. E no último instante, com uma serenidade entranhável, Rosa sorria e fundia-se ao preto. Essa sequência, que durava escassos segundos, impactou-me. Ficou claro que esse ia ser o final do documentário. De repente esse gesto me fez descobrir algo muito importante para mim, que mudaria o rumo do trabalho que estava a ponto de iniciar. Nessas imagens, das *sinsombrero*, não existia nostalgia, nem rancor, apenas o imenso prazer de se ter vivido.

Nunca voltei a encontrar essa imagem no arquivo da Televisão Espanhola. Não sei onde a vi — parece que não indiquei bem os dados do fragmento e esse erro fez com que essa fugaz ilusão desaparecesse entre as muitas horas de imagens arquivadas. Contudo, confesso a vocês que algumas vezes pensei que eu mesma quis ver um plano que nunca existiu. Sei que pode parecer absurdo, mas admito que esse tipo de coisa acontece, ainda mais quando você passa horas e horas revisando um material, na frente de um pequeno monitor, em uma sala escura, no subsolo de um dos edifícios de Prado do Rei.

Seja como for, e diante da lembrança de um instante, comecei a procurar Rosa. De novo esse sorriso me dizia que Chacel, a indispensável escritora do bairro das Maravilhas, de palavra precisa, relatos profundos e de complexos personagens, que se mostrava ao mundo um tanto distante, fria e algo altiva, era na verdade uma mulher profundamente sensível, divertida, amante da vida e de suas fases. Então, irremediavelmente, quis descobri-la.

> Há tempos pensei tratar em um ensaio certos temas que me interessavam muito, e o projetei com um título aparentemente absurdo: "Sobre um tema qualquer". Como não cheguei a publicá-lo, ao preparar esta palestra estive tentada a empregá-lo, mas não me decidi porque parecia frívolo (...). No entanto, não o é: nem frívolo, nem absurdo. Esta frase enuncia uma verdade muito simples: *um tema qualquer*, tratado com rigor e profundidade, nos levará, inevitavelmente, aos temas mais vivos, mais atuais, mais cheios de urgente interesse. Isso quanto ao geral. Quanto ao particular, também podemos dizer: *um tema qualquer*, exposto por um autor com honestidade absoluta e exaustiva perseverança, servirá, sem a menor dúvida, a esse mesmo autor para expressar ou oferecer o que é mais seu, o seu mais genuíno, o que cada autor tem que dizer a seu público que, quase sempre, é uma coisa singular, ainda que não seja de surpreendente originalidade.[1]

Rosa Chacel Arminón nasceu em Valladolid em 1898, o mesmo ano da sua amiga Concha Méndez, no seio de uma família de classe média alta. "Começo confessando meu orgulho mais pueril, o de ter nascido em 98 (...). Tenho vontade de dizer: se eu não quisesse, ninguém poderia me fazer nascer".[2]

Seu pai, Francisco Chacel, que estudou na Academia Militar e tinha inclinações literárias e artísticas, junto com sua mãe, Rosa-Cruz Arminón, professora de origem venezuelana, ofereceram à pequena Rosa uma educação esmerada na qual criatividade e carinho predominaram. Não devemos esquecer que Rosa era

---
1. CHACEL, Rosa. Poesía de la circunstancia. In: _____. *La lectura es secreto*. Madri: Editorial Júcar, 1989. p. 18-36. [Conferência dada em 1958 na Universidade Nacional do Sul, Bahía Blanca, Argentina].
2. CHACEL, Rosa. *Desde el amanecer*. Madri: Editorial Debate, 1993. p. 9.

sobrinha-neta de José Zorrilla e que desde os três anos recitava alguns de seus poemas. Nunca foi à escola porque sua falta de saúde a impediu. Rosa foi educada por sua mãe, em casa:

> Não sei, ou não posso, dar prioridade às coisas que parecem ser mais importantes, como a minha educação, realizada com obstinada intensidade pelos meus pais (...). Mesmo não lembrando, sei que comecei a ler aos três anos. Aos quatro (...) minha mãe começou a sistematizar meus estudos (...). Minha mãe lia para mim as primeiras páginas do catecismo, da gramática, da geografia, da história.[3]

Em março de 1908, a família Chacel se muda para Madri, instalando-se na casa da avó materna, em pleno bairro das Maravilhas, atualmente Malasanha. Ali, na esquina entre as ruas San Vicente e San Andrés, os mais curiosos poderão encontrar uma placa comemorativa da escritora na fachada da casa em que Rosa viveu, desde a sua chegada à cidade até 1915. O edifício foi mantido como antigamente. No térreo há uma farmácia decorada com azulejos coloridos, com temas e letreiros que nos fazem lembrar os remédios curativos dos anos vinte e trinta e que a autora tão bem descreveu em sua obra mais popular, *Barrio de Maravillas*:

> Ariadna chegava do seu passeio vespertino com as luzes da farmácia e da galeteria já acesas. A rua em seu silêncio crepuscular — breve compasso de espera — a olhava entre duas luzes. Da farmácia, dom Luis e Luisito a olhavam; da galeteria, a rude mulher que diariamente depenava as galinhas aparecia para vê-la. Ficava na porta até vê-la entrar no saguão, porque, uma vez que Ariadna desaparecesse na escada, ainda restava algo digno de ser visto. Resta um jovem transeunte que vai até a esquina e volta e retorna e olha para a sacada do terceiro andar...[4]

Em 1915, aos dezessete anos, Rosa ingressa na Escola de Belas Artes de San Fernando, onde realizará estudos no que, por aqueles anos, acredita ser a sua vocação artística, a escultura:

....
3. CHACEL. *Desde el amanecer*, p. 28.
4. CHACEL, Rosa. Barrio de Maravillas. In: _____. *Obra completa*, v. 6 — Novelas III. Valladolid: Fundación Jorge Guillén, 2003. p. 103.

Ingressamos na Escola de San Fernando Joaquín Valverde, eu, José Frau, Gregorio Prieto, Timoteo Pérez Rubio, Victoriana Durán, Margarita Villegas e Paz González... Afável e simples era nosso trato, nos dávamos bem, com naturalidade, mas não representávamos um grupo: repito que era em 1915, e a solidariedade humana ainda não estava na moda — ironia?, *vade retro!* —, moda é a flor da concórdia, e por aqueles anos a concórdia não estava em flor.[5]

Está claro que a passagem de Rosa por San Fernando significou um primeiro contato com os jovens de sua geração. Ali iniciará sua relação sentimental com o pintor Timoteo Pérez Rubio, que anos depois se tornará seu marido.

Entretanto, após três anos do seu ingresso na Escola de Belas Artes, Rosa se dará conta de que a escultura não é para ela, por vários motivos. Por um lado, a umidade que há nos subterrâneos do recinto, onde são realizadas as aulas de escultura, afetou a sua frágil saúde e, por outro, seu estilo choca frontalmente com as novas tendências escultóricas, muito mais modernas e transgressoras que sua percepção, um tanto mais clássica.

Logo, atraída pelo impulso de seguir buscando sua vocação artística, deambula por essa Madri que se revela diante de jovens ansiosos por novas experiências. Assim narra Gregorio Prieto em uma carta:

Aqueles anos — digamos cinco, dos 15 aos 20 — foram uma primavera... A primavera da nossa juventude? Não, não, e outra vez não: era uma primavera, uma anunciação... Sabe-se que na primavera é quando costumam acontecer desastres atmosféricos... Tudo começa a germinar (...). Somos conservadores de nosso ULTRA, daquele tempo em que saiu da terra, como Proserpina, uma influência de juventude... É que a juventude pode ser duradoura? Proserpina não é fatalmente arrebatada às profundezas? Sim, sem dúvida, mas Mnemosine conserva sua elegância.[6]

Será através dos anúncios publicados pelos novos poetas e escritores, em diversas revistas literárias, que Rosa entrará em

....
5. CHACEL, Rosa. Timoteo Pérez Rubio y sus retratos del jardín. In: _____. *Obra completa*, v. 8 — Autobiografías. Valladolid: Fundación Jorge Guillén, 2004.
6. PRIETO, Gregorio. *Lorca y la generación del 27.* Madri: Biblioteca Nueva, 1977. p. 186.

contato com a corrente literária mais inovadora: "Nos primeiros anos me relacionei pouco com a renomada geração de meus contemporâneos, porque a minha formação não era universitária, mas de Belas Artes. Só quando comecei a frequentar o Ateneu, em 1918, é que tive contato com o povo de letras".[7]

Em 1919, entrará em contato com o ultraísmo, tão em voga naqueles anos. Seu primeiro relato literário aparecerá na revista *Ultra*, na publicação nº 23, de fevereiro de 1922, com o título "Las ciudades". Nele, Rosa começa a esboçar alguns elementos que serão desenvolvidos, pouco tempo depois, no que será o seu primeiro romance, *Estación. Ida y vuelta*: "A figura do viajante em solilóquio interior, uma escritura regida pelo encadeamento de imagens em progressiva sucessão e que não renuncia à musicalidade rítmica".[8] Ela começa a frequentar o Ateneu de forma assídua, e ali, "com voracidade" e "com paixão", sentada na biblioteca, lê os grandes autores universais. Pela lista de sócios do Ateneu de Madri sabemos que Chacel foi sócia dessa histórica instituição ao longo de dois períodos, compreendidos entre 1920 e 1922 e de 1930 a 1932. Chegou a ser secretária da seção de Belas Artes em 1921, ano em que Rosa oferece uma polêmica palestra: "La mujer y sus posibilidades". Nela, mostra o seu grande saber intelectual, deslumbrando os presentes. Tal palestra foi a que Pizarro se referiu ao falar pela primeira vez de Rosa Chacel a Zambrano: "Maria, conheci e ouvi uma moça, tão jovem quanto você, falar de Nietzsche no Ateneu de Madri. Você já não é a única, ela passou na sua frente... Tem talento, beleza e uma tremenda inteligência".[9]

A outra incursão literária de Rosa, nesses anos iniciais, é encontrada em *A Esfera*, em junho de 1922, com o conto "El amigo de voz oportuna".

Em 1922 Rosa se casa com Timoteo. Ele recebeu uma bolsa para estudar em Roma, na Academia da Espanha, e a única forma de poderem viajar juntos é como marido e mulher. Imagino que Rosa não estava muito satisfeita em ter que se casar, mas assim o fez. E recém-casados partem para a cidade italiana onde viverão

---

....
7. CHACEL, Rosa. Invitación a la Escuela. In: _____. *Obra completa*, v. 5 — Novelas II. Valladolid: Fundación Jorge Guillén, 2000. p. 63.

8. FISCHER, Ana Rodríguez. Introducción. In: CHACEL, Rosa. *Obra completa*, v. 7 — Narrativa breve. Valladolid: Fundación Jorge Guillén, 2004.

9. In: ZAMBRANO, María. Rosa. In: _____. *Obras completas*, v. 6. Ed.: Jesús Moreno Sanz. Barcelona: Galaxia Gutenberg; Círculo de Leitores, 2014. p. 750.

por seis anos. "No dia 22 me casei e fui para Roma... Chegamos em maio (...) e não retornamos até setembro de 1927. Portanto, eu faltei ao início dessa década de vinte. Não compartilhei dessa camaradagem na qual o jogo das experiências vitais, imprevisíveis, se misturam quando a obra começa".[10]

Apesar de estar afastada dos acontecimentos de índole cultural e social que por aqueles anos aconteciam na Espanha, especialmente em Madri, e que propiciariam a conhecida Geração de 27, à qual Rosa pertence, está claro que a época italiana significou anos de felicidade, certamente os mais plenos e tranquilos da escritora:

> Fomos para lá e não voltamos em seis anos. Essa é a mera história, mas o que aconteceu? Que consequências ou que frutos obtive dessa viagem? O lógico seria que o minucioso conhecimento da Itália, a visita a seus museus, a contemplação dos vestígios do mundo antigo, que eu adorava desde antes de conhecê-la, tivessem ficado impressos vivamente em minha obra, mas não, todas essas emoções não me nutriram nem mais nem menos que os saborosos frutos da Itália, seu pão, seu queijo e seu vinho, coisas que foram espargidas em meu sangue, que naquele momento simplesmente representavam para mim a vida. A obra, ao contrário, começou a germinar na zona da reflexão. Daquela viagem, na minha primeira obra, nada está refletido, mas ela toda é uma reflexão sobre a *viagem*, sobre um fato da viagem que, para um espanhol, sempre precisa estar valorizado por uma causa *dramática: exílio, fuga ou conquista, jamais turismo.*

Em 1927 o casal regressa à Espanha e se encontra com uma Madri em plena expansão criativa. Cheia de energia, Rosa trás debaixo do braço o seu primeiro romance, *Estación. Ida y vuelta*, uma obra radical e inovadora, cheia de elementos inspirados nos pensamentos orteguianos:[11]

> Volto à Espanha no apogeu de 27, número que chegou a ter valor de condecoração. Eu cheguei com o meu livro, difícil de ler e bastante

....
10. CHACEL, Rosa. Discurso de investidura de Doctor *Honoris Causa* por la Universidad de Valladolid (1989). In: _____. *Obra completa*, v. 3 — Artículos I. Valladolid: Fundación Jorge Guillén, 1993. p. 145.

11. [N. da T.]: Que está relacionado com José Ortega y Gasset (1883-1955), filósofo e ensaísta espanhol, ou com sua obra.

extravagante depois de lido. Esta não é a ocasião para suprimir o negativo e o positivo da minha reação, o caso é que em meio àquela gloriosa reabilitação de Góngora, os poetas floresceram de verdade; aquela era a sua hora e não parece difícil ficar na sombra com uma breve prosa extravagante. Então, neste momento, e mesmo antes deste, acreditei imaginar o que pensaria, que devia ser mais ou menos: deve-se ver claramente, é preciso ter uma medida justa de nosso capital, de nossa herança, se queremos seguir esclarecidos e enfurecidos com nosso interior.[12]

Desde a sua juventude Rosa é uma mulher de caráter reservado e um tanto misterioso. Como ela mesma bem disse, sua estadia em Roma afastou-a do apogeu social gerado na capital durante aqueles anos. Mas, graças à rápida publicação de respectivos artigos na *Revista de Occidente*, a sua ausência "se deu por esquecida".[13]

Apesar disso, parece que sua obra e sua figura criavam opiniões diferentes entre suas companheiras. Uma mostra disso é a conversa que Ernestina de Champourcín e Carmen Conde mantêm sobre Rosa em uma troca de cartas escritas em março de 1928: "J. R. está entusiasmado com as coisas de Rosa Chacel. Ninguém sabe mais que o dito em *La Gaceta Literaria*. Na minha opinião é uma escritora já formada, ainda que seu nome comece a aparecer agora" (E. de Champourcín, 14 de março de 1928). Ao que Carmen responde: "Eu acho, a julgar pelo que vi em G. L. [*La Gaceta Literaria*], que o marido de Rosa Chacel é melhor pintor que ela escritora. Eu não gostei do que essa senhora publicou na R. de O. [*Revista de Occidente*]. É uma coisa desagradável, Ernestina. Como é que você pode gostar?" (23 de março de 1928). E Ernestina informa a Carmen: "Rosa Chacel continua sendo um mistério. O clube feminino a convidou para suas palestras e ela nem sequer responde. Dizem que é antifeminista e inimiga do Liceu, o que não combina muito com seu estilo literário, bastante avançado" (23 de março de 1928).[14] Parece que por aqueles anos a relação entre Chacel e o Liceu Clube Feminino não era muito boa. Rosa sempre teve uma

....
12. CHACEL. Discurso de investidura de Doctor *Honoris Causa* por la Universidad de Valladolid (1989), p. 145.
13. CHACEL, Rosa. Luis Cernuda a través de Gregorio Prieto. In: _____. *Astillas*. Fundación Banco Santander, 2013. p. 88.
14. CHAMPOURCÍN, Ernestina de; CONDE, Carmen. *Epistolario (1927-1995)*. Ed.: Rosa Fernández Urtasun. Madri: Castalia, 2007. p. 67-68.

visão particular dos movimentos feministas — uma boa mostra disso é seu texto "Esquema de los problemas prácticos y actuales del amor", publicado no número 69 da *Revista de Occidente*, em 1929: "O feminismo foi, única e exclusivamente, nada mais que direitos do homem".[15] Mesmo assim e segundo as memórias de Concha Méndez, Rosa participou do clube, já que segundo a poeta foi ali onde se conheceram e se tornaram muito amigas. Também existe uma fotografia datada de 1929, tirada no recital de Luis Cernuda, nos salões do clube, em que aparecem Ernestina de Champourcín, María Teresa Léon e Rosa Chacel.

Para Rosa, como para a maioria dos intelectuais de sua geração, Ortega y Gasset representava a figura mais influente, o mestre, alguém a quem seguir e admirar, "forma, presença direta da vida e do pensamento, mobilidade temporal cambiante, inesgotável, e seguindo tal pauta, depósito do próprio, acima de tudo. O próprio era, naquele momento, a Espanha de Ortega".[16]

Quando Rosa retorna à Espanha, envia ao filósofo, otimista, seu romance *Estación. Ida y vuelta*, com a esperança de que seja publicado na coleção "Nova Novorum", dedicada à nova prosa e que o próprio Ortega dirigia:

> Enviei-lhe o meu romance datilografado e não obtive resposta. Passou-se um ano e segui sem saber o que havia acontecido. Já no 28, Manuel Abril, grande amigo, perguntou a Ortega o que ele tinha achado e ficou sabendo que não havia chegado às suas mãos. Evito o falatório que seria necessário para relatar o que aconteceu, o que pode ter acontecido etc.[17]

Ortega não publicou a sua obra, mas lhe ofereceu colaborar na *Revista de Occidente*. A razão pela qual o filósofo não quis publicá-la não está muito clara. Segundo ela mesma lembra em seu artigo "Ortega", incluído em sua *Obra completa*: "Não sei quais foram as

....

15. CHACEL, Rosa. Esquema de los problemas prácticos y actuales del amor (1927). In: _____. *Obra completa*, v. 4 — Artículos II. Valladolid: Fundación Jorge Guillén, 1993.

16. CHACEL, Rosa. Autopercepción intelectual de un proceso histórico. Autobiografía intelectual. *Anthropos*, Barcelona, n. 85, p. 16-27, jun. 1988.

17. CHACEL, Rosa. Sendas perdidas de la Generación del 27. *Cuadernos Hispanoamericanos*, Madri, n. 322-323, p. 5-34, 1977. p. 17. [Texto de duas conferências dadas no Instituto de Cultura Hispânica].

causas, mas o caso é que ele não pôde se estender em mais um [livro]".¹⁸ Por essa razão, parece que houve um primeiro encontro, diríamos infeliz, entre a escritora e o filósofo. Chacel e Ortega nunca conseguiram um entendimento pessoal tranquilo, não obstante, a escritora sempre respeitará a sua figura.

Rosa foi uma mulher excepcional para o seu tempo. Porque se já nessa época era difícil se incorporar ativamente ao panorama cultural sendo mulher, muito mais o era no gênero romance, absolutamente dominado pelos homens. Rosa propunha uma prosa diferente, disruptiva e extrema, longe da literatura de mulheres a que a sociedade estava acostumada, mas ao mesmo tempo se atreveu na poesia, no ensaio e na crítica. Ela, assim como suas amigas Ernestina de Champourcín, Concha Méndez ou Maruja Mallo, não consideravam que sua condição de mulher fosse obstáculo, não o entendiam nem o permitiam, embora às vezes a realidade as superasse. Rosa Chacel viveu com tremenda intensidade esses anos e se identificava completamente com a definição que anos mais tarde Dámaso Alonso fez dessa Geração de 27:

> Quando fecho os olhos, lembro-me de todos eles em bloco, formando conjunto como um sistema que o amor presidia, que religava as afinidades estéticas comuns, também as antipatias, em geral compartilhadas, ainda que estas fossem, mais ou menos, as mesmas que a geração anterior havia tido: odiava-se tudo o que em arte representava rotina, incompreensão e escabrosidade.¹⁹

Rosa morava, desde o seu regresso da Itália, em um apartamento na praça do Progresso, hoje Tirso de Molina. Nesse mesmo edifício residia a sua grande amiga Concha Albornoz e Ramón del Valle-Inclán. Concha Méndez, em suas memórias, lembra como as três dividiam tardes com o famoso escritor:

> Na casa onde morava Concha Albornoz, morava Valle-Inclán. E eu lembro que nos reuníamos na casa de Concha, com Rosa Chacel e Valle-Inclán, e era fantástico, porque ele dizia cada coisa

....
18. CHACEL, Rosa. Ortega. In: _____. *Obra completa*, v. 3 — Artículos I. Valladolid: Fundación Jorge Guillén, 1993.

19. ALONSO, Dámaso. Una generación poética. In: _____. *Poetas españoles contemporáneos*. Madri: Gredos, 1965. p. 155-177. p. 169.

(...), também era surrealista, porque esse homem foi surrealista, acredito eu, desde que nasceu.[20]

Em 1930 nasce o seu filho Carlos, e Rosa consegue que a editora Ulises, que o irmão de seu admirado Ramón Gómez de la Serna dirige, publique a sua primeira obra, *Estación. Ida y vuelta*.

Pouco depois, Ortega planejou uma nova coleção nomeada "Vidas Españolas e Iberoamericanas del siglo XIX". Tratava-se de dividir entre seus colaboradores a incumbência de escrever as biografias daquelas figuras que ele considerava transcendentes. Coube a Rosa a biografia de Teresa Mancha, a amante de Espronceda.

Entretanto, Rosa prolonga a entrega da obra. Em 1933, concomitantemente à morte de sua mãe e uma profunda crise conjugal com Timoteo, ao que parece, devido a suas infidelidades, Rosa viaja a Berlim. Ali coincide com o casal Alberti-León, pensionistas da *Junta de Ampliación de Estudios* na cidade alemã. Rosa estabelece uma profunda amizade com eles. María Teresa León se torna sua amiga e confessora. Em um texto que leva por título "María Teresa", publicado no volume III de suas obras completas, Chacel escreve:

> Minha amizade com María Teresa se converteu — eu poderia dizer — em feminina, isto é, confidencial: às vezes também em escolar, ou seja, em ajuda psicológica para resolver problemas urgentes. Em todo o caso, já que havia nos faltado o íntimo processo da adolescência, eu a olhava, em sua esplêndida maturidade, como uma jovem garota. E volto a realçar o tom feminino da nossa amizade, quero dizer, a atitude de uma mulher frente à outra, que pode ser bondosa e até certo ponto maternal, frente ao ofuscamento da beleza. Isso demonstra que eu não a acompanhava muito em suas grandes ações. Eu a via mais no mundo poético, em que também se movia como um peixe na água.[21]

Rosa vive por seis meses na gélida Berlim de 1933, onde as insígnias nazistas já começavam a ocupar os muros da cidade. Segundo testemunho de María Teresa e de Rafael, Rosa nunca

....
20. Do arquivo sonoro da família (Fonoteca Nacional do México).
21. CHACEL, Rosa. María Teresa. In: _____. *Obra completa*, v. 3 — Artículos I. Valladolid: Fundación Jorge Guillén, 1993.

foi totalmente consciente do autêntico perigo nazista. Ela passeia sozinha pela capital alemã, visitando seus museus, seus bairros e suas bibliotecas. Assim lembra María Teresa León em suas *Memorias de la melancolía*: "Os jovens nazis olhavam com desdém a nossa Rosa Chacel — tão inteligente e luminosamente morena —, e rapidamente tapavam as caras com o jornal para que ela não pudesse vê-los. Isso eles perdiam".[22]

De sua permanência em Berlim e de sua relação com Alberti e León surge o conjunto de sonetos surrealistas *A la orilla de un pozo*, publicado em 1936 pela editora Héroe, dirigida por Concha Méndez e Manuel Altolaguirre: "Em outra ocasião já expliquei que esses sonetos surgiram de uma divagação com Rafael Alberti sobre o entusiasmo — amor secreto, que em si mesmo já leva implícita a ideia de censurável — da forma clássica do verso, da medida, da rima".[23]

Nele, como também fez Concha Méndez em seu conjunto de poemas *Canciones de mar y tierra*, escrito em Buenos Aires em 1930, Rosa dedica alguns de seus sonetos a amigos e amigas, convertendo-os em uma ode à amizade: María Zambrano, Luis Cernuda, María Teresa León, Concha Albornoz, Rafael Alberti e Concha Méndez.

A CONCHA MÉNDEZ

Tu que foste sereia e andorinha,
tu que escondeste céus em tua alcova,
tu que ouviste a música que rouba
ao peixe seu sonho e a borrasca empina,
sal dessa escura gruta, mortiça
como caverna de medrosa loba,
e ao sol embalsamado que embeleza
semeado por tua mão, sê próxima.
Infiel àquele riso e àquele vento,
às espumas que te acariciam, à verde esperança das tardes,
destapa o manancial da tua intrepidez
e ainda que sáurios de fel te ameacem,

....
22. LEÓN, María Teresa. *Memorias de la melancolía*. Buenos Aires: Losada, 1970. p. 445-446.
23. CHACEL. María Teresa.

de seu dente teu seio nunca guardes.²⁴

É curioso como, nesses anos prévios à guerra, a exaltação da amizade na obra é frequente em muitas de nossas protagonistas. Sua arte, seja qual for a sua faculdade, converte-se em um espaço comum onde se pode plasmar essa fraternidade compartilhada entre elas. Os anos de governo republicano significaram para as mulheres uma mudança no modelo de liberdade; e esse entusiasmo por uma nova ordem, que lhes concedia os próprios direitos, é transmitido na prosa desse grupo ativo e talentoso de amigas.

Chacel teve duas grandes amigas durante aquela época: Concha Albornoz, que junto a Luis Cernuda representou uma das amizades mais importantes e duradouras da romancista, tal como aludia Dámaso Alonso: "Sempre que a vejo, lembro-me de uma primavera em que a vi pela rua de Alcalá com Concha de Albornoz. Iam agarradas pelo braço como duas jovens estudantes. E me deu uma sensação de que era primavera, uma alegria". A outra grande amiga foi María Zambrano, a quem Rosa sempre admirou profundamente e com quem manterá uma intensa e por vezes controvertida amizade, mas que durou toda vida.

Em 1934 Rosa recupera de novo a escrita de sua obra *Teresa*, à qual dedica dois anos: "A vida de Teresa, sua humanidade, sua pessoa, foram me ganhando e, ao final, a ironia havia se extinguido. Como a terminei em 36 não é necessário contar o que aconteceu". Evidentemente, não é necessário explicar o que aconteceu em 1936.

Ao estourar a Guerra Civil tudo fica paralisado, todos deixam de ser o que eram para passar a ser sujeitos ideológicos. Rosa, sensível ante a barbárie e precisando sentir-se útil, prestou seus serviços como enfermeira em um hospital.

No início, Timoteo Pérez Rubio pegou em armas. Mas, em 1937, ele foi nomeado pelo governo republicano presidente da Junta para a Defesa do Patrimônio Artístico. Foram meses de assinaturas e publicações de manifestos e anúncios antifascistas. Mas quando Madri começa a ser evacuada, Rosa decide abandonar a cidade com o seu filho Carlos. Seu primeiro destino é Barcelona, depois Valência — onde periodicamente publica artigos na *Hora de España* — e, finalmente, em 1937, exila-se em Paris para não mais

………
24. CHACEL, Rosa. A Concha Méndez [*A la orilla de un pozo*, 1936]. In: RAMONEDA, Arturo (ed.). *Antología poética de la Generación del 27*. Madri: Castalia, 1990. p. 204.

regressar. Timoteo, que não pode deixar a Espanha até que todas as obras dos museus de Madri estejam em segurança, pede-lhe que o espere:

> Finalmente, eu saí rápido da Espanha, saí em 37 — voltemos à história com o meu filho, que tinha sete anos —, e fiquei em Paris durante todo o tempo da guerra. Como Timoteo dirigia a Defesa do Tesouro Artístico, podia ir e vir à França com facilidade — estive indo e vindo até 39. Como isso não é literatura, não tenho por que falar daqueles cataclismos. Claro que o falar ou o não falar já é coisa que diz respeito à literatura. Falar ou não falar é uma das possíveis opções e, portanto, uma das atitudes em que cada um pode exercer a sua liberdade: eu não me detive a tomar uma resolução, eu não falei em fazê-lo, porque só poderia ter sido em tom elegíaco, nunca com caráter de testemunho, porque, já que escapei, já que tive a valentia de escapar, não era lícito escapar com objetos valiosos: conservar lembranças da guerra não a tendo criado me parecia um comércio abominável. Mas, além desse argumento, que não invento agora, mas que naquele momento era em mim um simples estado de ânimo, o desejo de salvar algo afastava-me daquele tema. Também não era uma decisão tomada, mas uma força ou potência que não se resignava a sucumbir. Eu não podia fazer menos do que salvar a minha vocação, porque a vocação — como o amor — é algo que invade toda a zona visível do mundo.[25]

Parece evidente que essa decisão não foi do gosto de alguns de seus amigos mais próximos, especialmente de María Zambrano, que, conforme comentamos, recrimina a sua atitude: "Não duvido do seu amor à Espanha, ao estilo de Unamuno, que não é o meu. Mas acredito, sim, que em você existe uma grande desorientação, como em Unamuno, como em Ortega".[26]

Em Paris Rosa se refugia junto a outros espanhóis, como Norah Borges e Luis Cernuda, no hotel Medicis. Mais tarde, ela se lembrará de seu grande amigo Cernuda em um artigo com o nome "Luis Cernuda, un poeta": "Por falar de algo verdadeiro, direi que Luis era (para nós, os bem pouco próximos) o jovem de Sevilha.

....
25. CHACEL. Sendas perdidas de la Generación del 27, p. 18.
26. ZAMBRANO, María. *Cartas a Rosa Chacel*. Ed.: Ana Rodríguez Fischer. Madri: Versal; Cátedra, 1992. p. 37-38.

Não jacente, com um cachorro ao pé, senão ágil, esbelto, elegante, esmerado — sua formosura era o que lhe investia de virgindade".[27]

Mais tarde, em 1939, uma vez terminada a guerra, os Pérez-Chacel viajaram à Grécia com Concha Albornoz e seu marido, Máximo José Kahn e sua mulher, e outros amigos. Esses foram os últimos dias de certa felicidade, as últimas cenas de um grupo de jovens que se via obrigado a se exilar.

Mas em 1940, a necessidade de abandonar também a Europa pelo avanço do fascismo caía como uma pedra em cima dos exilados espanhóis. Em 18 de abril desse ano Rosa inicia um diário, em um caderno preto presenteado pelo seu amigo Máximo José Kahn. Está em Bordéus, depois de deixar de novo Paris diante da ameaça nazista. Na cidade francesa o casal, impaciente, espera poder zarpar num barco em direção a Buenos Aires. Esses escritos íntimos, que se estenderão durante quarenta anos, serão editados em 1982 com o nome de *Alcancía. Ida y vuelta*: "Sinto-me mais ameaçada do que nunca, inteiramente à beira do perigo, mas talvez seja só a fealdade o que me ameaça, e já é o bastante (...). O meu adeus a Paris foi o primeiro adeus da minha vida: provavelmente porque é o primeiro adeus à vida".[28]

Durante os primeiros dez anos de exílio a família Pérez-Chacel viveu entre o Brasil, onde fixou residência, e Buenos Aires, onde o casal se reencontrava com uma parte dos companheiros da geração, também exilados. No Brasil, Rosa nunca conseguiu se sentir integrada, especialmente na questão linguística, que não lhe permitia participar de uma vida cultural e literária. Entretanto, não aconteceu o mesmo em Buenos Aires, onde conseguiu publicar algumas de suas obras, *Teresa, Memorias de Leticia Valle* ou *La sinrazón*, e escrever em algumas das publicações portenhas mais importantes, especialmente na revista *Sur*, dirigida pela sua amiga Victoria Ocampo.

Porém, a vida de Rosa Chacel no exílio não foi fácil. Passou por penúrias econômicas que tentou resolver com o trabalho de tradução. A solidão que sentiu durante todos esses anos contribuiu muitas vezes com um estado de profunda tristeza. Mas nem por isso deixou de trabalhar. Rosa Chacel nunca sofreu por não poder

....
27. CHACEL, Rosa. Luis Cernuda, un poeta. *La Caña Gris — Revista de poesía y ensayo*, Valencia, n. 6, 7 e 8, p. 18-20, 1962.
28. CHACEL, Rosa. *Alcancía. Ida y vuelta*. Barcelona: Seix Barral, 1982. p. 13.

regressar à Espanha, como bem disse Ana Rodríguez Fischer no documentário *Las sinsombrero*. Ela sentiu profundamente o fracasso do projeto da República em que tanto acreditou, mas, no exílio, nunca teve saudades dessa Espanha que não lhe pertencia.

Há uma carta escrita pela romancista à amiga María Zambrano, que naquela época residia em Roma, que eu acredito descrever muito bem esse estado de ânimo:

> O que você faz em Roma? Isso é o que eu queria que você me contasse um dia que tivesse tempo e coragem para escrever muito. Vá um dia desses à Igreja de São Pedro em Montorio (suponho que você sabe onde é)... Se for, verá a Via Crucis que desce até o Trastevere; ali, na esquina, estava o nosso apartamento. Veja tudo aquilo por mim. Eu não posso continuar me lembrando de tudo aquilo. Sinto-me morrer.[29]

Rosa Chacel, uma das escritoras mais importantes da história literária espanhola, passou anos no silêncio. Pouco ou nada se conhecia de sua obra na Espanha, nem a que chegou a publicar em revistas durante as décadas de vinte e trinta, nem a que conseguiu editar em seus anos de exílio. Mas, pouco a pouco, e com a chegada de novos e jovens leitores nos anos sessenta, que apesar da censura inventavam maneiras para conseguir acessar essa literatura clandestina, Chacel começa a ser descoberta. Uma jovenzinha, Ana María Moix, inicia em setembro de 1965 uma extensa correspondência com a escritora, a quem anseia conhecer:

> Não sei como me apresentar à senhora. Não tenho os meios necessários: alguém que a senhora conheça ou que tenha me falado da senhora. Entretanto, acredito possuir o que na verdade importa (pelo menos para mim): um conhecimento (não total, o que eu sinto muitíssimo) da sua obra (...). Tive uma grande surpresa ao lê-la, pois, apesar de estar a par do que é publicado, até agora nunca havia caído em minhas mãos um livro seu (devo adverti-la de que tenho dezoito anos) (...). É incompreensível que aqui na Espanha suas obras tenham passado quase despercebidas (...). Quando li

....
29. Carta de Rosa Chacel, 1 de julho de 1954. Arquivo-Biblioteca Fundação María Zambrano, Vélez Málaga.

o seu romance (*Teresa*), em seguida senti a curiosidade de saber quem a senhora era, o que havia escrito etc.[30]

Senhorita Ana María Moix:
(...) Você menciona em sua carta algo extremamente acertado: a tristeza de ser ignorada por vocês — pelo menos de três gerações — só pode ser compensada, considerando-se o silêncio que se fez sobre mim, como uma honra. Sim, é bem certo, mas já tenho bastante dessa honra: agora quero que me conheçam. Quero, principalmente, que me escutem, e isso é o que me gratifica e me comove da sua carta.
Rosa. Rio de Janeiro, 30 de setembro de 1965[31]

Em 1970 Rosa Chacel retorna à Espanha e sua obra é recuperada. São realizadas entrevistas e reportagens com ela, o que é motivo de certa atenção. Publica a trilogia composta pelos romances *Barrio de Maravillas* (1976), *Acrópolis* (1984) e *Ciencias Naturales* (1988), entre outros relatos, contos, artigos e ensaios.

É galardoada, em 1987, com o Prêmio Nacional das Letras. Nunca deixou de trabalhar nem de inovar. A mulher de aspecto humilde, mas de mente impactante, que foi a grande romancista de sua geração, na senescência começava a ver os seus esforços recompensados. Mesmo assim, Rosa nunca conseguiu ser amplamente conhecida, nunca, apesar do seu reconhecimento. Foi incorporada como membro inquestionável de uma geração da qual sempre se sentiu orgulhosa:

Em um longo estudo da literatura e da vida da minha geração, que dedicarei à sua memória, tratarei de ampliar o que aqui só sugiro e que sempre ficará por dizer... o indizível... Por devoção e fidelidade a Ortega, quero estar em todo momento de 1920, quero me manter naquela época, naquela idade. Não quero existir no presente do pensamento hispano se não posso fazê-lo a partir daquele lugar e a partir de então, sem solução de continuidade, mantendo o falar de Ortega, a pureza e a fé daquele tempo.[32]

....
30. CHACEL, Rosa; MOIX, Ana María. *De mar a mar*. Ed.: Ana Rodríguez Fischer. Barcelona: Editorial Comba, 2015. p. 17.
31. CHACEL; MOIX. *De mar a mar*, p. 19.
32. CHACEL, Rosa. Respuesta a Ortega. La novela no escrita. *Sur*, Buenos Aires, n. 241, p. 97-119, 1956. p. 119. [Homenaje a Ortega].

9

Ernestina de Champourcín

(1905-1999)

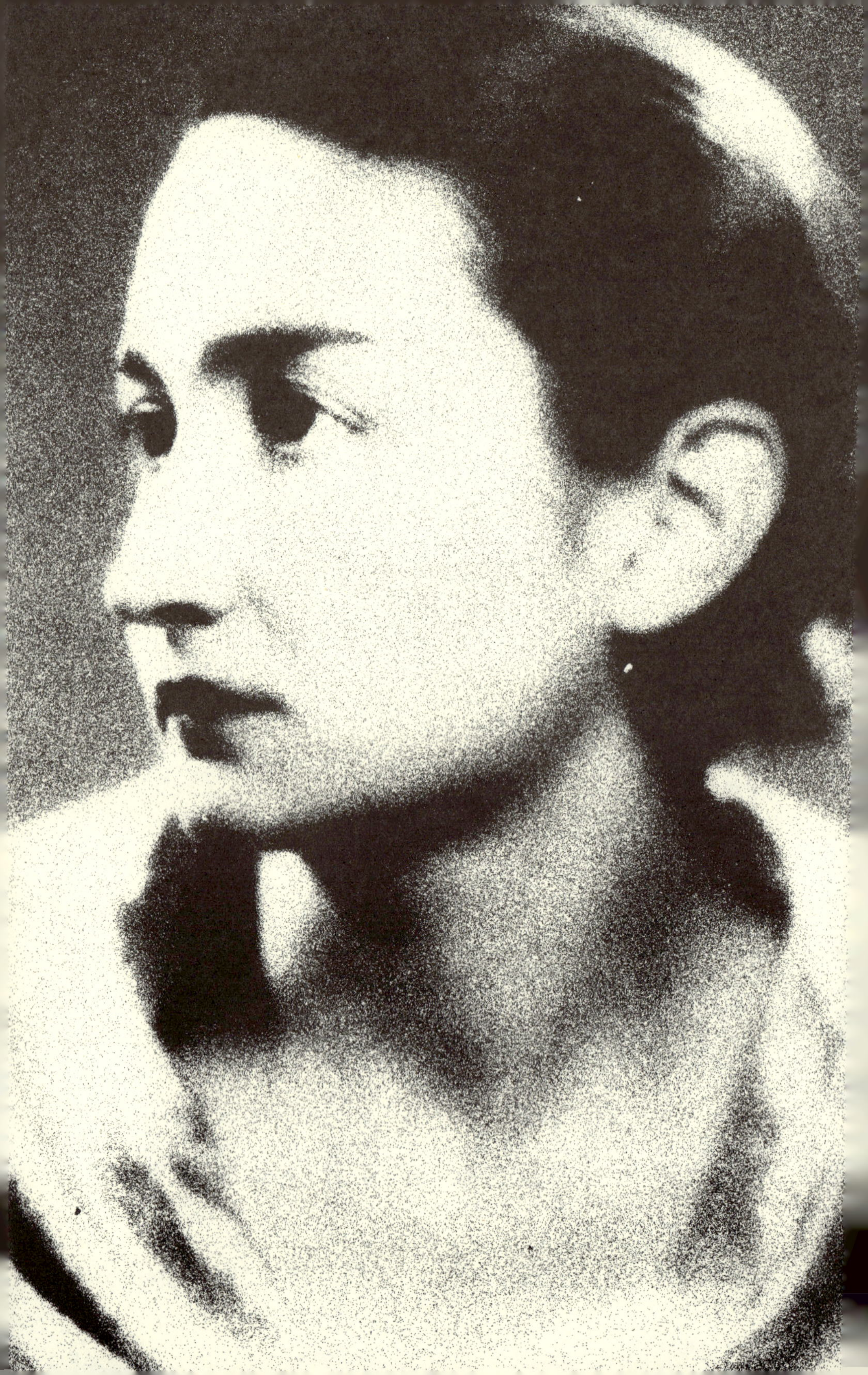

Querida Ernestina:
Sua carta me trouxe uma impressão definitiva de carinhosa amizade. Não sabe como lhe agradeço essa intimidade; nunca tive amigas como você.

Carmen Conde,
Ernestina de Champourcín e Carmen Conde, *Epistolario (1927-1995)*

Ernestina de Champourcín é uma poeta desconhecida. Embora sua voz literária seja uma das mais singulares e importantes da poesia espanhola, sua figura foi silenciada durante anos como integrante da Geração de 27, apesar de Gerardo Diego tê-la consagrado, junto a Josefina de la Torre, como as duas únicas mulheres a serem incluídas na segunda edição da antologia *Poesia espanhola contemporânea*, de 1934.

Entre 1977 e 1991, já de regresso a Madri depois de um longo exílio no México, Ernestina de Champourcín escreveu, em três cadernos, anotações que mesclam uma narrativa no estilo de diário pessoal ao mesmo tempo que evocam parte de suas memórias.

Esses escritos, doados à Fundação Universitária de Navarra, instituição que salvaguarda seu arquivo pessoal, nos permitem descobrir uma mulher próxima, que se senta ao final de sua vida e reflete sobre o que foi e o que é, com uma escrita que transborda lirismo e certa incredulidade frente a esse novo presente espanhol. Ernestina descreve suas memórias com uma incrível plasticidade, permitindo trasladar do seu imaginário aquelas passagens históricas sob a forma de sequências cinematográficas: "Vejo ainda o vô Adolfo, loiro e de pele rosada, com olhos azuis, galego, qualificado de viking pela minha amiga María Baeza. Sempre vinha do cinema. Devia ser o primeiro cinema em Madri, na rua Alcalá".[1]

Porém, certamente o mais assustador desses escritos é a imensa solidão que transmitem. Suas palavras, que surgem com resignação e ternura, nos remetem uma e outra vez ao injusto esquecimento:

> 2 de janeiro de 1990. Início de ano quase no vazio. O rádio, com as pilhas mais caras colocadas, faz três dias que não funciona. O outro está no conserto. A moça se foi com gripe. O telefone não tocou nem uma vez. O prazer do [ilegível] embora estivesse sozinha se dissipou. Por sorte pude falar com Luz María. Nem B. nem C. responderam e não quero estar triste. Eu queria ser nova como o ano. Mas, que difícil![2]

Não deixo de pensar na quantidade de coisas que eu teria perguntado a ela e suas amigas. Teria me feito rir, emocionar, aprender. Às vezes é uma pena que algumas coisas aconteçam fora do seu tempo.

Lembro-me da primeira vez que soube dela. Qualquer informação sempre vai acompanhada de certa nota... "Acabou nas filas do Opus Dei". Tenho que reconhecer que a princípio esse fato me distanciava, provocando-me certa recusa em enfrentar a figura. Mas, depois de um tempo, e uma vez superados meus absurdos preconceitos, nada posso senão, nestas páginas, admitir minha estupidez. Porque à medida que você vai conhecendo a mulher, a intelectual e a poeta que foi Ernestina de Champourcín, é impossível não tirar o chapéu, devorar sua vida e sua obra com absoluta fascinação, e acabar se dando conta de que essa jovem de cabelo preto e olhos escuros foi uma das personalidades artísticas mais importantes, interessantes, esplêndidas e... atenção... modernas e transgressoras das que aqui nos ocupamos.

Ernestina Michels de Champourcín y Morán de Laredo nasceu em Vitória (País Basco, Espanha), em 1904. Seu longo nome não deixa dúvida de suas origens aristocráticas: "Comecei a crescer em Madri e comecei a sonhar também em Madri... A desmemória de minha memória é como a de um pintor que não traça esboços

....
1. CHAMPOURCÍN, Ernestina de. *Diarios y memorias de Ernestina de Champourcín: algunos fragmentos inéditos*. Ed.: María Elena Antón Remírez. Pamplona: Servicio de Publicaciones de la Univesidad de Navarra, 2008. p. 245.
2. CHAMPOURCÍN. *Diarios y memorias de Ernestina de Champourcín*, p. 248.

nem usa modelos, mas vai buscando no armazém de sua cabeça imagens esvaídas que a imaginação reconstrói".³

Ernestina passou a sua infância entre cidades de cartões-postais, jardins de enormes casas e salões com espelhos. Mas, ao imaginarmos essas imagens, tão batidas na hora de explicar como transcorriam os dias para as meninas que brincavam de princesas, não encontraremos a pequena Ernestina. Por isso devemos olhar mais atentamente; ali no canto, detrás do sofá de estilo Luís XVI ou debaixo do enorme carvalho centenário da casa de verão. Ali! Essa pequena de longas tranças e curvadas costas, que se balança sobre um pequeno livro de capa dura, nessa foto campestre que retém por um instante uma cena familiar, essa é Ernestina: "O que se pode contar de uma infância cheia de livros, rodeada de livros, impregnada e formada pelos livros? Fecho os olhos concentrando a memória nos meus sete, seis, cinco anos, e só vejo encadernações, capas, títulos".⁴

Ernestina recebeu uma esmerada educação, o que lhe permitiu conduzir à perfeição o francês e o inglês, o que lhe fez adquirir uma refinada cultura. Aos treze anos já escreve seu primeiro poema em francês. Seus pais, cultos e liberais, alimentavam os anseios intelectuais de seus filhos, fomentando sua paixão pela leitura. E foi graças a ela que Ernestina, ainda muito pequena, conheceu o autor que anos depois se tornaria seu professor e amigo, tanto no terreno intelectual como no pessoal, Juan Ramón Jiménez:

> Meu primeiro encontro com Juan Ramón se deu em um quarto escuro, um desses cubículos que todas as casas do meu tempo costumavam ter, geralmente no final de um longo corredor, e onde acabavam parando as sobras da biblioteca e, às vezes, inclusive, o cesto de roupa suja (...). Mas a escuridão do quarto escuro era quase sempre relativa, porque tinha uma lâmpada, de modo que, com muita frequência e paradoxalmente, o "quarto escuro" servia para ler (...). Naquele domingo apareceu de repente um volume encadernado e com românticos desenhos. A primeira edição de

....
3. CHAMPOURCÍN. *Diarios y memorias de Ernestina de Champourcín*, p. 249.
4. CHAMPOURCÍN. *Diarios y memorias de Ernestina de Champourcín*, p. 250.

Platero y yo, este livro que não é para crianças e que, no entanto, encantava todas as crianças de língua espanhola.[5]

A jovem Ernestina, com seus irmãos, é matriculada no Instituto Cardenal Cisneros, instituição adjunta à Escola Livre, para cursar o ginásio. Já nesses anos a menina se destaca por sua atitude autônoma e forte. Ao terminar os estudos seus pais a incentivam a se matricular na universidade, com a condição de que vá acompanhada por um adulto. Esse costume, muito comum na época, só se aplicava às mulheres. Ir sozinha a qualquer atividade social era visto como um forte insulto que afetava diretamente a reputação da mulher. Frente a essa imposição Ernestina decide não ir à universidade:

> Já naquele tempo, com poucos anos, o diferente oferecia uma personalidade especial. Não era sempre uma impressão de medo, mas quase sempre de tristeza. E o mais grave é que era gerada pelos outros nas pessoas. Por que as pessoas precisavam se sentir diferentes? Era uma sensação estranha, mas que não surgia de si mesmo, de seu interior. Os outros é que a produziam sem uma pitada de delicadeza. Quando uma pessoa se apresenta com naturalidade, o maior agravo que lhe pode ser inferido é este: o de retirá-la do conjunto e gravar-lhe na cara esse qualificativo: "diferente" ou "desigual" (...). Queriam matá-lo, os iguais, porque era diferente. A propósito, lembro-me de uma menina, não tão menina, mas uma adolescente, quase a ponto de chorar exclamando: eu queria ser como todas! E esse "todas" se referia quase de forma enciumada às moças que sabiam bordar, fazer rendas e tortas.[6]

E de novo essa desesperadora sensação das oportunidades perdidas pelo simples fato de ser mulher. Sinceramente, que chatice!

Mas Ernestina não ia perder tempo, estava decidida a viver sua vida. E apesar dos obstáculos que a sociedade impunha às mulheres para expandir suas relações sociais e intelectuais, ela tramou para rapidamente frequentar os círculos de Madri. Aos vinte anos tem a sua primeira experiência amorosa, com o poeta

....
5. CHAMPOURCÍN, Ernestina de. *La ardilla y la rosa: Juan Ramón en mi memoria*. Moguer: Fundación Juan Ramón Jiménez, 1997. p. 17.

6. CHAMPOURCÍN. *Diarios y memorias de Ernestina de Champourcín*, p. 263.

Huberto Pérez de la Ossa, que naquele momento era uma jovem promessa da literatura espanhola. Embora não esteja muito claro que impacto essa relação teve em sua vida pessoal, ela marcou para Ernestina, no campo vital e profissional, um antes e um depois. Com o poeta descobriu a força dos versos como uma via de conexão e de expressão com o mundo que lhe rodeia:

> Por que aparece o primeiro poema? Mimetismo, talvez? Acredito que o primeiro poema e o primeiro amor devem se parecer muito, e duvido da sinceridade absoluta de ambos. Quando a primeira maturidade se atrasa, sente-se necessidade daquilo que os demais sentem. Amar porque parece que os outros se amam. Escrever porque se você é uma pessoa livresca admira os que escrevem.[7]

Rápido Ernestina entenderá que a poesia é o centro da sua vida e que escrever será a sua profissão. Por aqueles anos, apesar da sua juventude, Nina, como é conhecida na família, já demonstra ter um caráter inquieto e decidido. Portanto, mesmo sendo consciente da oposição que terá que enfrentar por sua determinação de viver da escrita sendo uma mulher, não permitirá que nada nem ninguém se interponha em seu caminho.

Em 1923 começa a publicar nas revistas *Manantial*, *Cartagena Ilustrada* e *La Libertad*. Durante os dois anos seguintes, começa a frequentar círculos políticos e sociais que, por sua classe social, não lhe pertenciam, mas que lhe permitirão pouco a pouco ir perfilando uma visão do mundo alheia aos valores tradicionais em que havia sido educada. Nela vai surgindo um incipiente feminismo. Embora anos mais tarde o negue numa entrevista, Ernestina de Champourcín sempre lutará pela igualdade e pela dignidade da mulher. Nunca permitirá ser marginalizada como poeta — atuará contra o vento e a maré para ser considerada igualmente entre seus contemporâneos masculinos e, mais tarde, já no exílio, lutará pela igualdade da mulher na cultura: "Por que simplesmente não podemos ser nós mesmas? Não ter nome, nem terra, não ser de nada nem de ninguém, sermos nós, como brancos são os poemas ou azuis os lírios" (2 de agosto de 1928).[8]

....
7. CHAMPOURCÍN. *Diarios y memorias de Ernestina de Champourcín*, p. 252.
8. CHAMPOURCÍN, Ernestina de; CONDE, Carmen. *Epistolario (1927-1995)*. Ed.: Rosa Fernández Urtasun. Madri: Castalia, 2007. p. 152.

Depois de dois anos de relação com De la Ossa, os pais de Ernestina, diante do medo de que acabasse em noivado sério, a cortaram pela raiz. Ainda que a ideia da submissão não combine com a rebelde Ernestina, dessa vez seguiu o conselho dos seus progenitores. Anos mais tarde, numa carta enviada a sua amiga Carmen Conde, ela recordaria assim esse romance:

> O que eu fiz à força? Simplesmente "dar um fora" em uma pessoa por quem estava, ou melhor, acreditava estar apaixonada. Por quê? Para evitar desgostos familiares, coisa que odeio na alma... Entretanto, agora me alegro. Aquela pessoa mostrou ser o contrário do que aparentava. Faz dois anos que não o vejo e ele conta por aí que estou lhe esperando e que se casará comigo! (La Granja, 14 de agosto de 1928).⁹

O ano de 1926 é importante para Champourcín. Em abril o Liceu Clube Feminino é inaugurado. Apesar da sua vontade, a poeta não fará parte do grupo fundacional, uma vez que seus pais não o permitem:

> Vou ao Liceu Clube quando há palestra ou concerto, ali tenho algumas amigas, apesar de não haver muitas moças associadas. Minhas visitas são na qualidade de convidada, porque apesar do meu grande desejo de pertencer ao clube, no terreno dos ditosos preconceitos, Madri deve estar para nós, lamentavelmente, à mesma altura que Cartagena (Madri, 20 de janeiro de 1928).¹⁰

Apesar de suas palavras, a jovem irá frequentemente ao "clube" e será finalmente uma de suas sócias mais ativas. Carmen Baroja, em suas memórias, *Recuerdos de una mujer de la Generación de 98*, nos diz: "(...) também ia [ao Liceu] todos os dias (...) Ernestina de Champourcín, moça um tanto peculiar que fazia muitos gestos por algo histérico que sem dúvida tinha e que se casou com um baderneiro que, eu acho, também fazia versos e se chamava Domenchina. Pobre moça!".¹¹

....
9. CHAMPOURCÍN; CONDE. *Epistolario (1927-1995)*, p. 152.
10. CHAMPOURCÍN; CONDE. *Epistolario (1927-1995)*, p. 60-61.
11. NESSI, Carmen Baroja y. *Recuerdos de una mujer de la Generación del 98*. Madri: Tusquets Editores, 1998. p. 152.

Essas palavras de Baroja, muito mais velha que Ernestina, nos revelam um importante detalhe do que acontecia no Liceu. Mesmo sendo um lugar importantíssimo, como bem dissemos, é do conhecimento de todos que entre as suas sócias nem sempre houve boas relações. Certamente, devido à distância entre gerações, surgiram discrepâncias entre as "mais velhas" e as "jovens". Pelas notas, correspondências e memórias que nos chegam, podemos perceber que alguns dos elementos mais enfrentados por elas eram os "gostos artísticos" e as prioridades ou a consciência em temas feministas.

Outro acontecimento que marcou uma clara divergência entre as sócias foi a polêmica palestra que Rafael Alberti realizou em novembro de 1929 e que desatou a ira da maioria das presentes no salão de atos do Liceu. Pelo que nos conta Ernestina, ela acabou levando a culpa.

> Domingo, grande escândalo no Liceu. Alberti deu uma palestra estilo futurista se metendo com alguns escritores cujas senhoras estavam presentes. Estas damas levaram a brincadeira para o lado trágico: assobiaram, bateram os pés e lhe insultaram. Queriam lhe atacar! E tudo terminou com o pedido de voto de censura para a seção literária. Eu (que a represento agora que Pilar está em Barcelona) estou me divertindo muito, claro, e disposta a renunciar se elas se mostrarem petulantes (13 de novembro de 1929).[12]

Anos depois o próprio Alberti recordaria o acontecimento em suas memórias, *La arboleda perdida*:

> (...) Escrevi ao Liceu Clube Feminino anunciando a minha palestra: "Palomita y galápago (¡No más artríticos!)". Eu escrevi pedindo, já que me convidaram a dar o curso passado e eu não quis ou não pude aceitar (...), todas as moças e rapazes, além das verdadeiras pessoas inteligentes do Liceu, pediram, em meio a uma calorosíssima ovação, a cabeça de... De quem seria? Agora não consigo me lembrar... Aqui dou meu obrigado mais efusivo a Pilar de Zubiaurre, Ernestina de Champourcín, Carmen Juan de Benito, Concha Méndez Cuesta, Pepita Pla e a outras cujo nome ignoro, desculpando-me.[13]

....
12. CHAMPOURCÍN; CONDE. *Epistolario (1927-1995)*, p. 330.
13. ALBERTI, Rafael. *La arboleda perdida*. Barcelona: Seix Barral, 1976. p. 150.

Outro dos problemas que o Liceu Clube teve que enfrentar, como já mencionamos, foi a pressão que os meios tradicionais e eclesiásticos exerciam, que esteve a ponto de obrigá-las a fechar. Ernestina se refere a esse constante boicote, em várias ocasiões, em suas cartas de 1929 a Carmen Conde:

> Porque a perseguição ganha cada vez mais força. Agora eles dizem que temos uma sala para fumar ópio. O pior é que as de dentro trabalham inconscientemente pelo final do clube. Faltam moças ativas e animadas, em vez das velhas que passam o dia botando defeitos... são uma praga (6 de fevereiro).
>
> No sábado que vem García Lorca fala no "clube", isso se antes o governo ou o cardeal não nos aprontarem algo. Estou bem preocupada (9 de fevereiro).
>
> Se fosse verdade o do lugar para fumar ópio não teríamos ânimo para organizar tantas coisas, você não acha? (10 de fevereiro).[14]

No mesmo ano da inauguração do clube, Ernestina de Champourcín publica o seu primeiro livro de poemas, *En silencio*. O livro foi bem acolhido pela crítica, mas parece que nem tanto pela sua família, embora tenha sido o seu pai — por quem Ernestina tinha um grande carinho, apesar das diferenças ideológicas e morais — que financiou a publicação:

> Meu primeiro livro em 26. Má impressão entre as amizades daquele momento. Secundarista foi um dos qualificativos que me concederam. Fazia um tempo que me sentia diferente, sensação muito desagradável, ainda que muitas pessoas pensassem o contrário. Sentia-me diferente até em relação ao amor pelos livros. Era muito desagradável, mas depois de publicar *En silencio* a coisa aumentou. Não consigo esquecer o comentário do rapaz que, numa reunião de jovens, me espetou de repente: "Não joga *bridge*, não dança, então você serve pra quê?".[15]

....
14. CHAMPOURCÍN; CONDE. *Epistolario (1927-1995)*, p. 271-273.
15. CHAMPOURCÍN. *Diarios y memorias de Ernestina de Champourcín*, p. 252.

Estou triste frente ao voo mesquinho
da vida; tudo é pequeno, claro e evidente
sob o sol; em mim uma onda de coisas infinitas
vagamente desenha seu indomado arrebol.

Sinto uma grande pulsação de mágicas loucuras;
é a força divina e eterna do sonhar,
que rompe da terra as baixas espessuras
e ofusca de seus ouros a fria claridade.
("Anhelo", *En silencio*, 1926)

Com os anos, Ernestina considerou *En silencio* uma obra menor e imputou seu êxito ao fato de ter sido escrita por uma mulher, o que considerou um fato anedótico:

> Passou-se o tempo, e em 1926 aparece esse primeiro livro, mencionado antes, e que foi, apesar da sua má qualidade, de que há anos sou consciente, um pequeno sucesso literário. Melhor dizendo e especificando, nesse ano houve três pequenos sucessos femininos. As mulheres nessa época escreviam pouco, quase nada. E de repente sai à luz junto a *En silencio* (...), minha modesta coleção de poemas, *Sembrad*, de Cristina de Arteaga, e *Poesías*, de María Teresa Roca de Togores. Isso pertence aos fofoqueiros madrilenhos, mas tem certa graça, principalmente por sua relevância nas reuniões masculinas. Segundo eles, aqueles livros não poderiam ser nossos: éramos mulheres. Mas como todo o reverso tem o seu anverso, este último pertence à crítica, que se comportou muito bem. Mil florilégios posteriores, da maior importância, não mereceram um número tão grande de comentários.[16]

Pouco tempo depois da publicação de seu livro, em uma de suas casas de verão, em La Granja de San Ildefonso, Ernestina conhece Juan Ramón Jiménez. Pouco antes, ela havia lhe enviado um exemplar de sua obra "esperando com toda a ingenuidade um elogio que não merecia", e que de fato o poeta nunca fez. Mas naquela tarde a jovem não desperdiçou a oportunidade. Em seguida se apresentou e iniciou uma conversa com ele: "O que primeiro me chamou a atenção foi sua voz: um timbre de voz

---
16. CHAMPOURCÍN. *La ardilla y la rosa: Juan Ramón en mi memoria*, p. 12.

especialíssimo, com uma pronúncia que não era nem andaluza nem totalmente castelhana, e seu modo peculiar de pronunciar os *elles* com certo sotaque de ípsilon".[17]

Desse encontro surge uma profunda e grande amizade que será vital para a poeta ao longo de toda a sua vida. Logo a esposa do poeta, Zenobia Camprubí, se une a essa relação; ainda que ela e Ernestina certamente já se conhecessem do Liceu Clube, a relação com Juan Ramón intensificou a convivência: "A verdade é que a amizade com Zenobia mereceria um capítulo à parte. Sua atitude carinhosa e risonha com todo mundo dava a impressão de ser especial com cada um".[18]

É Juan Ramón, durante as tardes que compartilham juntos conversando de poesia, que lhe fala dos jovens poetas que, segundo seu critério, se destacam mais do que outros: Alberti, Lorca, Cernuda, Guillén, Salinas, Aleixandre, Gil Vicente e Carmen Conde.

Ernestina toma nota e começa a ler esses jovens autores e essas jovens autoras, incipientes como ela. Em seguida deseja conhecê-los, entrar em contato para compartilhar seus anseios criadores e seu amor pela poesia e pela arte. Sua relação com editores e livreiros — principalmente com León Sánchez Cuesta, conhecido como o livreiro da Geração de 27, a quem Ernestina recorrerá para adquirir as obras estrangeiras que mais lhe interessam —, além de sua vinculação com o Liceu, que lhe permite organizar palestras e recitais, rapidamente fazem com que ela participe de forma ativa do círculo de poetas novos.

E como consequência dessa inquietude, ela se propõe a conhecer Carmen Conde, que, naquela ocasião, ainda vive em Cartagena. A primeira carta enviada por Ernestina tem data de 20 de novembro de 1927. Sua relação epistolar, bem frequente especialmente entre 1927 e 1930, durará toda a vida. Graças a Carmen Conde, que guardou boa parte dessas cartas com minuciosa ordem, atualmente podemos desfrutar desse tesouro epistolar, salvaguardado pela Fundação Carmen Conde-Antonio Oliver. Nelas descobrimos não só o profundo lirismo de duas figuras imprescindíveis da literatura, mas também são revelados, frente a nossos olhos, seus mais íntimos instintos e emoções. Duas jovens que descrevem com total liberdade seus sonhos, suas ambições e

....
17. CHAMPOURCÍN. *La ardilla y la rosa: Juan Ramón en mi memoria*, p. 12.
18. CHAMPOURCÍN. *La ardilla y la rosa: Juan Ramón en mi memoria*, p. 30.

suas mais profundas dúvidas diante do mundo em que precisam viver, com a sinceridade de uma amizade que vai sendo moldada por meio das palavras. Um legado necessário que faz com que percebamos que essa geração de mulheres teve que lutar para que conseguissem ser elas mesmas e pudessem viver em liberdade, e como pouco a pouco vão sendo conscientes de que pela primeira vez conquistam a oportunidade de fazer parte da história. Assim se dirige Ernestina a Carmen: "Minha amiga distante: com verdadeiro prazer inicio esta correspondência, reiterando-lhe minha viva simpatia e o desejo de que estas cartas nos tornem um pouco mais íntimas, já que tacitamente estamos unidas por comuns admirações e ideais".[19]

Nos anos seguintes à sua primeira publicação, Ernestina, animada por Juan Ramón Jiménez, começa a colaborar com críticas e resenhas literárias em algumas das revistas e jornais mais importantes do momento, tais como *La Época*, *La Libertad*, *El Heraldo de Madrid* e *La Gaceta Literaria*. Mas o seu mérito não só residiu em conseguir que suas opiniões fossem aceitas e respeitadas, sendo mulher, mas no fato de que nunca admitiu que seus artigos fossem publicados na seção feminina, como era o mais comum quando as colaborações procediam de mulheres: "Vários jornais me pedem artigos e eu não os escrevo para não fazer concessões ao ideal estético — tão pouco ideal... — de seus diretores" (2 de maio de 1928).[20]

Era comum naquela época a publicação de revistas especializadas, principais plataformas de difusão e debate literário, onde se reuniam, muitas vezes, os interesses limitados por coletivos de índole geracional, por tendências ou gêneros. Um desses muitos projetos editoriais foi o dirigido por Juan Ramón Jiménez, *Ley, entregas de caprichos*, publicado em 1927 e que dedicava suas páginas a difundir as jovens promessas da literatura, a critério de Juan Ramón, evidentemente. Ernestina, que naquela época já escreve com assiduidade em *La Época*, publica uma resenha sobre a nova revista. Nela fala dos jovens poetas (Alberti, Altolaguirre, Guillén e Bergamín), mas acima de tudo destaca Carmen Conde. Esse gesto, antes de conhecer aquela que será sua grande amiga, demonstra que Ernestina estava decidida a dignificar a figura da mulher

....
19. CHAMPOURCÍN; CONDE. *Epistolario (1927-1995)*, p. 58.
20. CHAMPOURCÍN; CONDE. *Epistolario (1927-1995)*, p. 60.

dentro do panorama cultural, igualando-a no trato e retirando-a da invisibilidade. Nessa linha, ela proporá várias palestras, recitais e concursos poéticos nos quais as poetas de sua geração serão as protagonistas.

> Na sexta ou no sábado ocorrerá no Liceu o "torneio poético feminino". Nele participam Santa Teresa, Sor Juana Inés de la Cruz, Gertrudis Avellaneda, Carolina Coronado, enfim, todas as precursoras e também nós, ou seja, Concha Méndez Cuesta, Rosa Chacel, Josefina de la Torre, Isabel Buendía, Pilar Valderrama, você (Carmen Conde) e eu (9 de maio de 1928).[21]

Em 1928 Champourcín publica o segundo livro, *Ahora*. "Meu primeiro livro teve um grande êxito devido a várias circunstâncias, alheias ao seu mérito. O segundo, como espero, terá menos; isso será uma prova de que é melhor" (2 de maio de 1928).[22]

A obra seguinte, *La voz en el viento* (1931), não só demonstra o melhor da sua poesia, como também infunde uma clara rebeldia por aquilo que se espera dela como poeta e também como mulher de classe alta:

> Pode acreditar que se publico é por reação (rebeldia?) contra o meu próprio ambiente, ou seja, contra a sociedade em que vivo. O meu eu despido é (o) que passa longas horas, aqui, junto à mesa onde lhe escrevo, rabiscando em papéis, lendo ou sonhando... o outro, que ecoa e ferve um pouco, é o que contraponho ao núcleo de pessoas que consideram o *charleston* ou o *mah-jong* as únicas ocupações próprias de uma moça jovem (...). O gênero que cultivo não é o mais favorável para ganhar popularidade.[23]

O rompimento com a sua família é cada vez mais evidente. Ela começa a se identificar politicamente com a República, mas nunca militará de forma entusiasta em nenhum partido político. Ao mesmo tempo, seu feminismo, entendido como a necessidade de igualdade entre mulheres e homens, vai se fortalecendo. Detesta profundamente a marginalidade que seu entorno lhe impõe pelo

....
21. CHAMPOURCÍN; CONDE. *Epistolario (1927-1995)*, p. 81.
22. CHAMPOURCÍN; CONDE. *Epistolario (1927-1995)*, p. 81.
23. CHAMPOURCÍN; CONDE. *Epistolario (1927-1995)*, p. 81.

fato de ser mulher — ela que vive e se sente independente, ela que se considera uma mulher moderna, não pode aceitar que lhe julguem por ser ela mesma. "EXISTO, mas esse eu que existe raramente pode SER. Segundo os outros, não tenho direito a ser eu mesma. Você tem que ser a sociedade, a família à qual pertence, e nós não queremos isso, queremos?" (início de setembro).

A modernidade de Ernestina reside não só na sua intelectualidade, mas também no desejo de ser dona de suas emoções e de seu corpo. Há um fragmento, em uma das cartas enviadas a Conde, em que lhe expressa seus incipientes jogos de sedução com diversos homens e em que essa vontade é claramente exemplificada:

> Não me reconheceria; além disso, mudei de penteado, agora tenho o cabelo liso no estilo Chanel com dois pregadores adoráveis de adolescente (...) estou me feminizando! Tenho um vestido preto com adornos vermelhos e uma touca de seda preta que me cai divinamente. Desde que o estreei me acho mais bonita. Por isso me dedico, sem dúvida, a flertar e namoricar desenfreadamente. Cenário: o clube; vítimas: Obregón, Arconada, Melchor... Pouco inteligente, mas, querida, não me encontro com outros... Se você soubesse como me sinto humana e sensual! Não escrevo porque meus poemas pareceriam vulgares, quando na verdade são humanos e femininos (15 de junho de 1929).[24]

Porém, a sua modernidade não reside apenas na sua maneira de viver a vida, mas também naqueles temas que a motivam. Como um bom membro da sua geração, os novos elementos que marcam as tendências vanguardistas a intrigam. Em seus poemas fala de jazz, das máquinas, dos carros. Assim, encontramos este em *La voz del viento*:

VOLANTE

Dê-me os seus dedos, acres
de odor a gasolina.
Esses dedos fechados

---
24. CHAMPOURCÍN; CONDE. *Epistolario (1927-1995)*, p. 296.

> que prendem a escura
> mercadoria da vertigem!

Mas, por curioso que pareça, Ernestina nunca abandona o seu lado mais espiritual. Ela, que desde pequena tem uma relação espiritual mais próxima com Deus, utiliza a sua voz poética como forma de expressão religiosa: "(...) Sim, é o misticismo; certa exaltação que aplico de um modo especial a todas as coisas. Por exemplo, sinto Deus mais perto ao escrever um poema que rezando diante de imagens (...); volto a repetir: para mim Deus é a beleza" (11 de julho de 1929).[25]

Em 1930 Ernestina conhece aquele que será seu marido, o poeta Juan José Domenchina. Ainda que por muito tempo ela renegue o amor e o compromisso, pelo que lemos nas cartas enviadas a Conde, a relação com Domenchina é apresentada como algo aberto e diferente do que se entende como um namoro normal. Até nesse assunto Ernestina de Champourcín é moderna e liberal:

> O casamento ortodoxo e burguês também não me atrai e... atualmente nenhuma outra classe de casamento. Isso é o que desespera a minha família. O ato de assegurar que não tenho namorado e que não penso em casar lhes parece de uma imoralidade exasperante. Por que os enganar? Além disso, nesse momento não poderíamos pensar em semelhante coisa nem que quiséssemos, entende? (13 de fevereiro de 1931).[26]

Se durante os anos vinte Ernestina se consolidou como figura presente no panorama intelectual e, sobretudo, nos círculos literários, a nova década se apresenta como um tempo de compromisso não só com a poesia, abandonando o estilo *juanramoniano* de suas obras anteriores, como também com o campo político e social, especialmente com os valores que a República defende:

> Vivo num mar de confusões desde que a República foi proclamada; por um lado, minha alegria diante de tão magnífico triunfo em que muitos dos meus amigos participaram. Por outro, o desgosto com

....
25. CHAMPOURCÍN; CONDE. *Epistolario (1927-1995)*, p. 306.
26. CHAMPOURCÍN; CONDE. *Epistolario (1927-1995)*, p. 370.

que acolheram o acontecimento na minha casa e entre todas as pessoas que nos rodeiam. Nada mais angustioso que viver nestes momentos, como acontece comigo, rodeada de monárquicos. Só se ouvem funestos presságios, e eu, que me sinto enormemente otimista, faço entre eles um mau papel. Às vezes parece que fui eu que trouxe a República, coisa que, claro está, não teria sido nada pesaroso para mim. Procurava passar o maior tempo possível no Liceu, onde pelo menos se respira um grande entusiasmo (Segóvia, 18 de maio de 1931).[27]

Em 1932 Gerardo Diego publica a primeira edição da *Antología de la poesía española contemporánea*. A lista de poetas que nela é citada, com o tempo, servirá de base para o que posteriormente será chamado de Geração de 27. Nessa primeira edição não foi incluída nenhuma das poetas que por aqueles anos já haviam publicado, como Ernestina, Méndez, De la Torre e Conde. Dois anos mais tarde, em 1934, uma segunda edição é publicada, e são incluídas Champourcín e De la Torre.

Seria ótimo pensar que Diego quer reparar parte do seu erro ao desprezar as poetas na sua primeira edição. Mas parece que a inclusão foi fruto do grande "interesse" depositado por Juan Ramón Jiménez de que Ernestina estivesse nessa antologia, pressão, ao que parece, também exercida por Pedro Salinas para a presença de Josefina de la Torre.

Nos anos seguintes, Ernestina sofre de algum mal que a afasta por quase dois anos da escrita. Sua relação epistolar com Carmen Conde é interrompida bruscamente. A carta de 18 de novembro de 1931, em que Ernestina lhe deseja um feliz casamento — Conde está a ponto de se casar com Antonio Oliver —, é a última em quase um ano. Champourcín só volta a lhe escrever no final de 1932.

Queridíssima Carmen, não lhe peço que perdoe o meu silêncio... nem sequer tentarei explicá-lo. Unicamente lhe direi que não é a palavra felicidade o que deve ler nele (...). Se eu fosse feliz você saberia; a tristeza não deve ser contada, é sempre inútil e doloroso (...). Escrevo-lhe da cama. Faz seis dias que não me levanto e talvez tarde anos em fazê-lo (Madri, 31 de dezembro de 1932).[28]

....
27. CHAMPOURCÍN; CONDE. *Epistolario (1927-1995)*, p. 373.
28. CHAMPOURCÍN; CONDE. *Epistolario (1927-1995)*, p. 380.

Desafortunadamente, as cartas que Conde envia a Ernestina, exceto algumas cópias que Carmen guardou, não chegaram até os nossos dias, e, assim, não podemos saber se Conde respondeu com mais ânimo à sua amiga. A seguinte carta de Ernestina é de 1934. "Queridíssima Carmen, suponho que quase não reconhece mais a minha letra; não é só você; eu mesma não sei se é minha. Há tempos não a utilizo! Pego minha caneta-tinteiro e me assusta ver que ainda consigo usá-la" (Madri, 29 de abril de 1934).[29]

Entretanto, em 1936, ano convulso que mudará para sempre a vida de toda essa geração, e particularmente a desse grupo de mulheres, amigas, confidentes e artistas, Ernestina volta a publicar. Sai o seu quarto livro de poemas, *Cántico inútil*, e aparece igualmente a sua primeira incursão no romance, *La casa de enfrente*: "Estou assombrada pela boa acolhida que o meu romance está tendo; me dá certa raiva, porque sei que a minha poesia é melhor que a minha prosa, no entanto esta chega facilmente a todos. Talvez façam um filme com ele, se bem que aqui a maioria é tão ruim que dá medo" (Madri, 4 de julho de 1936).[30]

Em sua obra poética é identificada uma nova e mais próxima conexão com a fé religiosa, certamente enaltecida pela crise pessoal vivida durante aquela época. Mas, justamente quando Ernestina de Champourcín alcança a maturidade poética que durante tanto tempo busca, estoura a Guerra Civil, que rompe com todo o sonhado:

> Chegou o mês de julho e numa manhã ruim nos encontramos em guerra. A mais odiosa, a mais terrível das guerras: Guerra Civil. A vida madrilenha ficou destroçada, e depois do primeiro estupor e das primeiras notícias tudo foi diferente. O que havia acontecido? Foi como se os caminhos normais tivessem se fechado e ninguém soubesse com segurança por onde tinha que andar... eu só sei que Madri se transformou subitamente e que os *eus* de todos eram *eus* diferentes os quais ninguém sabia como enfrentar.[31]

Em novembro desse mesmo ano de 1936, Ernestina e Domenchina se casam. Naquele tempo ele fazia parte do governo republicano presidido por Azaña, de quem Domenchina é íntimo

....
29. CHAMPOURCÍN; CONDE. *Epistolario (1927-1995)*, p. 382.
30. CHAMPOURCÍN; CONDE. *Epistolario (1927-1995)*, p. 384.
31. CHAMPOURCÍN. *La ardilla y la rosa: Juan Ramón en mi memoria*, p. 62.

amigo e profundo admirador. Ernestina, levada pela situação de crise social que a guerra trouxe consigo, uniu-se, junto a Zenobia Camprubí, à Junta de Proteção de Menores que cuidava dos órfãos de guerra. Mas a guerra não perdoa, e, como bem aponta Ernestina, "o medo paralisa a todos, ninguém sabia onde estava ninguém. O povo armado era como uma criança com uma escopeta carregada";[32] então, uma tarde, ela foi reconhecida como aristocrata por um carteiro e Zenobia lhe pediu que não voltasse. Mas, como sempre, Ernestina não parou de se empenhar e trabalhou como enfermeira no hospital do sangue que Lola Azaña presidia.

Ernestina sempre lutou para demonstrar que não era o que aparentava, contra aqueles que só viam nela uma mulher destinada ao casamento, contra aqueles que não acreditavam nela como poeta, contra a sua classe social e contra uma família que nunca aceitou que ela fosse ela mesma. E agora, em meio à guerra, continuou lutando contra os estigmas que exerceram sobre ela os que acreditavam conhecê-la.

Finalmente, e pela grande ameaça que corria, o casal Domenchina-Champourcín foge de Madri, em um longo êxodo que lhes levará a Barcelona, Valência, Toulouse e, finalmente, o México, em 1939.

> O ônibus não ia rápido, mas todo mundo tinha medo. Um medo gelatinoso, viscoso, que escorregava em silêncio pelos corpos e depois se transfundia neles formando, na garganta e no estômago, bolas difíceis de engolir. Quantos éramos naquele [ilegível] atestado que se afastava de Madri sem se atrever a correr e com o pânico de ser detido? O diretor de orquestra e a sua mulher, silenciosos, tímidos, com expressão de não saberem por que estavam ali. O crítico de arte com as pupilas ainda repletas de impressionismo, cujas cores lhe saíam pelos olhos no esforço por somar-se a algum pedaço da paisagem percorrida. A mulher esforçada e audaz [ilegível] liricamente do caminho e saciava a mísera fome do filho mimado com algum sanduíche de presunto esquecido. "Mamãe, isso é chiclete", exclamava o grandalhão ao morder o pão úmido e elástico. Íamos a Valência, mas chegaríamos? Falava-se de outras

....
32. CHAMPOURCÍN. *La ardilla y la rosa: Juan Ramón en mi memoria*, p. 71.

cidades para onde alguns fugiam e iam ficando. Alguém foi obrigado a voltar a Madri.³³

No México o casal vive uma situação peculiar. Chegam sem nada e precisam da ajuda de outros exilados. Ernestina se adapta rapidamente ao seu novo lar, mas Juan José Domenchina não encontra o seu lugar. Apesar de Azaña lhe conseguir um emprego na Casa de Espanha, este não vive bem o desterro. Domenchina, por muitas razões, é uma figura incômoda e pouco requerida pelos intelectuais e artistas do seu entorno. O casal se sente exilado no próprio exílio. Juan José entra numa profunda depressão da qual não se recuperará, e Ernestina tem que assumir o controle para poder sobreviver. No livro intitulado *La conspiración de las lectoras* (de José Antonio Marina e María Teresa Rodríguez de Castro), sua amiga Luz María Jiménez Faro contava:

> No México, e por muitas coisas que Ernestina me contou, a forte era ela. Como vulgarmente se diz, ela é quem suava a camisa. Organizou-se perfeitamente. Procurou trabalho. Tornou-se tradutora, e tão boa que, além de livros — contratada pelo Fundo de Cultura Econômica —, traduzia em congressos e era muito solicitada. Trabalhava muito e contava que lhe faltava tempo para tudo. Penso que foi uma mulher muito ativa e muito inteligente.³⁴

Graças ao seu trabalho como tradutora pode viajar aos Estados Unidos, onde se reencontrará com o casal Jiménez-Camprubí. Será numa dessas viagens que a vida espiritual de Ernestina toma um novo rumo:

> A este propósito venho contar que precisamente nesses dias [1949] todas as livrarias de Washington exibiam como grande novidade *The Seven Storey Mountain*, do frei trapista Thomas Merton, autor de extraordinários livros espirituais, com o duplo atrativo de ter um fundo místico bem elevado e uma linguagem moderna, ao alcance de todos. Comprei o livro e sua leitura completou a solução de uma

---
....
33. CHAMPOURCÍN. *Diarios y memorias de Ernestina de Champourcín*, p. 249.
34. MARINA, José Antonio; RODRÍGUEZ, María Teresa. *La conspiración de las lectoras*. Barcelona: Anagrama, 2009. p. 190.

crise íntima que eu trazia desde o México. Isso ajudou também na escrita do meu livrinho de poemas: *Presencias a oscuras*.³⁵

Afastada da escrita desde sua chegada ao México, Ernestina encontra na religião um novo sentido das coisas que lhe anima a voltar a escrever. Em 1952 publicará o primeiro livro no exílio, *Presencias a oscuras*. Nele passa do descrever o amor humano para o experimentar um amor divino. Esse "chamado" à fé cristã do amor a Deus se intensifica pela mão do Opus Dei, onde Ernestina pede para ser admitida em 1952.

Em 1959 Juan José Domenchina morre. Ernestina de Champourcín fica sozinha. A angústia pela perda incrementa seu diálogo espiritual, que nela fomenta uma forte criatividade. Os anos seguintes à morte do marido são de grande produção. Mas não só isso, ampliará sua colaboração em atividades de caráter social. Animará outras intelectuais a abrir suas revistas literárias e associações — acredito que pela lembrança do Liceu Clube de sua juventude, convertido agora em um espaço que estava nas mãos da Seção Feminina da Falange —, e participará em ações que favoreçam o acesso de mulheres indígenas à cultura.

Ernestina é feliz no México; no entanto, finalmente, em 1972, decide regressar à Espanha.

Mas ninguém a espera. Para ela é difícil se integrar nesse país que não reconhece. Sente-se só, distante: "Sinto uma estranha frieza ao meu redor. Aqui não há calor humano. Todo mundo está imerso em suas coisas. E eu querendo me aproximar de todos sem conseguir. Parece que se defendem. Não querem ser confiáveis para que não se confie neles. Que difícil entender!" (17 de fevereiro de 1977).³⁶

E ainda que nos anos posteriores se encontre com velhas amizades, seu estigma à causa da "religiosidade" volta a distanciá-la daqueles que um dia foram seus amigos.

Compra um caderno, escreve poesia... e publica, apesar da sua cegueira e da sua idade avançada: "Tenho que voltar a escrever? Sim, mas o que escrever? Há uns meses comprei este caderno

....
35. CHAMPOURCÍN. *La ardilla y la rosa: Juan Ramón en mi memoria*, p. 63.
36. CHAMPOURCÍN. *Diarios y memorias de Ernestina de Champourcín*, p. 244.

tão grosso para algo, assim pensei, mas perdi a vontade. Diários, memórias. O quê? Memórias, lembranças?" (15 de agosto de 1987).[37]

Ernestina de Champourcín morre em 1999, aos noventa e cinco anos de idade. Mesmo tendo certo reconhecimento, não foi o que essa importante poeta merecia. Ela continuou no esquecimento daquelas que um dia lutaram para serem elas mesmas.

> Por último, passou muito tempo e hoje a minha idade roça com a dos avós, com a dos pais. Há pontos de contato entre eles e eu? Talvez as sensações sejam as mesmas, mas eles não viveram como nós, não conheceram a solidão atual, este sentir que os jovens se negam a compreender, a compartilhar. Quando estas coisas que conto interessam a alguém, sinto-me feliz. Mas isso poucas vezes ocorre.[38]

....
37. CHAMPOURCÍN. *Diarios y memorias de Ernestina de Champourcín*, p. 247.
38. CHAMPOURCÍN. *Diarios y memorias de Ernestina de Champourcín*, p. 246.

10

Josefina de la Torre

(1907-2002)

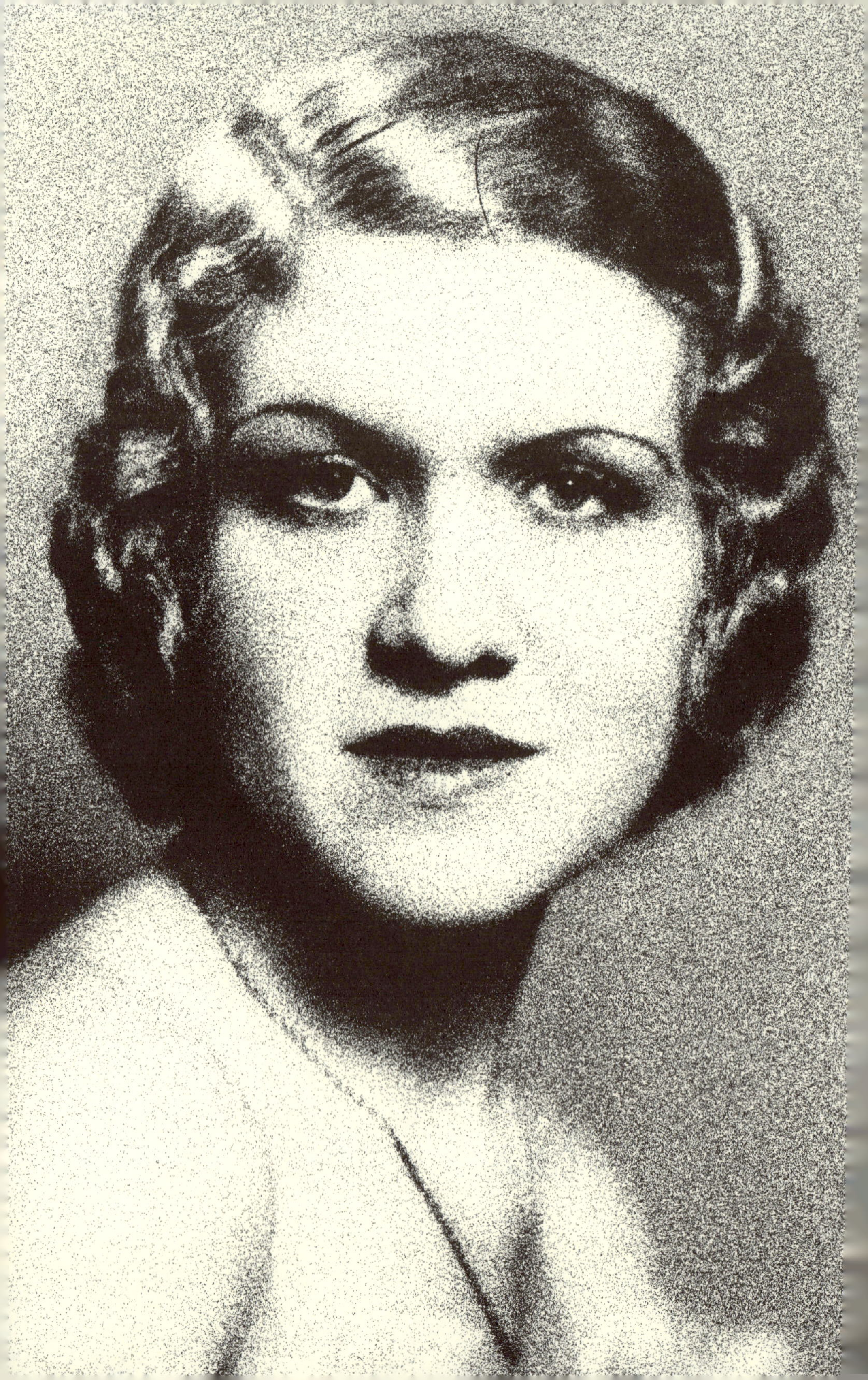

> Josefina de la Torre... acaba de publicar o livro *Litoral*.
> Tem poemas bonitos e leves.
>
> **Ernestina de Champourcín**,
> Ernestina de Champourcín e Carmen Conde, *Epistolario (1927-1995)*

Uma vez alguém me disse, depois de ver o documentário *Las sinsombrero*: "É a primeira vez que vejo uma fotografia de Josefina de la Torre". É curioso, porque de todas ela é a única que foi atriz e, sem dúvida, foi a que mais apareceu em retratos e capas de revistas. Porém, ao mesmo tempo, e não me surpreende, essa frase resume muito bem o grande peso que o esquecimento representou para a memória dessa multifacetada artista que foi Josefina de la Torre.

A memória que se tem dela é certamente a mais enfraquecida de todas as mulheres que tive o prazer de descobrir durante este projeto. Não obstante, seus versos foram incluídos por Gerardo Diego na famosa *Antología poética española contemporánea (1915-1934)*, em sua segunda edição, de 1934, junto aos de sua amiga Ernestina de Champourcín. Mas, conforme já mencionado nestas páginas, infelizmente nem isso é suficiente para salvaguardar a sua memória.

Mesmo assim, seu legado se desvaneceu durante muitos anos, apesar de Josefina de la Torre não ter se exilado (ou seja, não ter passado às filas de autores desterrados). Mas parece que o ostracismo dos anos de escuridão franquista favoreceu para que a poeta vanguardista — a mulher moderna, independente e multifacetada que foi essa artista canarina durante as décadas de 1920 e 1930 — fosse completamente esquecida.

A tal ponto chegou o seu esquecimento que poucos foram os que a reconheceram como membro indiscutível da Geração de 27. Considerou-se que com a morte de Rafael Alberti, em 1999, desaparecia o último membro de tal grupo, apesar de Josefina e Ángeles Santos ainda estarem vivas.

Mulher de beleza germânica e elegantíssimo porte, artista multidisciplinar — atriz, poeta, romancista, soprano, compositora, atriz de dublagem, colunista e roteirista —, ela soube exprimir todas as facetas que estiveram em suas mãos, tornando-se uma autêntica mulher de vanguarda.

Josefina de la Torre Miralles nasceu em Las Palmas de Gran Canaria em 1907, no seio de uma família da alta burguesia e com ilustres nomes em sua árvore genealógica. Seus pais, Bernardo de la Torre Cominges e Francisca Miralles, educaram seus seis filhos num constante estímulo criativo e intelectual. A família passava longas temporadas em sua casa de praia de Las Canteras, em Las Palmas. Essa paisagem será o cenário de sua infância.

Os constantes jogos criativos junto a seus irmãos, principalmente a Néstor, que mais tarde será Claudio de la Torre, famoso dramaturgo, romancista e diretor de cinema, farão crescer em Josefina uma incessante ambição artística. A menina sonha em ser poeta, romancista, atriz, cantora, pianista. Assim o demonstram suas próprias recordações, relatadas pela sua família com delicado respeito:

> Ensaiaram somente o primeiro ato e logo em seguida apresentaram. Claudio estava de ponto. Eu estava louca de entusiasmo, como se fosse a protagonista da obra. Quando chegou a minha vez, com as mãos frias, mas com grande entusiasmo, entrei para dizer a minha fala e, sem ouvir o ponto, que se apressava para seguir o meu entusiasmo, contei ao médico tudo o que estava sentindo. E triunfante tornei a sair. Esta foi a minha estreia nos palcos.

Certamente essas representações de caráter familiar foram o prelúdio do que mais tarde os irmãos De la Torre chamaram de Teatro Mínimo.

Claudio de la Torre, que mudou o nome para não ser confundido com o seu famoso tio Néstor de la Torre, foi uma grande influência para Josefina. Ele a iniciou prematuramente na poesia e também em sua faceta como atriz. Em 1924 Claudio ganha o Prêmio Nacional de Literatura, e ela o acompanha a Madri para receber o galardão. É a sua primeira viagem à capital e será, portanto, quando entra em contato com os artistas de sua geração. Através de seu irmão, na Residência de Estudantes, conhece Salinas, Buñuel, Juan Chabás e Dalí. Também visita o estúdio do seu primo Néstor Martínez-Fernández de la Torre, famoso pintor e máximo representante espanhol das correntes simbolista e modernista. Ali, segundo ela mesma conta em uma entrevista concedida ao programa *El rincón literario*,[1] do canal UNED, conheceu Lorca e Alberti. Josefina dedicará importantes poemas aos dois amigos:

CONHECIMENTO DE FEDERICO GARCÍA LORCA
18 de novembro de 1927

Do céu cai uma chuva
redonda em punhaladas.
Cem feridas no lombo
da terra verde e delicada.
(...) Aí vai com as seis amigas
vibrantes de seu violão,
na garganta comprimidos
os romances de Granada.
Cigano do riso doce
da sacarose queimada.[2]

A Rafael, com quem, pelo tom do poema, parece que manteve certo romance, embora não confirmado, dedica:

SONETO, A RAFAEL ALBERTI, EM NOSSA DESPEDIDA

Em um claro soneto sobre o mar paralisado
onde seu grande desejo navega marinheiro,
com sua pena traçou um imenso veleiro
que há tempos levava meu coração aprisionado.

....
1. Entrevista concedida a Edith Checa Oviedo para o programa *Rincón literario* (canal UNED) do dia 31 de janeiro de 1997, intitulado "Homenagem às mulheres da Geração de 27: Josefina de la Torre".
2. SANTANA, Lázaro. Introducción a Josefina de la Torre. In: DE LA TORRE, Josefina. *Poemas de la Isla*. Ed.: Lázaro Santana. Las Palmas de Gran Canaria: Viceconsejería de Cultura y Deportes del Gobierno de Canarias, 1989. p. 9-20. p. 11. [Biblioteca Básica Canaria].

A partir desse ano Josefina desenvolve com mais intensidade sua personalidade poética, que havia iniciado em 1913 ainda menina, escrevendo vários poemas, entre os quais se destaca um redigido aos sete anos em homenagem a Benito Pérez Galdós. A partir de 1914 começa a publicar em diferentes revistas das Canárias. A jovem poeta já se destaca por uma lírica visualmente bem potente e com fortes cargas emotivas surgidas de experiências pessoais. Um exemplo disso é o poema publicado na revista *España* em 24 de novembro de 1923, com o título "Um paisaje y yo"; nessa época ela está com dezesseis anos:

> Sobre a praça, brilhante
> de chuva,
> verte a sombra de suas folhas
> uma árvore
> que à lua recolhe em suas folhas
> e suspende graciosa em seus ramos
> (a praça enegrecida ao redor
> da fogueira romântica).[3]

A sua produção é tão surpreendente que Margarita Nelken lhe dedica um artigo na revista *La Esfera*, em 14 de junho de 1924, com o título "La poetisa niña", onde escreve uma admirável ode ao seu talento:

> Uma menina de oito, nove anos, com a vida mimada e organizada, de crianças crescidas num lar feliz (...). A menina em sua ilha de conto — Grã Canária — joga, brinca, canta e, às vezes, de quando em quando, por que não, diz alguns versos que acaba de inventar, sem saber exatamente o que inventa e sim, muito agudamente, o que sente (...). Passam velozmente, impensadas, as estações. A menina já tem catorze, quinze, dezesseis anos. É uma jovem mulher (...) e, de quando em quando, por que não, dizer ou escrever versos recém-inventados, recém-"ditados de dentro para fora" (...). Esta é toda a história literária, todo o processo espiritual de Josefina de la Torre, a menina de dezesseis anos, a colossal poetisa.[4]

....
3. DE LA TORRE, Josefina de. Un paisaje y yo. *España*, Madri, Ano IX, n. 397, p. 6, 24 nov. 1923.
4. NELKEN, Margarita. La poetisa niña. *La Esfera*, Madri, Ano XI, n. 545, 14 jun. 1924.

Mas não será até 1927, quando publica o primeiro livro de poemas, *Versos y estampas*. Pedro Salinas o prefaciou, dando a entender seu apadrinhamento à jovem e bela autora. Nele Josefina menciona suas lembranças de infância nessa ilha de contos, através de estampas transformadas em verso. Aos vinte anos é elogiada pela crítica. Na imprensa da época, são inúmeras as resenhas sobre sua obra, e todos coincidem no talento e delicadeza dos versos:

> Há um louco na praia. É um menino, um garoto pequeno. Nós o chamamos "o louco". Este menino era o terror dos que brincavam à beira-mar (...). Vi "o louco" há algumas tardes. Me reconheceu com seus olhos grandes de chama acesa. Esteve sentado por um longo tempo na praia, escavando a areia aonde o mar chegava de vez em quando.[5]

Durante esses anos em que Josefina convive entre sua casa de praia e longas temporadas na capital, continua desenvolvendo outros talentos artísticos. Está claro que essa mulher não gostava que a esperassem, mas sabia muito bem que queria chegar primeiro. Mostra-se avançada para o seu tempo, disposta a desfrutar da vida iniciando qualquer empresa que deseje e que aumente a sua paixão pela arte e pela cultura. Em Madri, para aperfeiçoar seus estudos de canto, ingressa na escola dirigida pela soprano alemã Carlota Dahmen Chao. Ali Josefina adquirirá um bom nível de canto no papel de soprano.

Durante suas estadas na capital frequenta o Liceu Clube, onde mais tarde dará vários concertos. Ali conhece Ernestina de Champourcín e Concha Méndez. Imediatamente a imprensa começa a qualificar esse grupo de amigas, junto a Carmen Conde, como a máxima representação da poesia feminina na Espanha. Atrevo-me a dizer que esse qualificativo não lhes agradava muito. Não esqueçamos que elas se autodenominam poetas, e não poetisas.

Em 1927 Josefina cria o Teatro Mínimo, em Las Canteras, dirigido por seu irmão Claudio, iniciativa que a imprensa madrilenha se apressa em qualificar como a versão insular de El Miro Blanco, criado alguns anos antes em Madri por Carmen

....
5. DE LA TORRE, Josefina. Fragmento VIII. In: _____. *Versos y Estampas*. Prólogo: Pedro Salinas. Málaga: Imprenta Sur, 1927. p. 35. [Octavo suplemento de *Litoral*].

Monné e Ricardo Baroja, com a colaboração de seus irmãos Pío e Carmen, e também de Rivas Cherif, Valle-Inclán, Manuel Azaña e outros:

> Já informamos ao leitor sobre a existência em Las Palmas de um daqueles teatros de câmara que, diferentemente dos oficiais e públicos, desempenham a função artística necessária para manter a jurisdição estética da arte dramática. Referimo-nos ao Teatro Mínimo instalado na casa dos senhores De la Torre. Recentemente celebrou uma de suas sessões, representando o drama de Leónidas Andreief (...). A bela poeta Josefina de la Torre, que é a alma deste simpático teatrinho, e sua irmã Paquita, nos entreatos, cantaram músicas de Gretchaminot e de Rachmaninoff.[6]

A partir de então o teatro será para Josefina uma prioridade. Ainda assim continua escrevendo e aperfeiçoando o canto — compõe, recita e toca piano. Em 1930 publica a segunda obra, *Poemas de la isla*. Trata-se, certamente, de sua coleção de poemas mais emblemática, apesar de não ter tido a repercussão de sua primeira obra e de não se encontrarem menções a ela na imprensa da época. Parece que foram editados poucos exemplares e que tiveram uma distribuição muito centrada nas Canárias. De todo modo, nesses anos, Josefina de la Torre já era considerada uma das poetas mais importantes da sua geração: "a figura feminina mais destacada da nossa literatura", atribui-lhe a seção de literatura do *Heraldo de Madrid* em 2 de outubro de 1930.

Josefina participa cada vez mais da vida social de Madri. Assim nos conta a sua família, a partir da própria voz de Torre. Segundo a poeta, ela participou do casamento de Concha Méndez:

> Às quatro e meia fomos ao casamento de Altolaguirre. Ele mesmo me recebeu. Toda a intelectualidade espanhola estava lá. Logo Orbaneja se aproximou, depois Federico, e também se aproximaram para me cumprimentar Díez Canedo e esposa, Rivas Cherif, Cernuda e Ernestina de Champourcín. Fui apresentada a Guillermo de Torre e a Cossío... Na saída fui cumprimentada por García Lorca, que

---
....
6. In: El Teatro Mínimo, de Las Palmas. *La voz*, Madri, Ano VIII, n. 2187, p. 2. 21 out. 1927.

esteve amabilíssimo e muito afetuoso... Guillén aproximou-se de mim e disse: "Josefina, vou te apresentar a Juan Ramón".

Em 1934 inicia outra atividade: debuta como atriz de dublagem. Muda-se para os estúdios da Paramount em Joinville (França) para trabalhar sob as ordens de seu irmão Claudio, que naqueles anos foi contratado pela produtora norte-americana para adaptar os roteiros de seus filmes para a versão espanhola e dirigir a dublagem. Inicia-se o cinema sonoro, e Josefina, mulher de voz doce e bonita, encontra nesse novo ofício da indústria cinematográfica uma fonte de renda. Em Joinville, ela se encontra com o amigo Luis Buñuel, com quem compartilhará dublagem no filme *Miss Fane's Baby is Stolen* [*Dúvida que tortura*], de Alexander Hall, que estreou na Espanha em 1935. E da amizade e do trabalho surgirá entre os dois artistas um romance *apaixonado*, segundo descrição da própria Josefina. Mas apesar do amor, ao qual ela se entrega totalmente, Luis decide romper a relação em função daquela que, naquele momento, já é a sua esposa, Jeanne Rucar.

No final de 1934 Josefina regressa a Madri para instalar-se definitivamente. Ali iniciará sua carreira profissional como soprano. Nesse mesmo ano, é publicada a segunda edição da *Antología de la poesía española contemporánea*, na qual incluem-se Josefina e Ernestina de Champourcín como as duas únicas representantes femininas, como já mencionei em repetidas ocasiões: "Nós não fomos as únicas mulheres da Geração de 27. Havia outras, Concha Méndez, por exemplo (...). Nós éramos parte do grupo, porque éramos conhecidas".[7]

No mesmo ano Josefina debuta como soprano. Seu concerto no teatro María Guerrero sob o título *1900*, acompanhada por Cherif ao piano, desperta entusiasmo entre a crítica, que de novo elogia a sua voz e a sua representação: "Nestes dias darei um recital de canto que Cipriano Rivas Cherif está organizando. Será uma coisa bem divertida".[8]

....
7. In: REYES, Carlos. Josefina de la Torre. In: MEDEROS, Alicia R. (coord.). *Josefina de la Torre: modernismo y vanguardia* — Centenario del nacimiento (1907-2007). Las Palmas de Gran Canaria: Viceconsejería de Cultura y Deportes; Gobierno de Canarias, 2007. p. 97-111. p. 105.

8. In: DE LARA, Lula. Una poetisa española: Josefina de la Torre Millares. *Crónica*, Madri, Ano VI, n. 240, p. 32, 16 jun. 1934.

Está claro que Josefina de la Torre era uma mulher que levava muito a sério todos os seus dons artísticos, os quais, como vemos, eram muitos. Tudo aquilo que realizava germinava, mas é provável, como eu disse ao princípio, que esse aspecto multifacetado não lhe ajudasse na hora de consolidar uma carreira artística, o que, em minha opinião, acabou prevalecendo contra ela.

A chegada da Guerra Civil em 1936 interrompe a carreira de Josefina e a de todos os seus companheiros. Junto a seu irmão Claudio e sua mulher, Mercedes Ballesteros, refugiam-se nas Canárias. Ali passam os anos de contenda. Nesse período, sua fortuna familiar desaparece, e sua mãe, já com idade avançada, fica doente. Certamente foram essas circunstâncias que obrigaram os dois irmãos a tomar a decisão de não abandonar a Espanha. Nas Canárias, e com o objetivo de conseguirem algum dinheiro, fundam a editora La Novela Ideal, onde Josefina escreve com o pseudônimo de Laura de Cominges. Segundo ela conta na entrevista da UNED, a razão pela qual assinou seus romances com outro nome era porque naquela época escrever "romances de intriga e amor para senhoritas de províncias" era rebaixar o seu nível como escritora, o oposto da trajetória autoral que até aquele momento a havia caracterizado.

Ao final da guerra, Josefina vê como o seu entorno se transforma: seus amigos se exilaram ou foram assassinados. Ela, da ilha que antigamente lhe trouxe tantas recordações bonitas, vive agora com a angústia de um futuro incerto.

Em 1940 os irmãos De la Torre regressam a Madri. Ali se instalam e mergulham nos novos modelos da cultura franquista, especialmente no cinema, indústria que Franco dedica grande interesse e recursos por entender a força propagandista que a sétima arte abarca. A década de 1940 é muito produtiva para Josefina; consegue ser a primeira atriz da Companhia Nacional María Guerrero, ao mesmo tempo que vai dando os primeiros passos na grande tela, de novo com as mãos dadas a seu irmão Claudio. Mas o trabalho no cinema não se reduz só à função frente a câmera, atua também como assistente de direção e roteirista. Seu maior sucesso de crítica e de bilheteria foi justamente uma adaptação do seu próprio romance *Tú eres él*, que estreou com o título *Una herencia en París*, do diretor Miguel Pereyra. Como atriz de cinema, trabalhou sob as ordens de diretores como seu próprio irmão (*La blanca paloma, Misterio en la marisma*), José María

Castellví (*El camino del amor*) e Edgar Neville (*La vida en un hilo*). É conhecida, mas não popular. Seu rosto ocupa a capa da revista *Primer Plano*, dedicada ao mundo do cinema e do espetáculo, onde pouco depois começará a colaborar como repórter e entrevistadora.

Em 1945, depois de terminar a filmagem de *La vida en un hilo*, decide deixar o cinema. Ainda neste ano publicará o romance *Memorias de una estrella*, em que uma atriz de sucesso abandona a carreira cinematográfica por se encontrar desencantada com o ambiente mesquinho e cruel. Talvez Josefina plasme nesse relato a própria decepção frente ao mundo cinematográfico. Nunca passou dos papéis secundários, com cenas mínimas e personagens insignificantes.

Durante esses anos ela conhecerá o ator Ramón Corroto, com quem se casará. "O amor é o único que vale a pena viver",[9] havia sentenciado em uma entrevista à revista *Crónica*, em 1934. Com o marido fundará, em 1946, a Companhia Comédias, que chegará a estrear quinze peças teatrais. Mais tarde trabalhará nas companhias de Núria Espert e Amparo Soler Leal, e se desencantará do teatro de câmara, como já havia feito tempos atrás com o Teatro Mínimo. É conhecida, mas não é popular. Já ninguém se lembra de que essa mulher de porte elegante e beleza perdurável foi uma poeta da vanguarda, independente e moderna. Ela tampouco alimenta esse passado, acredito que por precaução. Não publicará nenhum poema até 1968, como se essa poeta protagonista de uma época de esplendor, de traços e formas líricas suaves e de cores populares, fizesse parte de outro tempo que já não era o seu.

Vai experimentar a rádio, emprestando a sua voz ao conhecido programa *Teatro invisible*.

Só em 1968 publicará a terceira coleção de poemas, *Marzo incompleto*, que contém poemas escritos entre 1930 e 1936. Nela o tom é muito mais trágico que nas obras anteriores. A confusão, a solidão e a constante busca pela própria identidade como mulher, assim como a frustração pela impossibilidade de ser mãe, caracterizam os versos dessa obra:

> Ao longo dos meus anos estéreis,
> o quanto pensei em ti!
> Apertei o rosto de sonhos

....
9. In: DE LARA, Lula. *Una poetisa española: Josefina de la Torre Millares*, p. 32.

e comprimi o pobre desconsolo
do teu corpo pequeno...

A publicação de *Marzo incompleto* passa bastante despercebida. Naqueles anos Josefina, apesar de ter abandonado a carreira como atriz cinematográfica, havia encontrado na televisão uma nova oportunidade. Em 1966 protagoniza, junto a Rafael Navarro, *El cumpleaños*, capítulo-piloto da mítica série *Historias para no dormir*, dirigida por Chico Ibáñez Serrador. Nele, um homem (Navarro), a ponto de fazer cinquenta anos, planeja matar a sua mulher (Torre). Não deixa de ser paradigmático o personagem que Josefina de la Torre interpreta nesse capítulo. Durante todo o relato ela não tem voz. É uma sombra da que só sabemos aquilo que o cruel marido nos diz sobre ela, em um monólogo que busca degradá-la para assim justificar a ação assassina: "até quando era jovem parecia vulgar". Uma mulher que foi vanguarda é tratada, nesse episódio fundacional da televisão espanhola, como uma esposa passiva, tradicional e reacionária.

Em 1980, de forma repentina, morre o seu marido, Ramón Corroto. Três anos depois Josefina fará a sua última aparição na televisão, na mítica série *Anillos de oro*. A morte de Ramón a faz mergulhar em uma tristeza profunda. Está cansada, sente-se só, desterrada de um mundo ao qual dedicou a alma e que lhe sequestrou a ilusão. Esquecida por todos, decide retirar-se voluntariamente da esfera pública, o que durará nada mais e nada menos que vinte anos. Durante os anos oitenta escreve, na solidão do seu apartamento em Madri, uma coleção de poemas, a qual dedica ao marido — e que não será publicada até a exposição que comemora o centenário de seu nascimento, em 2007. Finalmente, em 1988, é publicada uma antologia de sua obra, organizada por Lázaro Santana, na coleção Biblioteca Básica Canária.

Nessa ocasião é que a coleção de poemas *Medida del tiempo*, até esse momento também inédita — que reúne poemas escritos durante os últimos quarenta anos —, será incorporada. Entre outros poemas dedicados aos companheiros desse tempo de júbilo (Miguel Hernández e Pablo Neruda), encontra-se uma das odes mais pungentes e impactantes do quanto essa geração escreveu:

MEUS AMIGOS DE ENTÃO

Meus amigos de então,
aqueles que liam meus versos
e escutavam minha música:
Luis, Jorge, Rafael,
Manuel, Gustavo...
e tantos outros já perdidos!
Enrique, Pedro, Juan,
Emilio, Federico...,
por que este vazio entre as duas metades?
Vocês ajudaram
na brandura do que foi meu ninho.
Eu me moldei ao calor
que com suas palavras me envolvia.
Vocês me fizeram importante.
Com seu exemplo,
inventei-me uma ambição
e tive
voos insuspeitos de gaivota.
Gaivota, sim,
porque o mar foi o meu espelho
e refletiu minha infância, meus setembros.
Amigos que de mim fizeram nome!
À metade vertente da minha vida
hoje os chamo.
Estendam-me suas mãos!
Eu me senti nascer,
para logo roçar dos fundamentos
a acertada carícia.
Porém de repente,
um dia o indefensável me cobriu,
algo sem corpo, sem olor, sem música...,
e me senti impulsionada,
coberta de cinza,
apagada com esquecimento.
Onde vocês estavam, companheiros,
seus impressos, seus engenhos,
sua defesa
contra o desconhecido ataque?

Oh, amigos!
Enrique, Pedro, Juan,
Emilio, Federico...,
nomes que não responderão à minha voz.
Manuel, Gustavo, longe...
Luis, Jorge, Rafael...
Que ainda que o afã
nos dê ventos para nos encontrarmos, ignoro em que cidade
e se chegará o dia
em que eu volte a me sentir descoberta.

Josefina de la Torre morreu em Madri em 2002, com noventa e três anos. Apagou-se a última voz poética de 27.

Epílogo

Demorei muito para escrever este epílogo. Qual era o melhor final?

São tantas as vidas que ainda não menciono que para mim foi difícil concluir.

No mural de nomes da minha parede — que construí no meu escritório — fui acrescentando outros ao longo da minha pesquisa. Não podia evitar me deixar levar pela curiosidade das suas existências; cheguei a compartilhar a inquietude com tantas pessoas... Quem eram essas mulheres, o que haviam feito, o que teria lhes acontecido? Tinha a necessidade de falar de todas elas, agora, aqui nestas páginas.

Mas a verdade é que eu não sei quantas folhas são necessárias para escrever a vida de todas aquelas mulheres que fizeram parte de uma época que mudaria o rumo de seu tempo. *As sinsombrero* foram muitas, cada uma com uma façanha que lhes pertence, e fazem parte de uma história que é de todos, apesar de durante anos termos lhes dado as costas. Elas foram conscientes de que a luta não seria fácil. Finalmente, as circunstâncias políticas e sociais não as acompanharam em seus sonhos, mas ainda assim elas não se renderam. A maior conquista foi conseguirem ser elas mesmas em meio a uma sociedade que demorou a aceitar que devia olhá-las, quando já não pôde negar sua existência. Até isso foi parte da vitória, mas nem isso lhes foi reconhecido.

Conhecê-las não te deixa indiferente, te permite olhar para trás com um sorriso. Os seus passeios pela cidade se transformam, e não só por Madri — que foi por excelência a cidade delas, que não tem porque ser a minha, mas que graças a elas descobri. Também pelas minhas ruas, as de Barcelona, ou as de Málaga, Valência, Bilbao ou Vigo, por onde também caminharam as *sinsombrero* — as *sinsombrero* dessas cidades, as de todos nós. Agora quero que as prefeituras coloquem placas lembrando onde viveram, expuseram, editaram e tomaram café. Agora quero mais do que nunca que me contem a história através delas, porque me interessa, porque me apaixona, porque me diverte. Tomando as palavras da minha amiga Mercedes Gómez Blesa: "Descobri-las me permitiu reconciliar, finalmente, com a memória do meu país".

"Memória", certamente a palavra que mais vezes usei durante os últimos nove meses. Memória, a força da lembrança. Como é cruel pensar que você depende da memória para que tudo aquilo pelo que lutou e viveu permaneça. Que dor mais intensa ser objeto do esquecimento e, mais ainda, quando você sente que o seu legado faz parte desse tempo em que tudo conta, tudo cria admiração e curiosidade. Quantas vezes vi o desinteresse nos olhos daqueles que, entregues aos detalhes da produção artística e vital DELES, não consideram relevante o que elas fizeram ou poderiam ter feito. Menos quando, por alguma coincidência, seus mistérios revelavam algum aspecto sem precedentes da vida ou obra de seus companheiros. Acredito que disso Maruja Mallo sabia bem. Dessa forma, frente ao esquecimento que sofreu quando regressou à Espanha, decidiu um dia pronunciar as palavras mágicas: Lorca, Buñuel e Dalí. "Eu fui amiga deles", dizia. E então as câmeras se iluminaram e todos começaram a olhá-la de novo. Não, Maruja, você não foi deles, mas todos vocês faziam parte de algo que era de vocês, um tempo. Que lhes foi tirado. Mas o tempo não jogou a seu favor, nem ao de suas queridas amigas, das que na intimidade você se lembrava com entusiasmo. "Que milagre", você disse a Paloma Ulacia quando esta lhe chamou por telefone, dizendo-lhe que era a neta de Concha Méndez.

Não pude senão tentar conhecer com humildade o porquê de tão surpreendente esquecimento. Talvez eu seja excessivamente curiosa, ou simplesmente me depare com perguntas que eu antes não me fazia. Por que será? Nestas páginas não manifestarei um *delírio* sobre a razão humana — para isso lhes convido, mais uma vez, a ler Zambrano. Ninguém como ela para descobrir os lugares mais inesperados de nossos sonhos e nossa mente. Não, o único que quero é expor algumas das razões que considero que ajudaram a apagar do mapa essas maravilhosas artistas que, infelizmente, não são as únicas.

Primeiro direi que esta tendência à falta de memória para a cultura produzida por mulheres não é um traço exclusivamente espanhol, nisso não estamos sós. É um mal permanente de índole internacional. Fale com quem seja, no idioma que for, e pergunte se na sua história cultural existe uma versão das *sinsombrero*. A resposta é contundente: "Claro que sim". Mas isso nós já sabemos: durante anos a história foi escrita por e para os homens. Por sorte, as tendências mudam, e pouco a pouco o relato vai tomando matizes um pouco mais equilibrados; mas ainda há trabalho a ser feito. Não vamos acreditar que isso já esteja ganho.

Por outro lado, a escolha da Geração de 27 como ponto de partida deste projeto de reivindicação não foi por acaso. O Grupo de 27 é, sem dúvida, o referencial mais importante e conhecido da nossa história cultural, o que torna extremamente impactante descobrir que entre eles, tão estudados e comentados, existiam elas. E essa certeza inclusive potencializava e expunha muito mais o injusto dessa ausência histórico-cultural.

Também é importante saber que o Grupo de 27 é, sem dúvida, o primeiro coletivo histórico do qual conservamos um extenso arquivo. Cartas, textos, fotografias, documentos fílmicos e objetos pessoais que sobreviveram às adversidades de uma época convulsiva, que passaram de pertences estranhos a objetos de culto, e que nos permitem conhecer a intimidade dessas vidas. Entre esses detalhes, um de muita importância: a também conhecida como Geração da República tem uma característica diferente de outros grupos literários e históricos: seus membros tiveram uma forte consciência de integração geracional. E como sabemos disso? Porque são inúmeras as demonstrações de companheirismo vital e artístico, como as fotografias coletivas feitas nas homenagens, celebrações e jantares com brindes, as cartas enviadas ou os textos críticos publicados. Todo esse arquivo demonstra que todos eles se sentiam parte de um lugar comum, um espaço extraordinário, uma vida sonhada. E nesse álbum de uma ideologia de juventude, elas estão posando com a mesma certeza de protagonizar esse momento histórico. Sendo assim, é evidente a sua existência, integração e importância.

Porém, apesar disso, o que aconteceu para que não as víssemos por tanto tempo? A imagem possibilita ao cidadão de hoje construir uma leitura de poder sobre o passado. Nós conhecemos a transformação do futuro. E é ali, nessa inexplicável e necessária construção empática de uma história sensitiva, que os seus protagonistas transpassam o simples estar pelo ser. Uma foto, por exemplo, de clara consciência coletiva, como bem apontávamos antes, tirada na primavera de 1936, onde se vê um grupo de artistas descontraídos e sorrindo, reunidos com o propósito de homenagear o pintor Hernando Viñes, deriva numa estranha necrologia dos sonhos. Todos nós sabemos o que acontecerá poucas semanas depois. E é dessa forma que os rostos daquele passado, que se mostram vitais, tornam-se vítimas de um destino injusto. E é ali onde começa a máquina da memória. Mas se nessa foto os nomes desaparecem, a história de seus protagonistas não nos é explicada, nem o legado que deles sobreviveu. Suas figuras vão se diluindo atrás daqueles que nos descobrem e que acabamos conhecendo. Durante muito tempo elas não eram identificadas no rodapé das fotos, o que, pelo peso do desconhecimento, foi apagando os seus rostos de nossa curiosidade. Poucos foram os que se perguntaram se as figuras que, como eles, olhavam esse tempo de frente eram algo mais do que "mulheres de". Se o tivessem feito, descobririam que elas eram as "mulheres que"... mudaram o rumo da história, que criaram, que amaram, que triunfaram e, acima de tudo, que foram elas mesmas.

E por último, como bem apontávamos, está claro que essa tendência à falta de memória está muito relacionada a eles, seus amigos e companheiros, tão modernos e transgressores que, no fundo, não viam com bons olhos que as mulheres entrassem com força no mundo da arte e do pensamento. Por isso não se empenharam muito em falar delas em suas aclamadas e esperadas memórias.

Certamente, por tudo isso, durante anos as *sinsombrero* não fizeram parte da história.

Por sorte, agora seus rostos apagados das fotografias começam a emergir de novo como figuras imprescindíveis. Timidamente, suas obras vão sendo reeditadas, seus nomes começam a ser reivindicados — e não somente por especialistas, mas por uma geração de novas mulheres, algumas ainda meninas, que, frente à ausência no relato oficial, levantam-se das carteiras e perguntam: "Professora, por que não havia mulheres nessa época? Por acaso não se podia ser artista?".

Foram muitas as *sinsombrero*; ainda estamos a tempo de descobri-las. E não quero deixar de nomear algumas delas, dessas que foram omitidas da minha proposta, mas nas quais penso seguidamente.

Carmen Conde (1907-1996), uma das poetas mais importantes da sua geração e uma a mais do grupo das *sinsombrero*. Amiga de

Ernestina de Champourcín, Maruja Mallo e Concha Méndez. Foi a primeira mulher acadêmica a fazer parte da Real Academia Espanhola, em 1979. O seu arquivo pessoal, que se encontra no Patronato Conde-Oliver, é uma fonte de conhecimento sobre aquela época.

Encarnación Aragoneses de Urquijo, mais conhecida como Elena Fortún (1886-1952), autora das histórias de Celia, personagem inesquecível de muitas infâncias. Apesar de o seu nome estar associado à literatura infantil, a recente edição de seu romance inédito *Oscuro sendero* nos permitirá conhecer um pouco mais da importância dessa autora imprescindível e de sua vida, uma autêntica luta contra o seu verdadeiro ser, escondido pelas circunstâncias de uma sociedade que não lhe permitia ser ela mesma.

O grupo das ultraístas, esse movimento pioneiro (1918-1925) de vanguarda espanhola encabeçado por Guillermo de Torre, revolucionou o panorama cultural. Entre elas se encontram nomes como Norah Borges (1901-1998), argentina de nascimento, mas residente durante alguns anos na Espanha, onde rapidamente se tornou referência — mulher de ampla influência social. Foi uma excelente pintora e xilógrafa, que ilustrou, entre outros, o livro de poemas *Canciones de mar y tierra*, de Concha Méndez. Também deve ser mencionada Ruth Velázquez, poeta e pintora de quem pouco se sabe e não se pôde recuperar nenhuma obra, mas da qual Guillermo de Torre escreve na revista *Ultra* [V_ltra], de 30 de maio de 1921:

> Ruth consegue harmonizar belos acordes tonais de uma delicada feminilidade, ímpar entre nós — oh, distante pintura feminina de Marie Laurencin! — e de um colorido fragrante, sem ultrapassar a superfície poética bidimensional: assim é em seus quadros *Hermanos, Amanecer* e em algumas flores que emanam um aroma de luzes joviais.[1]

Aparece também Lucía Sánchez Saornil (1895-1970), poeta e sindicalista bastante ativa no ultraísmo, sob o pseudônimo Luciano de San-Saor. Fervorosa feminista e defensora dos direitos da

....
1. DE TORRE, Guillermo. Dos pintores de vanguardia: Ruth Velázquez y Santiago Vera. *Ultra* [V_ltra], Madri, Ano I, n. 12, p. 3, 30 mai. 1921.

mulher, em 1935 publicou um importante artigo, "A questão feminina em nossos meios", na revista *Solidaridad Obrera*:

> Até ontem mesmo a mulher foi objeto de menosprezo na sociedade, do mais humilhante menosprezo (...). E assim, através dos séculos, as sociedades fundadas por homens, integradas por homens, relegaram à mulher os últimos degraus da escala zoológica. Chamaram-lhe, algumas vezes, animal de prazer, mas eu lhes asseguro que ainda não foi nem isso, senão testemunho atormentado e ao mesmo tempo passivo do prazer dos demais.[2]

Meses antes do início da Guerra Civil, ela fundou a revista *Mujeres Libres*. Outra mulher que não deve cair no esquecimento é a cineasta Rosario Pi (1899-1967), uma das primeiras diretoras e produtoras de cinema na Espanha. Entre os seus filmes, como diretora, estão: *El gato montés* (1935) e *Molinos de viento* (1938). Em 1931 funda a Star Films, com a qual chega a produzir filmes de Edgar Neville, Benito Perojo e Fernando Delgado. Mais tarde muda-se para Roma com a atriz María Mercader, onde começa a trabalhar como roteirista nos estudos do Cinecittá.

As pintoras Delhy Tejero (1904-1968), Rosario de Velasco (1904-1991) e Remedios Varo (1908-1963); as poetas Consuelo Berges (1899-1988), María Luisa Muñoz de Buendía (1898-1994), Cristina de Arteaga (1902-1984), María Cegarra (1903-1993), Josefina Romo Arregui (1909-1979), Elisabeth Mulder (1904-1987) e Marina Romero (1908-2001); as compositoras Carmen Barradas (1888-1963) e Elena Romero (1907-1996).

São tantos os nomes de figuras extraordinárias que enfrentaram o seu destino, mulheres que desde a primeira vez em que me propus iniciar este projeto, por volta de 2009, foram acompanhando a construção de uma certeza que, por fim, apresentou-se imprescindível: sem elas a história não está completa.

Para mim, essa aventura só foi possível porque um dia tomei a decisão de me deixar levar, e assim foi: sonhei Margarita, descobri Marga, compartilhei Concha, contemplei Maruja, entendi María Teresa, estudei María, com Rosa submergi, recuperei Ángeles, emocionei-me com Ernestina e com Josefina não me rendi.

---

2. SAORNIL, Lucía Sánchez. La cuestión femenina en nuestros medios II. *Solidaridad Obrera*, Barcelona, 2 out. 1935.

Sei que neste livro pude falar com detalhes somente de algumas das *sinsombrero*. Não estão aqui todas, eu sei, mas este é só o princípio.

Agradecimentos

Dedico este livro à minha família e aos meus amigos. Sei que é um lugar-comum, mas nem por isso é menos certeiro.

Não tenho dúvida de que esta iniciativa, tão impensável para mim há alguns meses, foi possível porque tenho a sorte de ter ao meu redor gente que me ama, que acredita em mim, que me cuida, que me protege. Essa é a base à qual alguém se agarra quando se lança a uma nova experiência que *a priori* acredita ser difícil. Agradeço a Jorge Carrasco, pela ideia, tão importante em projetos como este. A Serrana Torres e Manuel Jiménez-Núñez, por compartilharem da experiência. A toda a equipe e aos colaboradores do projeto das *sinsombrero*, por torná-lo possível. À minha mãe e ao meu pai, por me educarem na liberdade de me equivocar; aos meus irmãos, Marc, Ona e Raquel, por me permitirem descobri-los. À minha avó, por me emprestar a memória de um tempo que não é o meu. Aos meus amigos que, apesar de esconderem suas importantes individualidades sob títulos cômicos de grupos de WhatsApp — "Lagartas siempre", "Gorronapaluza", "Café, suc i cacaolat" — foram imprescindíveis naqueles momentos em que eu não soube se seria capaz. A Berta Mille, Laia Lafarga e Meritxell Alonso, pela ajuda, vontade e trabalho para mim tão necessários. A Lorena Muñoz e Fernanda Chali, por esse instante portenho que me revelou a valia do reencontro. A Joan, por me ensinar a sonhar.

Mas, principalmente, dedico este livro à minha filha, Martina. Porque ela me ensinou uma das lições mais importantes da minha vida: educar não é um monólogo, mas um diálogo, no qual a criança pede a palavra e o adulto tem que aprender a escutar. À sua pergunta, minha vida, do porquê trabalho tanto, só posso oferecer este livro, fruto do sequestro de um tempo que lhe pertence: o nosso. Mas quero recompensar a sua paciência, disfarçada de tremendo tédio nas horas em que eu, absorta na escrita, não prestava atenção às suas demandas. Prometi-lhe a viagem a Paris, e não falharei nesse desejo, mas também lhe ofereço as *sinsombrero*. "Por que não usam chapéu, mamãe?" — você me perguntou um dia. Preciso de mais tempo para que entenda, e por isso escrevi este livro, para que eu nunca me esqueça da sua mensagem: você deve lutar para ser quem quer ser. Jamais permita que alguém lhe impeça, com suas luzes e suas sombras, que você seja feliz.

A Mercedes Gómez Blesa, por me ajudar a conhecer María e a entender Zambrano. A Nuria Capdevila-Argüelles, por sua amizade, energia e determinação; por me ajudar a encontrar a minha voz. A Ian Gibson, por me escutar e por sua amizade. A Víctor Fernández, pelas longas conversas sobre temas apaixonantes e por essa biblioteca de que tanto desfrutei durante esse tempo. Prometo que lhe devolverei todos os livros emprestados.

A Viviana Paletta, Miryam Galaz e Paz López-Felpeto Paz, por me fazerem descobrir algo maravilhoso: "Você deve colocar uma editora na sua vida". Obrigada pela confiança. Obrigada pela aventura. Esse é um grande trabalho de equipe.

E por fim, a elas, minhas *sinsombrero*, por me emprestarem suas vivências, por nos deixarem o seu legado. Às suas famílias e aos profissionais que cuidam dos seus arquivos, obrigada por manterem viva a memória de quem nunca deveríamos ter esquecido.

Referências

AHORA. Un nuevo teatro para la juventud. *Ahora — Diario de la Juventud*, Madri, p. 2, 18 out. 1937.
ALBERTI, Rafael. De las hojas que faltan. *El País*, Madri, 29 set. 1985.
ALBERTI, Rafael. *La arboleda perdida*. Barcelona: Seix Barral, 1976.
ALBIR, Amparo Hurtado. El Lyceum Club Femenino, Madrid (1926-1939). *Boletín de la Institución Libre de Enseñanza*, Madri, n. 36, p. 23-40, dez. 1999.
ALONSO, Dámaso. *Poetas españoles contemporáneos*. Madri: Gredos, 1965.
ALONSO, Dámaso. Una generación poética. In: _____. *Poetas españoles contemporáneos*. Madri: Gredos, 1965. p. 155-177.
ALTOLAGUIRRE, Paloma Ulacia. Concha Méndez. *Memorias habladas, memorias armadas*. Madri: Mondadori, 1990.
ARCINIEGA, Rosa. Entrevista a Marga Gil Roësset. *Crónica*, Madri, Ano II, n. 35, p. 14, 13 jul. 1930.
AZNAR SOLER, Manuel. María Teresa León y el teatro español durante la Guerra Civil. *Stichomythia*, Valencia, n. 5, p. 37-54, 2007.
BERGES, Consuelo. Prólogo. In: MÉNDEZ, Concha. *Canciones de mar y tierra*. Buenos Aires: Talleres Gráficos Argentinos, 1930.
BUÑUEL, Luis. *Mi último suspiro*. Barcelona: Plaza & Janés, 1982.
CAMPRUBÍ, Zenobia. Marga. In: JIMÉNEZ, Juan Ramón (ed.). *Marga*. Sevilha: Fundación José Manuel Lara, 2015.
CAPDEVILA-ARGÜELLES, Nuria. *Artistas y precursoras. Un siglo de autoras Roësset*. Madri: Horas y Horas, 2013.
CAPDEVILLA-ARGÜELLES, Nuria. *Autoras inciertas: voces olvidadas de nuestro feminismo*. Madri: Horas y Horas, 2008.
CAPELLA, Anna. *Ángeles Santos entre la vida i la pintura*. Bellacaire d'Empordá: Vitel-la, 2011.

CARR, Raymond. *España 1808-1839*. Barcelona: Editorial Ariel, 1970. [Horas de España].

CARRERE, Emilio. Con el sombrero en la mano. *La Libertad*, Madri, 3 fev. 1934.

CHACEL, Rosa. A Concha Méndez [*A la orilla de un pozo*, 1936]. In: RAMONEDA, Arturo (ed.). *Antología poética de la Generación del 27*. Madri: Castalia, 1990.

CHACEL, Rosa. *Alcancía. Ida y vuelta*. Barcelona: Seix Barral, 1982.

CHACEL, Rosa. *Astillas*. Fundación Banco Santander, 2013.

CHACEL, Rosa. Autopercepción intelectual de un proceso histórico. Autobiografía intelectual. *Anthropos*, Barcelona, n. 85, p. 16-27, jun. 1988.

CHACEL, Rosa. Barrio de Maravillas. In: _____. *Obra completa*, v. 6 — Novelas III. Valladolid: Fundación Jorge Guillén, 2003.

CHACEL, Rosa. *Desde el amanecer*. Madri: Editorial Debate, 1993.

CHACEL, Rosa. Discurso de investidura de Doctor Honoris Causa por la Universidad de Valladolid (1989). In: _____. *Obra completa*, v. 3 — Artículos I. Valladolid: Fundación Jorge Guillén, 1993.

CHACEL, Rosa. Esquema de los problemas prácticos y actuales del amor (1927). In: _____. *Obra completa*, v. 4 — Artículos II. Valladolid: Fundación Jorge Guillén, 1993.

CHACEL, Rosa. Invitación a la Escuela. In: _____. *Obra completa*, v. 5 — Novelas II. Valladolid: Fundación Jorge Guillén, 2000.

CHACEL, Rosa. *La lectura es secreto*. Madri: Editorial Júcar, 1989.

CHACEL, Rosa. Luis Cernuda a través de Gregorio Prieto. In: _____. *Astillas*. Fundación Banco Santander, 2013.

CHACEL, Rosa. Luis Cernuda, un poeta. *La Caña Gris — Revista de poesía y ensayo*, Valencia, n. 6, 7 e 8, p. 18-20, 1962.

CHACEL, Rosa. María Teresa. In: _____. *Obra completa*, v. 3 — Artículos I. Valladolid: Fundación Jorge Guillén, 1993.

CHACEL, Rosa. *Obra completa*, v. 3 — Artículos I. Valladolid: Fundación Jorge Guillén, 1993.

CHACEL, Rosa. *Obra completa*, v. 4 — Artículos II. Valladolid: Fundación Jorge Guillén, 1993.

CHACEL, Rosa. *Obra completa*, v. 5 — Novelas II. Valladolid: Fundación Jorge Guillén, 2000.

CHACEL, Rosa. *Obra completa*, v. 6 — Novelas III. Valladolid: Fundación Jorge Guillén, 2003.

CHACEL, Rosa. *Obra completa*, v. 7 — Narrativa breve. Valladolid: Fundación Jorge Guillén, 2004.

CHACEL, Rosa. *Obra completa*, v. 8 — Autobiografías. Valladolid: Fundación Jorge Guillén, 2004.

CHACEL, Rosa. Ortega. In: _____. *Obra completa*, v. 3 — Artículos I. Valladolid: Fundación Jorge Guillén, 1993.

CHACEL, Rosa. Pentagrama (1981). In: _____. *Obra completa*, v. 3 — Artículos I. Valladolid: Fundación Jorge Guillén, 1993.

CHACEL, Rosa. Poesía de la circunstancia. In: _____. *La lectura es secreto*. Madri: Editorial Júcar, 1989. p. 18-36. [Conferência dada em 1958 na Universidade Nacional do Sul, Bahía Blanca, Argentina].

CHACEL, Rosa. Respuesta a Ortega. La novela no escrita. *Sur*, Buenos Aires, n. 241, p. 97-119, 1956. [Homenaje a Ortega].

CHACEL, Rosa. Sendas perdidas de la Generación del 27. *Cuadernos Hispanoamericanos*, Madri, n. 322-323, p. 5-34, 1977. p. 17. [Texto de duas conferências dadas no Instituto de Cultura Hispânica].

CHACEL, Rosa. Timoteo Pérez Rubio y sus retratos del jardín. In: _____. *Obra completa*, v. 8 — Autobiografías. Valladolid: Fundación Jorge Guillén, 2004.

CHACEL, Rosa; MOIX, Ana María. *De mar a mar*. Ed.: Ana Rodríguez Fischer. Barcelona: Editorial Comba, 2015.

CHAMPOURCÍN, Ernestina de. *Diarios y memorias de Ernestina de Champourcín: algunos fragmentos inéditos*. Ed.: María Elena Antón Remírez. Pamplona: Servicio de Publicaciones de la Universidad de Navarra, 2008.

CHAMPOURCÍN, Ernestina de. *La ardilla y la rosa: Juan Ramón en mi memoria*. Moguer: Fundación Juan Ramón Jiménez, 1997.

CHAMPOURCÍN, Ernestina de; CONDE, Carmen. *Epistolario (1927-1995)*. Ed.: Rosa Fernández Urtasun. Madri: Castalia, 2007.

CLARK, Marga. Mi tía Marga: reivindicación de una memoria. In: JIMÉNEZ, Juan Ramón (ed.). *Marga*. Sevilha: Fundación José Manuel Lara, 2015.

DALÍ, Salvador; LORCA, Federico García. *Querido Salvador, Querido Lorquito. Epistolario 1925-1936*. Ed.: Víctor Fernández. Barcelona: Elba, 2013.

DE LA TORRE, Josefina. Fragmento VIII. In: _____. *Versos y Estampas*. Prólogo: Pedro Salinas. Málaga: Imprenta Sur, 1927. p. 35. [Octavo suplemento de Litoral].

DE LA TORRE, Josefina. *Poemas de la Isla*. Ed.: Lázaro Santana. Las Palmas de Gran Canaria: Viceconsejería de Cultura y Deportes del Gobierno de Canarias, 1989. [Biblioteca Básica Canaria].

DE LA TORRE, Josefina de. Un paisaje y yo. *España*, Madri, Ano IX, n. 397, p. 6, 24 nov. 1923.

DE LA TORRE, Josefina de. *Versos y Estampas*. Prólogo: Pedro Salinas. Málaga: Imprenta Sur, 1927. p. 35. [Octavo suplemento de Litoral].

DE LARA, Lula. Una poetisa española: Josefina de la Torre Millares. *Crónica*, Madri, Ano VI, n. 240, p. 32, 16 jun. 1934.

DE TORRE, Guillermo. Dos pintores de vanguardia: Ruth Velázquez y Santiago Vera. *Ultra [V_ltra]*, Madri, Ano I, n. 12, p. 3, 30 mai. 1921.

DICENTA, Joaquín. Sombrerías. *El Liberal*, Madri, 12 nov. 1901.

ESCORIAZA, Teresa de. Ante un ataque. *La Libertad*, Madri, p. 1, 26 ago. 1927.

F. A. N. Los libros nuevos — El niño de oro. *La Correspondencia de España*, Madri, p. 1, 24 jan. 1921.

FISCHER, Ana Rodríguez. Introducción. In: CHACEL, Rosa. *Obra completa*, v. 7 — Narrativa breve. Valladolid: Fundación Jorge Guillén, 2004.

FRANCÉS, José. Vida artística: Marga Gil Roësset. *La Esfera*, Madri, p. 22-23, 17 ago. 1929.

GIBSON, Ian. Con Dalí y Lorca en Figueres. *El País*, Madri, 26 jan. 1986.

GIBSON, Ian. *Dalí joven, Dalí genial*. Madri: Editorial Aguilar, 2013.

HERALDO DE MADRID. Heraldo de Madrid va a publicar unos interesantes reportajes sobre teatro internacional. *Heraldo de Madrid*, Madri, p. 1, 6 mai. 1933.

ITURRALDE, Gamito. Campeona de natación y poetisa. Concha Méndez, del Lyceum Club, 1928. In: VALENDER, James (ed.). *Una mujer moderna. Concha Méndez y su mundo (1898-1986)*. Madri: Publicaciones de la Residencia de Estudiantes, 2001.

JIMÉNEZ, Juan Ramón. *Españoles de tres mundos (1914-1940)*. Madri: Visor, 2009.

JIMÉNEZ, Juan Ramón (ed.). *Marga*. Sevilha: Fundación José Manuel Lara, 2015.

JIMÉNEZ, Juan Ramón. Marga (Gil Roësset). In: JIMÉNEZ, Juan Ramón (ed.). *Marga*. Sevilha: Fundación José Manuel Lara, 2015.

LA VOZ. El Teatro Mínimo, de Las Palmas. *La voz*, Madri, Ano VIII, n. 2187, p. 2. 21 out. 1927.

LEÓN, María Teresa. *Juego limpio*. Barcelona: Seix Barral, 1987.

LEÓN, María Teresa. *Memorias de la melancolía*. Buenos Aires: Losada, 1970.

LÓPEZ, Begoña Barrera. Personificación e iconografía de la mujer moderna. *Trocadero*, Cádiz, n. 26, p. 221-240, 2014.

LORCA, Federico García. Remansos. *Verso y Prosa – Boletín de la joven literatura*, Murcia, n. 4, abr. 1927.

LORCA, Isabel García. *Recuerdos míos*. Barcelona: Tusquets Editores, 2002.

LYNCH, Carlos Morla. *En España con Federico García Lorca (Páginas de un diario íntimo, 1928-1936)*. Prólogo: Sergio Macías. Sevilha: Renacimiento, 2008.

MACÍAS, Rafael Utrera. *Film Dalp Nazarí. Productoras Andaluzas*. Córdoba: Consejería de Cultura; Filmoteca de Andalucía, 2001.

MALLO, Maruja. Relato veraz de la realidad de Galicia. *La Vanguardia*, Barcelona, p. 4, 16 ago. 1938.

MANGINI, Shirley. El Lyceum Club de Madrid: un refugio feminista en una capital hostil. *Asparkía. Investigación feminista*, Castellón, n. 17, p. 125-140, 2006.

MANGINI, Shirley. *Las modernas de Madrid: las grandes intelectuales españolas de la vanguardia*. Barcelona: Ediciones Península, 2001.

MANGINI, Shirley. *Maruja Mallo y la vanguardia española*. Barcelona: Circe, 2012.

MARINA, José Antonio; RODRÍGUEZ, María Teresa. *La conspiración de las lectoras*. Barcelona: Anagrama, 2009.

MEDEROS, Alicia R. (coord.). *Josefina de la Torre: modernismo y vanguardia – Centenario del nacimiento (1907-2007)*. Las Palmas de Gran Canaria: Viceconsejería de Cultura y Deportes; Gobierno de Canarias, 2007.

MÉNDEZ, Concha. *Canciones de mar y tierra*. Buenos Aires: Talleres Gráficos Argentinos, 1930.

MÉNDEZ, Concha. *Poemas (1926-1986)*. Introd. e sel.: James Valender. Madri: Hiperión, 1995.

MONTERO, Rosa. *Historia de mujeres*. Madri: Alfaguara, 1995.

NELKEN, Margarita. La poetisa niña. *La Esfera*, Madri, Ano XI, n. 545, 14 jun. 1924.

NERUDA, Pablo. *Confieso que he vivido*. Barcelona: Seix Barral, 2001.

NESSI, Carmen Baroja y. *Recuerdos de una mujer de la Generación del 98*. Barcelona: Tusquets Editores, 1998.

OJEDA, José. Zarzuela: Estreno de "La tragedia optimista", drama de la guerra civil rusa, de Vsevolod Vischniewski, adaptación de María Teresa León, ilustraciones musicales de Jesús García Leoz. *La Libertad*, Madri, p. 1, 17 out. 1937.

ONTAÑÓN, Santiago; MOREIRO, José María. *Unos pocos amigos verdaderos*. Madri: Fundación Banco Exterior, 1988.

PRIETO, Gregorio. *Lorca y la generación del 27*. Madri: Biblioteca Nueva, 1977.

RAMÍREZ, Goretti. Presentación. In: ZAMBRANO, María. *Obras completas*, v. 6. Ed.: Jesús Moreno Sanz. Barcelona: Galaxia Gutenberg; Círculo de Lectores, 2014.

RAMONEDA, Arturo (ed.). *Antología poética de la Generación del 27*. Madri: Castalia, 1990.

REYES, Carlos. Josefina de la Torre. In: MEDEROS, Alicia R. (coord.). *Josefina de la Torre: modernismo y vanguardia — Centenario del nacimiento (1907-2007)*. Las Palmas de Gran Canaria: Viceconsejería de Cultura y Deportes; Gobierno de Canarias, 2007. p. 97-111.

RIDRUEJO, Dionisio. *Casi unas memorias*. Madri: Planeta, 1976.

RODRIGO, Antonina. *María Lejárraga: una mujer en la sombra*. Barcelona: Círculo de Lectores, 1992.

SALAVERRÍA, José María. El primer club femenino. *ABC*, Madri, 12 nov. 1926.

SALINAS, Pedro; GUILLÉN, Jorge. *Correspondencia, 1923-1951*. Barcelona: Tusquets Editores, 1992.

SÁNCHEZ-OCAÑA, V. El primer club de mujeres en España. *El Heraldo de Madrid*, Madri, p. 1, 5 nov. 1926.

SANCHIZ, Federico García. Coluna em *El Heraldo de Madrid*, 22 mai. 1933. [Sobre o *sinsombrerismo*].

SANCHIZ, Federico García. La Venus actual. *La Esfera*, Madri, 14 fev. 1920.

SANTANA, Lázaro. Introducción a Josefina de la Torre. In: DE LA TORRE, Josefina. *Poemas de la Isla*. Ed.: Lázaro Santana. Las Palmas de Gran Canaria: Viceconsejería de Cultura y Deportes del Gobierno de Canarias, 1989. p. 9-20. [Biblioteca Básica Canaria].

SANTOS, Ángeles. La pintora Ángeles Santos Torroella entrevistada por Núria Rius Vernet. *Duoda*, Barcelona, n. 16, p. 177-198, 1999.

SAORNIL, Lucía Sánchez. La cuestión femenina en nuestros medios II. *Solidaridad Obrera*, Barcelona, 2 out. 1935.

SASSONE, Felipe. Coluna em *La Vanguardia Española*, Barcelona, 10 abr. 1944. [Sobre o *sinsombrerismo*].

SERNA, Ramón Gómez de la. Aventuras de un sinsombrerista. *Revista de Occidente*, Madri, mar. 1932.

SERNA, Ramón Gómez de la. En, por, sin, sobre el *sinsombrerismo*. *El Sol*, Madri, 24 ago. 1930.

SERNA, Ramón Gómez de la. La genial pintora Ángeles Santos, incomunicada en un sanatorio. *La Gaceta Literaria*, Madri, n. 79, p. 1-2, 1 abr. 1930. p. 2.

SERNA, Ramón Gómez de la. *Maruja Mallo, 1928-1942*. Buenos Aires: Losada, 1942.

SUERO, Pablo. *España levanta el puño. Palabras al borde del abismo (1937)*. Ed.: Víctor Fernández. Barcelona: Papel de Liar, 2009.

UMBRAL, Francisco. Ponce de León. *El Cultural*, Madri, 10 jul. 2003.

VALENDER, James (ed.). *Una mujer moderna. Concha Méndez y su mundo (1898-1986)*. Madri: Publicaciones de la Residencia de Estudiantes, 2001.

VICENT, Manuel. Maruja Mallo, la diosa de los cuatro brazos. *El País*, Madri, 11 set. 1981.

ZAMBRANO, María. A modo de autobiografía. In: _____. *Obras completas*, v. 6. Ed.: Jesús Moreno Sanz. Barcelona: Galaxia Gutenberg; Círculo de Lectores, 2014.

ZAMBRANO, María. Algunas estaciones del itinerario de la razón poética. In: _____. *Obras completas*, v. 6. Ed.: Jesús Moreno Sanz. Barcelona: Galaxia Gutenberg; Círculo de Lectores, 2014.

ZAMBRANO, María. Blas José Zambrano. In: _____. *Obras completas*, v. 6. Ed.: Jesús Moreno Sanz. Barcelona: Galaxia Gutenberg; Círculo de Lectores, 2014.

ZAMBRANO, María. Borrador de carta a Pizarro (1935). In: _____. *Obras completas*, v. 6. Ed.: Jesús Moreno Sanz. Barcelona: Galaxia Gutenberg; Círculo de Lectores, 2014.

ZAMBRANO, María. Café Greco. In: _____. *Obras completas*, v. 6. Ed.: Jesús Moreno Sanz. Barcelona: Galaxia Gutenberg; Círculo de Lectores, 2014.

ZAMBRANO, María. *Cartas a Rosa Chacel*. Ed.: Ana Rodríguez Fischer. Madri: Versal; Cátedra, 1992.

ZAMBRANO, María. *Cartas inéditas (a Gregorio del Campo)*. Ourense: Editorial Linteo, 2012.

ZAMBRANO, María. De nuevo en el mundo. In: _____. *Obras completas*, v. 6. Ed.: Jesús Moreno Sanz. Barcelona: Galaxia Gutenberg; Círculo de Lectores, 2014.

ZAMBRANO, María. Delirio y destino, los veinte años de una española. In: _____. *Obras completas*, v. 6. Ed.: Jesús Moreno Sanz. Barcelona: Galaxia Gutenberg; Círculo de Lectores, 2014.

ZAMBRANO, María. Delirio y destino. In: _____. *Obras completas*, v. 6. Ed.: Jesús Moreno Sanz. Barcelona: Galaxia Gutenberg; Círculo de Lectores, 2014.

ZAMBRANO, María. El libro: ser viviente. *Diario 16*, Madri, p. VIII, 20 abr. 1986. [Culturas; Suplemento Semanal].

ZAMBRANO, María. En el homenaje a Rafael Dieste. In: _____. *Obras completas*, v. 6. Ed.: Jesús Moreno Sanz. Barcelona: Galaxia Gutenberg; Círculo de Lectores, 2014.

ZAMBRANO, María. En silencio. In: _____. *Obras completas*, v. 6. Ed.: Jesús Moreno Sanz. Barcelona: Galaxia Gutenberg; Círculo de Lectores, 2014.

ZAMBRANO, María. Jesús G. de la Torre en su transparente pintar. In: DE LA TORRE, Jesús Gómez. *Jesús G. De la Torre — IV Centenario de San Juan de la Cruz*. Segóvia: Diputación Provincial de Segóvia, 1991. p. 9-15.

ZAMBRANO, María. *La confesión, género literario y método*. Madri: Siruela, 1995.

ZAMBRANO, María. La mujer en la lucha española. In: _____. *Obras completas*, v. I. Ed.: Jesús Moreno Sanz. Barcelona: Galaxia Gutenberg; Círculo de Lectores, 2015.

ZAMBRANO, María. Los intelectuales en el drama de España. In: _____. *Obras completas*, v. I. Ed.: Jesús Moreno Sanz. Barcelona: Galaxia Gutenberg; Círculo de Lectores, 2015.

ZAMBRANO, María. *Obras completas*, v. 1. Ed.: Jesús Moreno Sanz. Barcelona: Galaxia Gutenberg; Círculo de Lectores, 2015.

ZAMBRANO, María. *Obras completas*, v. 6. Ed.: Jesús Moreno Sanz. Barcelona: Galaxia Gutenberg; Círculo de Lectores, 2014.

ZAMBRANO, María. Rosa. In: _____. *Obras completas*, v. 6. Ed.: Jesús Moreno Sanz. Barcelona: Galaxia Gutenberg; Círculo de Leitores, 2014.

ZAMBRANO, María. Rosa. *Un Ángel Más*, Valladolid, n. 3-4, p. 11-12, 1988.

ABC, Madri, 23 abr. 1989. [Entrevista a María Zambrano].

El Mono Azul, Madri, n. 1, p. 1, 1936. [Artigo de María Teresa León sobre a Aliança de Intelectuais Antifascistas].

Gaceta de Madrid, Madri, n. 142, 21 mai. 1928. [Artigo n. 53, Lei Callejo, Ministério de Instrução Pública e Belas Artes].

La Libertad, Madri, 17 nov. 1928. [Artigo sobre a primeira conferência organizada pela Liga da Educação Social (LES), em que María Zambrano dá a palestra "O amor fora do casamento"].

La Voz, Madri, 19 nov. 1928. [Artigo sobre a Liga da Educação Social (LES), da qual María Zambrano foi porta-voz].

Le Figaro (Supplément Littéraire du Dimanche), Paris, p. 3, 15 dez. 1923. [Resenha do livro *Rose de Bois*, de Consuelo e Marga Gil Roësset].

Arquivo-Biblioteca da Fundação María Zambrano.

Arquivo da Residência de Senhoritas — Fundação Ortega y Gasset-Gregorio Marañón (FOM).

Arquivo do Centro Federico García Lorca.

Arquivo e biblioteca de León Sánchez Cuesta — Centro de Documentação da Residência de Estudantes.

Arquivo pessoal de Jorge Guillén — Biblioteca Nacional da Espanha.

Fonoteca Nacional do México.

Hemeroteca Digital — Biblioteca Nacional da Espanha (BNE).

Hemeroteca Digital — Biblioteca Nacional da França (BnF).

© Tània Balló, 2016
© Editorial Espasa, S.L.U.
© Relicário Edições, 2022

Dados Internacionais de Catalogação na Publicação (CIP) de acordo com ISBD

B193s
    Balló, Tània
        As *sinsombrero*: sem elas a história não está completa / Tània Balló; traduzido por Andréa Cesco, Fabiano Seixas Fernandes, Fedra Rodríguez. - Belo Horizonte : Relicário, 2022.
        260 p. ; 15,5cm x 22,5cm.

        Tradução de: Las sinsombrero: sin ellas, la historia no está completa
        Inclui bibliografia.
        ISBN: 978-65-89889-33-5

        1. História da Espanha. 2. Geração de 27. 3. Artistas espanholas. 4. Biografias. 5. Guerra Civil Espanhola. I. Cesco, Andréa. II. Fernandes, Fabiano Seixas. III. Rodríguez, Fedra. IV. Título.

                                                               CDD 946
    2022-880   CDU 94(460)

COORDENAÇÃO EDITORIAL Maíra Nassif Passos
EDITOR-ASSISTENTE Thiago Landi
PROJETO GRÁFICO (MIOLO) & DIAGRAMAÇÃO Ana C. Bahia
CAPA Paula Albuquerque
REVISÃO Maria Fernanda Moreira
REVISÃO DE PROVAS Thiago Landi

GOBIERNO DE ESPAÑA
MINISTERIO DE CULTURA Y DEPORTE
SECRETARÍA GENERAL DE CULTURA
DIRECCIÓN GENERAL DEL LIBRO Y FOMENTO DE LA LECTURA

A tradução desta obra recebeu uma ajuda do Ministério de Cultura e Esporte da Espanha.

RELICÁRIO EDIÇÕES
Rua Machado, 155, casa 1, Colégio Batista | Belo Horizonte, MG, 31110-080
contato@relicarioedicoes.com | www.relicarioedicoes.com
@relicarioedicoes   /relicario.edicoes

1ª EDIÇÃO [2022]
Esta obra foi composta em Crimson Text e Fira Sans e impressa em papel Pólen Soft 80 g/m² para a Relicário Edições.